Die Südstaaten der USA

Text:
Marc Valance

Fotos:
Christian Heeb

Silva

Schutzumschlag vorn:

Wer die achtundzwanzig Eichen vor dem Herrenhaus Oak Alley in Louisiana pflanzte, ist nicht bekannt. Die prächtigen Bäume, die Oak Alley den Namen gaben, waren schon hundert Jahre alt, als Jacques Telesphore Roman die Villa 1839 auf seiner Zuckerrohrplantage baute.

Bild Seite 2:

Symbole spielen eine besondere Rolle in der Kultur des Südens. Für viele Southerner ist die Konföderiertenflagge mehr als bloss die Erinnerung an eine grosse und zugleich bittere Vergangenheit. Sie ist das Wahrzeichen für Identität und kulturelle Eigenständigkeit der Region. Sie steht für den aufstrebenden, modernen Sunbelt ebenso wie für das konservative, rückwärtsgewandte Dixieland.

Schutzumschlag hinten:

Ein Strassenbild voll tieferer Bedeutung. Der Boom des Sunbelt förderte die «Amerikanisierung» des Südens. Die Nation triumphierte über die Region. Schwarze Arbeiter malen auf die Wellblechwand eines Fabrikgebäudes die *Stars and Stripes* des Bundes. Doch schon Mitte der achtziger Jahre verschwand die Wachstumseuphorie, und der Traum, der alte Süden könnte wirtschaftlich und sozial den Vorsprung des Nordens aufholen, verblasste – wird das Wandgemälde unvollendet bleiben?

Geographische Karte: carta, Lüthi + Ramseier, Bern
Reproduktionen: Ast + Jakob AG, Köniz
Satz: GU-Print AG, Urdorf
Druck: Vontobel-Druck AG, Feldmeilen
Einband: Burkhardt AG, Mönchaltorf

Dieses Buch ist im Silva-Verlag auch in französischer Sprache erschienen

Copyright © 1992 by Silva-Verlag, Zürich
Alle Rechte vorbehalten
ISBN 3-908485-12-6

Marc Valance / Christian Heeb

Die Südstaaten der USA

Inhalt

6	**Rundreise durch Dixieland**
6	Der Süden – Land der Gegensätze
6	Der Süden – eine geschichtlich abgegrenzte Region
7	Die Geographie des Südens
8	Atlanta, Georgia – Tor zum Süden
8	Die Crackers und die Armut von Appalachia
9	TVA – die Tennessee Valley Authority
10	Nashville und Memphis, Tennessee – die «Music Cities USA»
11	Grand Ole´ River – der Mississippi
12	Arkansas – Mark Twains Wilder Westen
13	Oxford, Mississippi, und das Yoknapatawpha County William Faulkners
14	Auf der Great River Road dem Mississippi entlang
15	Sea Islands und Gullah
16	Textilindustrie, Tabak und Forschung
33	In Virginia begann die amerikanische Geschichte
34	Neunhundertzwanzig Kilometer zwischen Himmel und Erde
35	High-Tech und die Beschwörung der Vergangenheit
36	**Alte Symbole im modernen Süden**
45	**King Cotton und die Wirtschaft des Südens**
45	«Katzenfisch» im Baumwolland
45	Die Last der Sklaverei
55	Die Schwäche des Südens ist die Stärke des Nordens
58	Die diversifizierte Landwirtschaft
59	Wachstum und Industrialisierung
60	Weltmeisterschaft im Entenlockrufen
62	**Charleston, South Carolina – Atlanta, Georgia**
62	<u>Charleston, die Stadt der Pflanzer</u>
62	Porgy and Bess
63	Altstadtpflege ist Glaubenssache
64	Das schwarze Charleston
64	Die «Perle am Atlantik» und die Sklaverei
81	Verhängnis Baumwolle
82	Vom alten zum neuen Charleston
82	<u>Atlanta – Stadt der Eisenbahn</u>
83	Ein Anfang mit Namen Terminus
84	Der Geist von Atlanta und der Neue Süden
85	Booker T. Washington und das Mekka der Schwarzen
86	Schwarzes Selbstbewusstsein, schwarze Armut
87	Peachtree Street und Atlantas neue Skyline
88	Geschäftsstadt Nummer eins
89	Die Obdachlosen
89	Die Ruhe der Boosters

91	**Die Cajuns in Louisiana**
91	Sumpftouren in Louisiana
92	Von Nova Scotia an den Golf von Mexiko
101	Samstag, der Sonntag der Cajuns
102	Ölboom und kulturelle Anerkennung
104	«Lâche pas la patate!»
106	**Jazz, Blues und Hillybilly**
106	New Orleans
106	Die Legende des Jazz
107	Storyville
108	Preservation Hall
108	Beale Street, Memphis, und der Blues
111	Elvis – Star und traurige Wirklichkeit
123	Country Music, der Blues der Weissen
124	Die Grand Ole' Opry
126	**Südstaatengeschichten**
126	Vom Winde verweht
127	Der Süden als Mikrokosmos
131	Watson´s Jim – ein Ebenbürtiger
133	«Roots» – und noch mehr Magnolien
134	**Der dunkle Hintergrund**
134	Die koloniale Gesellschaft
134	Die Frontier, Grenze zur Wildnis
135	Regionale Konflikte
141	Der Kampf um die neuen Territorien
142	Sezession und Bürgerkrieg
143	Reconstruction und Jim Crow Laws
145	Die neue Sklaverei der kleinen Pächter
145	Der «gottverlassene» Süden
146	Die Amerikanisierung des Südens
149	**Die gemeinsame Bürde: Rassenbeziehungen im amerikanischen Süden**
166	**Kleines Lexikon der Südstaaten**

Rundreise durch Dixieland

Der Süden – das Land der Gegensätze

Jonny Reb, der einsame Reiter in der zerschlissenen grauen Uniform, der lange nach dem Ende des Bürgerkrieges noch gegen die verhassten Yankees reitet; Scarlett O'Hara schmachtend in Rhett Butlers starken Armen, während im Hintergrund Atlanta niederbrennt; Onkel Tom sterbend und seinem Peiniger vergebend in der Sklavenhütte; Huckleberry Finn und Watson's Jim auf dem Floss im Mississippi – so kennen wir die Südstaaten aus Kino und Literatur. Aber auch andere Bilder verbinden wir mit den Südstaaten: Baumwollbarone, Zuckerrohrplantagen, in denen sich schwarze Sklaven zu Tode schuften, Grabenkrieg in Virginia, das Kriegsgefangenenlager von Andersonville, zerschossene Städte. Die Kapuzenmänner des Ku Klux Klan, brennende Kreuze, Lynchmorde an Schwarzen. Sit-ins, Demonstrationsmärsche, die Ermordung Martin Luther Kings. Gewalt prägt viele Bilder des Südens und überschattet die freundliche, die fröhliche Seite der Region: das ruhige Leben in verschlafenen Landstädtchen, die unberührte Weite der Appalachen, die samstäglichen Tanzanlässe der Cajuns, die Fischer und Jäger in den Zypressensümpfen und auf den Bayous, die endlosen Misch- und Laubwälder der Küstenebene, die weissen Strände, über die in langen Reihen braune Pelikane ziehen. Den Blues. Den Mardi Gras in Mobile und New Orleans. Den Mississippi.

Was für Gegensätze! In den abgeschiedenen Gegenden des Mississippitals, dem Delta, wohnen schwarze Familien in verlotterten Hütten, leben von der Armenfürsorge oder von ein paar Quadratmetern armseligen Bodens, viele sind Analphabeten – im Städtedreieck Durham, Raleigh, Chapel Hill in North Carolina leben pro Quadratmeile mehr Akademiker als sonstwo auf der Welt. In einem der ärmsten Staaten des Südens betreiben Industrie und Universitäten Forschung in Computerwissenschaften, Biochemie, Medizin. Keine Region der Vereinigten Staaten ist so fromm, so kirchentreu wie der Süden – in keiner werden soviele Gewaltverbrechen verübt. Auf dem Appalachenkamm toben die Winterstürme, fahren die Dixies Ski – am Cape Hatteras, North Carolina, treffen sich die Wellenreiter. Bären in den nördlichen Wäldern – Alligatoren in den südlichen Sümpfen. Die Avantgarde einer Boom-Stadt wie Atlanta – der Niedergang der alten Mississippimetropole Helena. Den Süden gebe es gar nicht, meint ein junger Professor der Universität von Chapel Hill, es gebe nur viele Süden. Zwischen Appalachen und Atlantik prallen die sozialen Gegensätze härter aufeinander als in anderen Regionen der Vereinigten Staaten. Hier begann Amerikas Geschichte, hier verlor die noch junge Nation ihren ersten und schrecklichsten Krieg: den Bürgerkrieg. In Dixieland lebt man mit der Niederlage. Es ist das andere Amerika.

*Der Süden –
eine geschichtlich abgegrenzte Region*

Historische Klammern halten die Region zusammen, nicht geographische. Sklaverei, Plantagenwirtschaft und Bürgerkrieg sind nicht bloss vergangene Ereignisse – sie wirken bis heute nach. Bis vor wenigen Jahrzehnten galt der Süden als das Armenhaus Amerikas, als dessen Hinterhof, und bis heute ist er es gebietsweise geblieben. Aufschwung, Aufgeklärtheit und Wohlstand stehen hier krasser als im übrigen Amerika im Gegensatz zu Armut, kulturellem

Niedergang, Rückwärtsgewandtheit und fanatischer Religiosität, die der Region den Spitznamen «Bibelgürtel» eingetragen hat.

Zu den sklavenhaltenden Staaten gehörten bis zum Bürgerkrieg Delaware, Maryland, Virginia, North Carolina, South Carolina, Georgia, Alabama, Tennessee, Kentucky, Missouri, Arkansas, Mississippi, Louisiana, Florida, Texas. 1860/61 traten South Carolina, Alabama, Mississippi, Louisiana, Florida, Texas aus der Union aus. Virginia, North Carolina, Georgia, Tennessee, Missouri, Arkansas folgten. Zusammen bildeten diese zwölf Staaten die Confederate States of America, die Konföderation, die im ersten modernen Krieg der Weltgeschichte ein feudales Gesellschafts- und Wirtschaftssystem verteidigte. Sie sind – ohne Texas und Florida, die unter den Südstaaten eine Sonderstellung einnehmen – Gegenstand dieses Buches.

Die Geographie des Südens

Von der Mündung der Chesapeake Bay in Virginia bis zum Rio Grande, der Grenze zu Mexiko, ziehen sich als 150 bis 300 Kilometer breiter Streifen die atlantische und die Golfküstenebene hin. Die Küste selbst ist in langen Abschnitten von Nehrungsinseln gesäumt und von weiten Trichtermündungen unterbrochen, die im 17. und 18. Jahrhundert als natürliche Häfen die besten Siedlungsmöglichkeiten boten. Sumpfgelände mit weiten Zypressenwäldern in den Flussniederungen wechseln mit ausgedehnten Mischwäldern und Buschland in den sandigen oder lehmigen Zwischenflussgebieten ab. Landeinwärts hebt sich die Küstenebene bis auf rund hundert Meter über Meer und geht in einer deutlichen Geländestufe in das hügelige Piedmontplateau über. Entlang dem Geländeübergang, der *Fall-Line* mit ihren zahlreichen Flussschnellen und Wasserfällen, entwickelte sich im 19. Jahrhundert mit dem Aufkommen der Textilindustrie die Städtekette Montgomery-Columbus-Macon-Augusta-Raleigh-Petersburg. Von der Mündung des Ohio bis zum Golf von Mexiko zieht sich das rund 900 Kilometer lange Mississippi-Tiefland hin, das sogenannte Delta. Der Mississippi, grösster Strom Nordamerikas, mäandriert in einer riesigen, bis 150 Kilometer breiten Aue, die von sechzig Meter hohen Steilufern, den *Bluffs,* begrenzt ist. Er schiebt sein Delta jährlich bis zu einem Kilometer in den Golf vor – in den letzten 3000 Jahren wuchs es aus der Gegend von Vicksburg um rund 400 Kilometer bis zum heutigen Pilottown.

Parallel zur Atlantikküste zieht sich von Quebec und Newfoundland in Kanada das Appalachengebirge nach Südwesten. Es bildet den Westen Virginias und North Carolinas, den Osten Tennessees, die nordwestliche Ecke South Carolinas und Georgias und verliert sich in der Gegend von Montgomery in den Ebenen Alabamas. Als abgetragenes Mittelgebirge bilden die Appalachen kaum schroffe Formen; ihre Höhen erreichen nur gerade 2000 Meter. Trotzdem bildeten sie bei der Eroberung des Westens ein schwer überwindbares Hindernis. Bis ins 19. Jahrhundert war das Bergland die *Frontier*, die Grenze zur Wildnis, und blieb mit seiner auf Farmen und Bergbau aufgebauten Wirtschaft die rückständigste Region der USA. Laub- und Nadelwälder bedecken die sanften Kämme der «blauen Berge». Über den östlichsten Kamm des Gebirges führen die Panoramastrassen Skyline Drive und der Blue Ridge Parkway von Washington D.C. bis zum Great Smoky Mountains National Park an der Grenze von North Carolina zu Tennessee.

Atlanta, Georgia – Tor zum Süden

Wer in den Süden der USA reist, landet in Atlanta, der Hauptstadt Georgias. Atlantas Flughafen ist der grösste der Welt, was die täglichen Flugbewegungen und die Grundfläche der Flughafengebäude, und der zweitgrösste – nach O'Hare in Chicago –, was die Anzahl der landenden und startenden Passagiere betrifft. Atlanta und Dallas, Texas, die beiden *Gateway-Cities* des Südens, liefern sich als Standorte für die Ansiedlung von Fertigungs-, Dienstleistungs- und Handelsunternehmen einen harten Konkurrenzkampf.

Georgia verzeichnet neben Texas und Florida die grössten Wachstumsraten des Südens, national steht es an vierter Stelle. Wie alle Staaten des Südostens zieht Georgia durch niedrige Löhne, einen niedrigen gewerkschaftlichen Organisationsgrad der Arbeitnehmerschaft, niedrige Bodenpreise, Steuervorteile und staatliche Unterstützung bei der Rekrutierung und Ausbildung von Arbeitskräften Unternehmen aus den übrigen USA und aus Übersee an. 1990 verlegte zum Beispiel der Flugzeughersteller Lockheed seinen Hauptsitz und einen Grossteil seiner Produktion von California nach Marietta, einer Vorstadt Atlantas.

Durch die Laub- und Mischwälder des hügeligen Piedmont führt der Highway 41 von Atlanta über Cartersville und Rome durch das verschlafene Summerville nordwärts nach Chattanooga. Im Frühjahr blüht der *Dogwood*, der Hartriegel, weiss in den noch kaum belaubten Gehölzen. Ein paar Meilen vor Chattanooga führt die Strasse durch das Schlachtfeld von Chickamauga. Tafeln bezeichnen die Stellungen und Bewegungen der Konföderierten und der Unionstruppen, die sich hier eine der blutigsten Schlachten des Bürgerkrieges lieferten. Ambrose Bierce beschrieb das Gemetzel in seiner Erzählung «Chickamauga» aus der Sicht eines sechsjährigen Jungen. Doch nicht nur in seiner eindrücklichen Erzählung wird das Grauen der Schlacht lebendig. Wer sich auf dem Gelände von Chicamauga zwischen die Kanonen der zahlreichen Batterien stellt, wird sich bewusst, dass die Kanoniere bei ihren Artillerieduellen buchstäblich auf das Weisse in den Augen des Gegners feuerten.

Die Crackers und die Armut von Appalachia

Am Fuss des Lookout-Mountain bei Chattanooga überquert der Highway den Tennessee River und klettert steil zum Cumberlandplateau empor. Signal Hill, ein vornehmer Vorort Chattanoogas, ist ein eigentlicher Logenplatz über dem Tal des Tennessee River. Dann weichen die vornehmen Villen einfachen Einfamilienhäusern. Mit zunehmender Entfernung von der Stadt säumen verlotterte Kleinfarmerheime die Strasse – die Hütten der *Crackers*, wie die armen Weissen genannt werden. Hühner und Hunde bevölkern die Vorplätze. Die Anwesen sind eingezäunt von Autowracks. Plastikfolien ersetzen das Glas in den Fenstern. Nichts unterscheidet die *Poor Whites* von den verarmten schwarzen Kleinbauern in Mississippi und Alabama, ausser ihr Vorurteil gegen alles, was nicht weiss und angelsächsisch ist.

Das Bergland im Osten Tennessees gehört zur Region Appalachia und war Teil jenes verarmten Hinterhofs Amerikas, dessen Bewohner spöttisch *Hillybillies* genannt werden. Die Wirtschaftskrise, die mit dem Börsenkrach von 1929 über das Land hereinbrach, verschlimmerte die Lage der Kleinbauern und der Textil- und Bergarbeiter in Appalachia in unerträglicher Weise. Die Arbeitslosigkeit stieg auf fünfzig Prozent, das Durchschnittseinkommen sank auf fünfundvierzig Prozent des Landesmittels. In manchen der völlig verarmten Täler wich die Geldwirtschaft dem Tauschhandel. Ausgelöst durch rigoroses Abholzen der Wälder und übermässiges *Row-Cropping* (Anbau von Mais, Tabak und Baumwolle in Reihen) hatte die Erosion weite Anbauflächen zerstört. Der Hunger ging um in Appalachia.

TVA – die Tennessee Valley Authority

Im Rahmen des *New Deal*, des Reformationsprogramms Präsident Franklin D. Roosevelts, wurde 1933 die Tennessee Valley Authority gegründet, eine Bundesbehörde mit Sitz in Knoxville, Tennessee, die den Tennessee River als ein einziges grosses Unternehmen systematisch entwickeln sollte, «mit dem Ziel, Wasserwege zu erschliessen, Überschwemmungen zu verhindern und Elektrizität zu gewinnen.» Mit einem Aufwand von 1,4 Milliarden Dollar an Steuergeldern baute die TVA auf dem Gebiet von sieben Staaten (Tennessee, Alabama, Georgia, Kentucky, Mississippi, North Carolina, Virginia) ein Entwässerungssystem für das ganze Einzugsgebiet des Tennessee-River, das etwa die Grösse Englands einschliesslich Schottlands aufweist. TVA baute vierunddreissig Staudämme und Elektrizitätswerke. Die Aluminium Corporation of Amerika, die mit dem Flugzeugbau im Zweiten Weltkrieg grösster Abnehmer des TVA-Stroms wurde, errichtete sechs weitere Anlagen. Mit dem steigenden Energiebedarf verwirklichte TVA nach 1940 Projekte, die über die eigentliche Wasserwirtschaft hinausgingen: thermische und Kernkraftwerke, von denen heute fünfundachtzig Prozent der produzierten Energie stammen.

Der Nutzen des Tennessee-River-Programms für die Region ist unbestritten. Seit 1933 ist die Anzahl der industriellen Fertigungsbetriebe in der Region um das Vierfache gestiegen. Das Pro-Kopf-Einkommen ist auf achtzig Prozent des nationalen Durchschnitts angewachsen. Katastrophale Überschwemmungen des Tennessee-River, des Ohio und des Mississippi bleiben seit dem Vollausbau des Systems aus. TVA schuf nicht nur Arbeitsplätze, sondern verbesserte das Schulwesen der Region, verbannte die Malaria aus dem Tennessee-River-Valley, forstete weite Erosionsgebiete auf und förderte die Modernisierung und Diversifikation der Landwirtschaft. Nicht zuletzt hat sich das Tennessee-River-Valley mit seinen Seen zu einem Tourismusgebiet entwickelt, das jährlich Millionen von Besuchern anzieht und heute einen der wichtigsten Wirtschaftszweige des Staates Tennessee darstellt.

Doch auch Kritik und Widerstand regten sich gegen die TVA und ihre Anlagen. Die Überflutung von rund 400 000 Hektaren Land hatte Umsiedlungen nötig gemacht, die vor allem Pächter in eine bittere Notlage stürzten. In den sechziger Jahren geriet die Behörde unter den Beschuss von Umweltschützern, da sie für ihre thermischen Kraftwerke Kohle aus Virginia einkaufte, die dort im umweltzerstörerischen Tagbau gewonnen wurde. Die Luftverschmutzung durch die Kohlekraftwerke, die Aufheizung der Flüsse durch das Kühlwasser der Atommeiler bei Oak Ridge, geplante Investitionen in den Ausbau der von grossen Minderheiten nicht mehr akzeptierten Nuklearenergie, zunehmende Belastung der Region und des ganzen Südens durch Atommülldeponien sind die kritischen Punkte, mit denen sich die Behörde seit dem Beginn der Ökologiebewegung konfrontiert sieht.

*Nashville und Memphis, Tennessee –
die «Music Cities USA»*

In Autobussen lassen sie sich zu den Villen von Jonny Cash, Loretta Lynn, Webb Pierce, Minnie Pearl, Conway Twitty führen, zahlen happige Eintrittspreise, staunen hingerissen über die Swimmig Pools und die Himmelbetten ihrer Idole, lassen sich im obligatorischen Geschenkladen teure Souvenirs andrehen – die Country-Music-Fans aus aller Welt. In der Country Music Hall of Fame, dem Country-Music-Museum, stehen sie vor Elvis Presleys rosa Cadillac, andächtig wie vor einem Altar. Sie ziehen durch die Studios der Music-Row, wo RCA, CBS, Warner Brothers und Dutzende von kleineren Produzenten mit der «Musik der arbeitenden Klasse» jährlich um 600 Millionen Dollar Umsatz machen, und strömen in Scharen ins Opryland, einen Vergnügungspark mit Musik-Shows, Achterbahn, Clowns und Wildwasserfahrten. Hier steht seit 1974 die neue Grand Ole' Opry, ein Fünfzehn-Millionen-Dollar-Musiktheater, das jährlich 800 000 Fans anlockt, und das Opryland Hotel, ein Bau mit 1068 Zimmern im Stil des historischen Tennessee.

Doch Nashville lebt nicht von der Musik allein. «Athen des Südens» wurde die Stadt Ende des letzten Jahrhunderts wegen ihrer Hochschulen genannt. Damals verlegte eine Reihe von protestantischen Kirchen ihr Hauptquartier nach Nashville und machten die Stadt zu einem Zentrum der Druckindustrie. Noch heute werden in Nashville, dem «Protestantischen Vatikan», wie der übrige Süden spöttelte, mehr Bibeln gedruckt als irgendwo in den USA. Tennessees Hauptstadt ist mit knapp 500 000 Einwohnern eines der grossen Zentren der Versicherungsbranche und des Bankgeschäfts im Süden.

Durch flaches, eintöniges Baumwolland geht die Fahrt nach Memphis am Mississippi. 1819 von Landspekulanten gegründet, machte sich Memphis unter dem Namen «Bluff City» als rauhe Grenz- und Hafenstadt einen eher zweifelhaften Namen. Als der Baumwollanbau den grossen Fluss erreichte, schlug Memphis' grosse Stunde. Es entwickelte sich zum Handelszentrum und zu einem der grossen Sklavenmärkte des Südens. Nach dem Bürgerkrieg verdrängte die einwandernde schwarze und weisse Landbevölkerung langsam die Eingesessenen, Deutsche und Iren. Gelbfieberepidemien ruinierten den Handelsplatz. Memphis verödete, verelendete und verwandelte sich unter dem Ansturm der frommen hinterwäldlerischen Landbevölkerung in eine Hochburg der fundamentalistisch-evangelischen Frömmler, die in der Religiosität des Südens eine erste Rolle spielen. «Schnalle am Bibelgürtel» nannte man Memphis wegen seiner Bigotterie. Trotz Rassismus, Segregation und intoleranter Sittenstrenge konnte sich in Memphis aber ein recht wohlhabender schwarzer Mittelstand entwickeln. Die Beale Street wurde zum Zentrum der schwarzen Kultur. Komponisten wie W. C. Handy gossen hier den ländlichen *Folk Blues* in eine städtische Form, in der er seinen Siegeszug durch Clubs und Medien antrat. Auch der «König des Rock'n'Roll», Elvis Presley, trat an der Beale Street zum erstenmal vor ein grösseres Publikum. Heute ist Memphis einer der grössten Häfen am Mississippi und Sitz der regionalen Baumwollbörse.

Grand Ole' River – der Mississippi

Träg und lehmig wälzt sich der «Grosse Fluss» unter der Autobahnbrücke des Highway 40 durch. Kein anderer Strom in Amerika reizt die Phantasie und die Abenteuerlust der Menschen so sehr wie der Mississippi. Seine Bedeutung für die Menschen, die an und auf ihm leben, drückt sich in den Namen aus, die sie ihm gaben: «Big River» oder «Grand Ole' River» heisst er von Illinois bis Louisiana, «Ole' Man» ist die Bezeichnung, die die Schwarzen für ihn fanden, «Vater der Gewässer» nannten ihn die Indianer.

Quelle des längsten Flusses des nordamerikanischen Kontinents ist der Lake Itasca im Bundesstaat Minnesota auf 450 Metern über Meer. 4100 Kilometer lang ist sein Lauf mit den unzähligen Schleifen und Mäandern. Der Mississippi entwässert ein Gebiet, das mit über drei Millionen Quadratkilometern rund fünfundsiebzigmal so gross ist wie die Schweiz. Es umfasst ganz oder teilweise einunddreissig Bundesstaaten und zwei kanadische Provinzen. Das Flusssystem trug Schwemmaterial von den Rocky Mountains, den Appalachen und den Prärien zum Golf von Mexiko und baute ab Cap Girardeau, tausend Meilen von der heutigen Küste entfernt, das Delta mit seinen Ackerböden, Wäldern und Sümpfen auf, ein Schwemmland von der doppelten Grösse der Schweiz.

Mit dem Bau von Dämmen wurde das Schwemmland des Deltas im 19. Jahrhundert landwirtschaftlich nutzbar gemacht. 1811 setzte mit der «New Orleans» der Dampfboottransport auf dem Mississippi ein. Der Mississippidampfer war Bestandteil und Voraussetzung für die Entwicklung der Landwirtschaft im Delta. Als Flachboot mit geringem Tiefgang konnte er auf dem unberechenbaren Fluss mit seinen zahllosen Sandbänken und Untiefen grosse Ladungen transportieren: Kohle von Pittsburg, Weizen aus dem Mittleren Westen, Baumwolle, Reis, Zuckerrohr der Pflanzer in Louisiana. Das Netzwerk der Flusswege, die über den Mississippi in New Orleans endeten, erstreckte sich von Minnesota bis Montana und New York.

Hundert Jahre nach der Fahrt des ersten Dampfschiffs auf dem Mississippi war die Tonnage in St. Louis, Missouri, aber auf zehn Prozent der Gütermenge gesunken, die um die Mitte des 19. Jahrhunderts auf dem Fluss transportiert worden war: Die Eisenbahn hatte inzwischen dem Mississippi Konkurrenz gemacht. Der Kongress liess eine Fahrrinne ausbaggern, um die Schiffbarkeit des Flusses zu verbessern. Nach der katastrophalen Überschwemmung von 1927 begannen die Ingenieure des US Army Corps of Engineers den Grand Ole' River gegen Hochwasser zu verbauen. Beinahe 67 000 Quadratkilometer Land hatte der Mississippi in jenem Frühjahr unter Wasser gesetzt. 637 000 Menschen mussten evakuiert werden, 214 verloren ihr Leben. Dutzende von Farmen und Weilern verschwanden in den Fluten, Inseln schwemmte der Big River weg, er unterspülte Uferstreifen und riss sie mit, samt Feldern, Gebäuden, Wäldern. Werte in der Höhe von 236 Millionen Dollar vernichtete die Flut. Im Rahmen eines 300-Millionen-Dollar-Programms errichteten die Armeeingenieure Flutrinnen und Auffangbecken und verstärkten die Uferdämme. Von 3500 geplanten Kilometern Dammwerk waren 1972 2700 Kilometer errichtet. Der Rekordflut des Frühjahrs 1973 widerstand die Verbauung, an der als «ewiges» Werk bis heute gearbeitet wird.

Als der Dieselmotor nach 1930 die Dampfmaschine abzulösen begann, gewannen der Mississippi und seine Zuflüsse als Wasserwege wieder an Bedeutung. Der Gütertransport auf dem Fluss wickelt sich heute in Schubverbänden ab, sogenannten *Tows*, die aus zusammengekoppelten motorlosen Frachtkähnen und einem Schubboot bestehen. Bis zu vierzig Kähne mit Massengütern wie Weizen, Reis, Kohle, Erdölprodukten, Chemikalien, Schotter, Zement schieben die Boote den Fluss hinauf und hinunter – ein überwältigender Anblick von den Uferdämmen aus. Die befahrbare Rinne zwischen Baton Rouge und Minneapolis misst heute nahezu 3000 Kilometer; sie erschliesst ein Netz von Wasserwegen mit einer Gesamtlänge von beinahe 20 000 Kilometern, an das durch den Intercoastal Waterway Houston, Texas, ebenso wie Tampa, Florida, angeschlossen sind.

Arkansas – Mark Twains Wilder Westen

Über die Brücke zum westlichen Ufer des Mississippi. Wieder erstreckt sich flach und endlos das Baumwolland. Arkansas – für manchen Reisenden klingt dieser Name nach Wildem Westen. Er denkt an Huckleberry Finn's Abenteuer. Bauernfängerei, Lynchen, Teeren und Federn fallen ihm ein. Tiefste Provinz. In den Vereinigten Staaten ist Arkansas dank dem Kurort Hot Springs mit seinen heissen Quellen bekannt. Weltweit in die Schlagzeilen geriet Arkansas' Hauptstadt Little Rock 1956, als der damalige Bürgermeister Orval Faubus ein Urteil des Bundesgerichts missachtete und sich weigerte, die weisse Central High School für schwarze Schüler zu öffnen. Präsident Dwight D. Eisenhower entsandte im September 1957 Bundestruppen nach Little Rock, um den Zugang der schwarzen Studenten zur Central High zu sichern. Die damals ausschliesslich weisse Schule liegt heute in einem schwarzen Quartier. Aufgrund der für die Vereinigten Staaten typischen Stadtentwicklung – der weisse Mittelstand verliess die Zentren und zog in die Vororte – ist sie zu einer schwarzen Schule geworden.

Für die meisten Amerikaner bedeutet Arkansas aber Landwirtschaft. Und tatsächlich hält der Agrarstaat westlich des Mississippi einige wirtschaftliche Rekorde in der Region: Er hat Georgia in der Geflügelproduktion überholt und Carolina und Louisiana als Reisproduzent Nummer eins der Nation abgelöst; er fördert das meiste Bauxit der USA; in seinen Grenzen liegt die einzige Diamantenfundstelle Nordamerikas. Nicht zuletzt läuft Arkansas dem Glückskind unter den Südstaaten, Florida, langsam den Rang als Rentnerstaat ab. In den Ozarks, dem sanften, bewaldeten und weithin unberührten Hügelland im Norden des Landes, siedeln sich mehr und mehr amerikanische Pensionierte an.

Von Little Rock führt die Reise nach Südosten, quer durch die baumlose «Grosse Prärie» Arkansas', durch Reis und Sojafelder zurück zum Grand Ole' River. Von der Dammkrone aus überblickt man den mächtigen Fluss, verfolgt mit Augen und Ohren zwei sich kreuzende Schubverbände – hämmernde Dieselmotoren, unglaublich lang die Flösse aus zusammengeketteten Kähnen, kaum zu glauben, dass sie in den engen Flussschleifen kreuzen können. Die Great River Road, die dem Fluss von Illinois bis zur Mündung folgt, windet sich durch Felder, Wälder. Wer keine Eile hat, nimmt hier Seitenstrassen – und verliert in den Flussschleifen die Orientierung. Keine Strassenschilder, kein Verkehr.

Felder, Wald, abgeschnittene Schleifen des alten Mississippi mit klarem Wasser, der eigentliche Fluss führt eine gelbe, lehmige Brühe. Die schwarze Landarbeiterin, die man nach dem Weg fragt, weist nach Norden, nach Süden oder Osten und schüttelt den Kopf: Dort drüben ist der Highway, fünf, zehn, fünfzehn Meilen entfernt. In der schmuddeligen Schnellimbiss-Bar bei der Tankstelle hocken biertrinkende weisse Farmer. Mürrische Begrüssung, misstrauische Blicke. Das Mädchen an der Kasse fragt nach dem Woher und Wohin und möchte am liebsten gleich mitkommen. Weg von der Eintönigkeit und der Langeweile, weg von der Abgeschiedenheit und dem ewig gleichen, zukunftslosen Rhythmus von Aussaat, Ernte und Warten.

Bei Helena, einer ehemals reichen, jetzt zerfallenden Hafenstadt, führt die Brücke hinüber in den Staat Mississippi. Das flache Land mit den Baumwollfeldern ist unterbrochen von Busch- und Waldparzellen. In Rich, einem winzigen Ort an der Great River Road, stehen prächtige Landhäuser leer. Von Bäumen und Telegrafenmasten hängen die noch unbelaubten Ranken des Kudzu, einer Schlingpflanze, die im Sommer Gebäude, Böschungen, Waldparzellen mit einem dichten grünen Pelz überwuchert. Das winzige Postbüro ist gleichzeitig Richs Lebensmittelladen, Ablage für die lokale Zeitung und Tankstelle. Fremde werden mit freundlicher Neugier empfangen. Die alte Dame hinter den dicken Gitterstäben des Schalters klaubt umständlich die Marken für das ungewohnte Porto nach Europa zusammen. Die schwarzen Landarbeiter, die sonntäglich gekleidet mit einem klapprigen Strassenkreuzer bei der Tankstelle vorfahren, winken herüber. Auf der Fahrt durch das üppige grüne Land trifft man sie beim Fischen an Flüssen und künstlichen Weihern wieder. Der Strasse entlang ziehen sich Zypressen- und Tupelosümpfe, Wälder, deren Bäume im knietiefen Wasser stehen. Die feuchte Hitze drückt. Im Frühjahr, wenn die Ackerböden noch zu nass sind für die Aussaat, scheint das Land zu schlafen. Kein Verkehr auf den Landstrassen. Die Felder sind leer. *Cotton Gins*, Baumwollentkernungsanlagen, stehen als Landmarken in der Ebene. Mississippi ist nach Texas und Kalifornien der grösste Baumwollproduzent und zugleich der ärmste Staat der Region. Wie im übrigen Delta stellen auch in Rich die Schwarzen die Mehrheit. Die Arbeitslosenquote, im Süden durchschnittlich kleiner als im Norden, klettert in einzelnen Delta-Counties auf zwanzig Prozent.

Oxford, Mississippi, und das Yoknapatawpha County William Faulkners

Grösser als zwischen Rich am Mississippi und Oxford im hügelreichen Norden des Staates kann der Gegensatz auch im gegensatzreichen Süden kaum sein. Nach den von Kudzu überwachsenen, zerfallenden Villen von Rich in Oxford eine grosszügige spanisch-mexikanisch anmutende Anlage, eine viereckige Plaza mit niedrigen, ein- und zweigeschossigen Häusern, manche mit umlaufender Veranda. Im Zentrum des Platzes steht das Justizgebäude, vor dem Südeingang das obligate Denkmal für die Gefallenen des Bürgerkrieges. Über der Vierung des kreuzförmigen Grundrisses thront ein Türmchen, dessen Uhren wohl an die Unerbittlichkeit der Zeit und der Gerechtigkeit erinnern sollen, die hier gesprochen wird. Die Haupteingänge an den Längsseiten des Gebäudes sind überdacht von griechischen Giebeln, die von vier Säulen getragen werden. Die Säulen ruhen auf einem viereckigen Vorbau mit drei Rundbogenöffnungen: *Greek Revival* heisst der Stil, die amerikanische Version der westeuropäischen Neoklassik. Die Gründerväter der Union, Thomas Jefferson und seine Mitstreiter, verliehen sich damit Gewicht und Bedeutung als Schöpfer eines neuen Staates. Die Pflanzer, Bankiers und reichen Händler übernahmen den Stil und entwickelten ihn im Lauf des 19. Jahrhunderts weiter bis hin zum Bombast und machten das säulengeschmückte Herrenhaus am Ende der langen Eichenallee, von deren Bäumen in langen Bärten das Spanische Moos hängt, zum Wahrzeichen des Südens und seiner Kultur.

Elegante Läden finden sich rund um den Hauptplatz, die Büros der Advokaten, die am Landgericht plädieren, die Bank mit ihrer Vorkriegsfassade. In der eleganten Buchhandlung an der Südseite des Platzes decken sich Studenten und Professoren der «Ole' Miss», der Universität von Mississippi, mit Literatur ein. Im «Downtown Grill» auf der anderen Seite speist man bei Barockmusik europäisch.

Literaturbeflissene, Vielbelesene sehen den Platz aber auch mit anderen Augen. Da geht zielbewusst der Schurke Flem Snopes über den leeren Platz, blickt hinauf nach dem beleuchteten Zifferblatt der Uhr. Der alte Bayard Sartoris fährt bei seiner Bank vor. Gavin Stevens, der Anwalt, ist am frühen Morgen auf dem Weg zu seinem Büro. Ist das die Treppe, auf der die ertaubte Linda auf ihn wartete? Der Nobelpreisträger William Faulkner bevölkerte Oxford – in seinen Romanen trägt das Landstädtchen den Namen Jefferson – mit seinen Figuren, machte die Stadt und das County Lafayette zum Schauplatz seiner Geschichten. Yoknapatawpha heisst der fiktive Landkreis in seinem Werk. Faulkner verbrachte in Oxford praktisch sein ganzes Leben. Sein Haus Rowan Oak aus dem Jahr 1840, das er von 1930 bis zu seinem Tod 1962 bewohnte und wo er den grössten Teil seines Werkes schrieb, gehört heute der «Ole' Miss» und ist öffentlich zugänglich.

Auf der Great River Road dem Mississippi entlang

Flussschleife um Flussschleife geduldig ausfahrend, führt die Great River Road unterhalb von Baton Rouge, der Hauptstadt Louisianas, durch Felder, Wald und ärmliche Siedlungen. Bei Gramercy überbrückt die Autobahn von Osten her den Mississippi – doch am Westufer fehlt der Anschluss. Auf einer rostigen Eisentreppe kann man die Bauruine erklettern. Zur Entwicklung des verarmten, von Arbeitslosigkeit und Analphabetismus geprägten unteren Mississippideltas wurde in den achtziger Jahren die Lower Mississippi Delta Commission eingesetzt, ein Gremium, dem Vertreter der Staaten Tennessee, Arkansas, Louisiana und Mississippi angehören. Verbesserung der Schul- und Berufsbildung, Wohnungsbauprogramme, Schaffung von Arbeitsplätzen durch die Unterstützung kleiner Betriebe sollen dieses wirtschaftliche Notstandsgebiet sanieren helfen, in dem, wie es ein Journalist am Fernsehen ausdrückte, «Millionen von Menschen zum Opfer der Geschichte, der Politik, der Wirtschaft und ihrer eigenen Neigungen wurden.» Mit «Neigungen» spricht er das von Schwarz und Weiss gleichermassen kritisierte Verhalten mancher Angehöriger der verarmten schwarzen Unterschicht des Südens an: An ihren monatlichen Wohlfahrtscheck gewöhnt, verharren viele schwarze Familien untätig in ihrem Unglück. Die Armut tendiert im Süden wie überall dazu, «weiblich» zu werden: Die mobileren Männer verlassen die Familien und schlagen sich auf eigene Faust in den Städten durch. Die Frauen, wegen der Kinder an regelmässiger Arbeit verhindert, setzen auf die staatliche Kinderzulage. Das Problem der mangelnden Schulbildung, der Arbeitslosigkeit, der Resignation vervielfacht sich, sobald die Kinder vor der Aufgabe der persönlichen Lebensgestaltung stehen. Wie stark sich der Regelkreis zwischen Armut, Arbeitslosigkeit, Familienzerfall und Wohlfahrt verfestigt hat, zeigt die Tatsache, dass manche Familien bereits in der dritten Generation von der Wohlfahrt leben. «Hier ist eine neue soziale Klasse entstanden», meinte ein schwarzer Geistlicher. «Wie soll man diese Menschen je dazu bringen, sich für ihre eigenen Interessen einzusetzen, wenn sie, ihre Eltern und ihre Grosseltern Lebensunterhalt nie mit Arbeit oder Selbstverantwortung in Zusammenhang brachten?» Selbstverantwortung und Eigeninitiative sind die Schlagwörter, mit denen viele schwarze Politiker operieren, um die Situation der schwarzen Bevölkerung im Süden zu verbessern. Sie fordern ihre Mitbürger auf, Schul- und Bildungsaufgaben, Kranken- und Altenbetreuung, soziale Unterstützung auf der Ebene der *Communities*, der ethnischen, politischen und der Kirchgemeinden, selbst an die Hand zu nehmen, anstatt sich untätig an den aus der Geschichte begründeten Anspruch auf Unterstützung und Hilfe zu klammern.

Auf den letzten Kilometern des Mississippilaufs, zwischen Baton Rouge und New Orleans, prallen die Gegensätze des ländlichen und des modernen, industrialisierten Südens so hart wie nirgends aufeinander. Herrenhäuser mit Alleen aus zweihundertjährigen Eichen, Felder und Waldparzellen wechseln ab mit den Fabriken des «Industriekorridors», einer Kette von Chemiewerken beidseits des Flusses. Über die Strasse ziehen sich Förderbänder und die Rohre der Gebläse, mit denen Chemikalien und Landwirtschaftsprodukte in die Mississippikähne verladen werden. Wagenladungen von Touristen stürmen die historischen Herrenhäuser «Oak Alley», «Nottoway» oder die hellgelb und rosa getünchte «San Francisco Plantation». Vor den mächtigen viereckigen Säulen «Ashland Belle Helenes» dreht das Fernsehen den dreizehnten oder vierzehnten Kostümfilm nach dem Strickmuster von «Vom Winde verweht». Hinter der Dammkrone bewegt sich der Aufbau eines Schleppers vorbei, Motorengedröhn und das Heulen von Nebelhörnern und Fabriksirenen untermalen die Szene.

Sea Islands und Gullah

«Sea Island» oder «Low Country» sind die Bezeichnungen für den ganzen Küstenstreifen mit seinen Marschen, Salzgrasprärien, Sümpfen und vorgelagerten Inseln von North Carolina bis Nordflorida. Spanier, Franzosen, Engländer besiedelten sie zuerst und führten schliesslich Sklaven ein, die Indigo, Reis und Baumwolle, später Kartoffeln, Tomaten, Soja und Kohl anbauten. Die weissen Pflanzer mieden das malaria- und gelbfieberverseuchte Tiefland wenn immer möglich. In den Sommermonaten zogen sie sich nach Charleston, das wirtschaftliche und kulturelle Zentrum an der Küste South Carolinas, zurück und verbrachten dort die Zeit mit Trinken, Wetten, Pferderennen und rauschenden Bällen.

Von der ganzen westafrikanischen Küste stammend, die sich über 5000 Kilometer von Senegal bis Angola erstreckt, brachten die schwarzen Sklaven Sprachen mit, die voneinander so verschieden waren wie Italienisch von Russisch. Sie konnten sich untereinander nicht verständigen.

Nichts symbolisiert die Bedeutung der alten südstaatlerischen Pflanzerelite besser als die prunkvollen Herrenhäuser an der Battery in Charleston, South Carolina. Charleston, mit seinen Theateraufführungen, Konzerten und Bällen bis zum Bürgerkrieg die kulturelle Hauptstadt Amerikas, war wirtschaftlich und politisch fest im Griff seiner Oberschicht. Einige mächtige Familien, hundertsechzig Personen insgesamt, die drei Prozent der Stadtbevölkerung ausmachten, besassen 1860 die Hälfte des in der Stadt angehäuften Vermögens. Durch Übersee- und Sklavenhandel, durch Indigo-, Reis- und Baumwollanbau reich geworden, erbaute die Pflanzeraristokratie ihre repräsentativen Stadtvillen und Landhäuser nach europäischen klassizistischen Vorbildern.

Umgangssprache wurde deshalb Englisch. Mit den spärlichen Brocken, die die Schwarzen von den Sklavenhaltern aufschnappten, mischten sich westafrikanische Sprachen und Dialekte und bildeten *Gullah*, eine neue Sprache, die sich in der Grammatik, im Klang und im Bau der Sätze so stark vom amerikanischen Englisch unterschied, dass Aussenstehende sie kaum verstanden. Doch *Gullah* bedeutete nicht nur Sprache allein. Die Sea-Island-Bewohner entwickelten eine eigene Form der Religiosität, des Gottesdienstes, das *Shouting*, in dem sich religiöse Begeisterung mit afrikanischem Rhythmusgefühl verband. In der Abgeschiedenheit hielt sich neben dem christlichen aber auch der afrikanische Hexenglaube, der Glaube an die Macht des Übernatürlichen. Die *Hags*, körperlose Geisterhexen, ritten die Menschen und hetzten sie durch Alpträume. Das Voodoo-Museum in New Orleans erläutert Rituale und Praktiken dieser amerikanisch-afrikanischen Religion.

Gullah bedeutet auch eine besondere Esskultur. Schwarze Köchinnen würzten die von den europäischen Weissen bevorzugten Gerichte auf afrikanische Art, schärfer, würziger, bunter, was sich in der Küche und den Gerichten des Low Country bis heute ausdrückt. Afrikanisches Handwerk überlebte in der Webkunst der schwarzen Frauen, vor allem aber in den kunstvollen Korbflechtereien aus Süssgras, die sie an der Market Street, dem alten Markt von Charleston, zum Kauf anbieten. Bis in die dreissiger Jahre waren die Sea Islands nur auf dem Wasserweg erreichbar. Heute sind noch drei Küsteninseln ohne Strassenverbindung. Der Tourismus hat den karibisch anmutenden Küstenstrich mit seinen weissen Stränden und Palmenhainen entdeckt. Gullah – Sprache und Kultur – stirbt langsam aus.

Textilindustrie, Tabak und Forschung

Seit dem Ende des 18. Jahrhunderts ist das Piedmont, das hügelige Appalachen-Vorland, in den Staaten Georgia, North und South Carolina und Virginia, Standort der Textilindustrie. Im nordöstlichen Teil des Südens – in North Carolina und Virginia – wird der Grossteil des amerikanischen Tabaks angebaut und verarbeitet. Hauptproduktionszentrum für Zigaretten ist heute Winston-Salem. In der ehemaligen Tabakmetropole Durham besteht nur noch eine Zigarettenfabrik, Liggett & Myers. 7 1/2 Millionen Zigaretten stellt eine einzige Maschine der Firma pro Tag her – 17 Milliarden insgesamt pro Jahr. Mit diesem Ausstoss beträgt der Anteil Liggett & Myers' gerade vier Prozent der gesamten amerikanischen Produktion. Obwohl die Raucher nirgends so sehr wie in den Vereinigten Staaten von Nichtrauchern und Gesundheitsbehörden unter Beschuss stehen, haben die Umsätze der Tabakindustrie in den letzten zehn Jahren nur um rund fünf Prozent abgenommen – weil die Bevölkerung wächst. Zunehmend wichtig für die amerikanischen Zigarettenfabrikanten ist der Export. Seit Europäer und Amerikaner dabei sind, das Rauchen aufzugeben, unternehmen die Zigarettendreher alles, um die Japaner, Koreaner und Afrikaner für den blauen Dunst zu gewinnen.

North Carolinas wichtigste «Industrien» neben Tabak und Textilien sind Bildung, Ausbildung und Forschung. Auf der Suche nach Möglichkeiten, die Region aus der Abhängigkeit von Tabak-, Textil- und Möbelindustrie zu lösen und qualifizierte Arbeitsplätze zu schaffen, entwickelten Universitätsprofessoren und Politiker Mitte der fünfziger Jahre ein unkonventionelles Projekt: Mit privatem Kapital und öffentlicher Unter-

Vorangehende Doppelseite:
Bis in die fünfziger Jahre war Midtown Atlanta eine ruhige Wohngegend zwischen Downtown im Süden und dem Vorort Buckhead im Norden. Inzwischen hat sich mit IBM, AT&T und Bell South die Elektronikindustrie nach Midtown ausgebreitet. Von Buckhead her expandieren Nobelhotels und Einkaufszentren in das ehemalige Wohnviertel. Midtown ist mit dem Woodruff Art Center und dem architektonisch revolutionären High Museum of Art zum kulturellen Mittelpunkt Atlantas gworden. Noch hat das Quartier aber seinen typisch amerikanisch-mittelstädtischen Charakter bewahrt.

Rechts: Der Mississippi, längster Strom der Vereinigten Staaten, bei Mudd Island, Memphis. Um den «Grand Ole' River» ranken sich zahllose Geschichten und Legenden. Mark Twain beschrieb seine Erlebnisse als Lotse auf dem grossen Strom vor dem Bürgerkrieg. Der Mississippi verlor seine Bedeutung als wichtigste Verkehrsader des Südens mit dem Aufkommen der Eisenbahn. Erst die Entwicklung des Dieselmotors machte den Strom als Verkehrsweg nach 1930 wieder konkurrenzfähig. Dieselboote schieben Verbände von bis zu vierzig Lastkähnen flussauf- und abwärts. Die «Tows», wie diese Schubverbände genannt werden, transportieren Massengüter wie Reis, Weizen, Kohle, Chemikalien.

Folgende Doppelseite:
New Orleans swingt. New Orleans' Jazz und Dixieland schmettern aus den Musiklokalen, widerhallen in den engen Strassen des Vieux Carré, wenn zur Eröffnung einer neuen Bar oder Boutique die obligate Brassband aufmarschiert. Die Altstadt der Crescent City lebt von der Musik und vom Tourismus. Steppende, tanzende, Purzelbäume schlagende Jungen, Schuhputzer, Handleser, die Schlepper der Striptease-Lokale und unzählige Strassenmusikanten – hier am Jackson Square – liefern sich harte Konkurrenzkämpfe um die Touristendollars.

Rechts: Weisse Sandstrände, Palmenhaine, Sonnenuntergänge in der Farbenpracht der Südsee – auf den Sea Islands, der Inselkette vor der Küste Georgias und South Carolinas, fühlt sich der Reisende in die Karibik versetzt. Bis in die dreissiger Jahre sind diese Inseln vom Festland isoliert geblieben. Die schwarzen Sklaven, die sich auf Reis- und Baumwollplantagen in dem tropischen Klima zu Tode schufteten, entwickelten hier aus westafrikanischen und europäischen Elementen eine eigene Kultur und Sprache, Gullah. Jeykill Island bei Brunswick, Georgia, war bis 1947 Privatbesitz und Winterresidenz einer Handvoll Millionäre. Nach dem Zweiten Weltkrieg machte sich der Tourismus auf den Sea Islands breit. Gullah – Sprache und Kultur – sterben langsam aus. Nur noch drei der Inseln – Daufuskie, St. Mary's und Sapelo – sind als Naturreservate bis heute ohne Landverbindung geblieben.

Folgende Doppelseite: Keine Region der Vereinigten Staaten lebt so stark in der Erinnerung an Krieg und Zerstörung wie der Süden. Nicht nur der Bürgerkrieg 1861–1865, auch der Amerikanisch-Mexikanische Krieg 1846–1848, den ein Wandgemälde in New Orleans darstellt, wirkt in der Erinnerung der Südstaatler fort – dieser Krieg allerdings nicht als eine entwürdigende Niederlage, sondern als ein Sieg für den Süden. Die Annexion von Texas durch die Vereinigten Staaten hatte die Position des sklavenhaltenden Südens innerhalb des Bundes gestärkt.

Links: Sumpf oder Swamp bedeutet im Süden nicht Moor oder Morast. In den Niederungen der Küstenebenen, im Mississippidelta und an den Bayous von Louisiana und Arkansas dehnen sich überflutete Zypressen- und Tupelowälder aus. Die seichten, bewaldeten Gewässer sind reiche Fischerei- und Jagdgebiete. Mit der Erschliessung der Sümpfe Louisianas durch die Erdölindustrie wurde allerdings auch der immense Holzreichtum ihrer Wälder wirtschaftlich interessant. Im Atchafalaya Basin, der südlichsten Region des Mississippideltas, holzten die Lumber-Companies Tausende von Zypressen ab, deren Stümpfe noch heute Zeugnis von dem Baummassaker und von der Mächtigkeit der gefällten Baumriesen ablegen. Unberührt ist dieser Tupelo-Gummibaumwald am Lake Charles in Louisiana.

Folgende Doppelseite: Skullbone, Tennessee. Bemerkenswert an diesem Ort ist nicht nur sein makabrer Name, der «Schädelknochen» bedeutet, sondern seine City Hall. Stadthaus, Postbüro, Gemischtwarenladen und Tankstelle in einem, stellt sie das Zentrum des «Kingdom of Skullbonia» dar. Entstanden ist Skullbone nämlich aus einem Country Store, einem Gemischtwarenladen, wie sie nach der Abschaffung der Sklaverei überall im ländlichen Süden an Strassenkreuzungen entstanden. Der Country Store belieferte schwarze und weisse Kleinfarmer mit Saatgut, Werkzeugen, Bekleidung, Nägeln, Draht, Lebensmitteln und allen anderen Dingen des täglichen Gebrauchs – meist auf Kredit. Vom Country Store waren die weissen, in der Mehrzahl aber schwarzen Kleinpächter, die Sharecroppers, bis weit nach dem Ersten Weltkrieg als Schuldner beinahe so abhängig, wie sie es während der Sklavenzeit vom Plantagenbesitzer gewesen waren.

Huntsville im Norden Alabamas ist die Geburtsstadt der amerikanischen Raumfahrt. Hier entwickelte Wernher von Braun die Mondrakete Saturn V. Die NASA richtete in Huntsville 1960 das George C. Marshall-Raumfahrtzentrum ein, das im Lauf der folgenden zwei Jahrzehnte die ersten Satelliten-Trägerraketen und das Antriebssystem des amerikanischen Space Shuttle entwickelte. Im Space and Rocket Center ist die grösste Raumfahrtausstellung der Welt zu besichtigen. Sie umfasst zivile und militärische Raketen und Raumfahrzeuge und vermittelt mit Simulationen und Filmen in Rundumprojektion fast authentische Raumflugerlebnisse.

stützung kauften sie 2000 Hektaren Wald und gründeten darin den Research Triangle Park. Als Forschungspark sollte er Laboratorien der Industrie und High-Tech-Unternehmen anziehen. Die drei beteiligten Universitäten, die University of North Carolina in Chapel Hill, die North Carolina State University in Raleigh und die Duke University in Durham, würden ihre *Brain-Force* zur Verfügung stellen und Studenten und Professoren im direkten Kontakt mit der Wirtschaft praxisbezogen weiterbilden. Bis heute haben sich mehr als fünfzig privatwirtschaftliche und staatliche Forschungsinstitutionen im Research Triangle Park angesiedelt, darunter Giganten wie IBM oder das nationale Forschungsinstitut für Umwelt und Gesundheitsschutz, das National Institute of Environmental Health Services. 32 000 Menschen sind im Park bei einer Jahreslohnsumme von über einer Milliarde Dollar beschäftigt. Der Research Triangle Park liess North Carolina zu einem der führenden Staaten im Bereich der Mikroelektronik und der Biotechnologie werden, und das Beispiel machte Schule. Die University of North Carolina in Charlotte zog nach und baute nach dem Vorbild des Research Triangle Park einen Forschungspark mit bisher fünfzehn Privatunternehmen und über 10 000 Angestellten auf.

Im Städtedreieck Durham-Raleigh-Chapel Hill leben – prozentual zur Bevölkerung – mehr Akademiker als in irgendeiner anderen Region der Vereinigten Staaten, an der University of North Carolina in Chapel Hill lehren prozentual zur Studentenschaft mehr Professoren als an irgendeiner anderen Universität. Die Arbeitslosigkeit ist in North Carolina mit zwei Prozent sensationell tief. Durham und Raleigh sind für ihre Spitäler und ihre Hochschulen für die medizinische Forschung berühmt. Und doch: In keinem anderen Staat der USA ist die Kindersterblichkeit höher als in North Carolina. Fünfzehn Prozent der Bevölkerung leben unter der offiziellen Armutsgrenze. «Der Süden ist ein Meer von Armut», formulierte es ein Historiker der Universität von Chapel Hill, «unterbrochen von Inseln krassen Reichtums. Den Reichtum zu verteilen, gelingt im Süden schlechter als im übrigen Amerika.»

In Virginia begann die amerikanische Geschichte

Noch vor der Landung der «Mayflower» in Neuengland liessen sich in der Chesapeake Bay in Virginia die ersten europäischen Kolonisten nieder. Jamestown nannten sie ihre Siedlung. Dort landete 1619 das erste Sklavenschiff. Am James River entstanden die ersten Tabakplantagen der Neuen Welt. Von Virginia ging die erste Besiedlung des Low Country aus. In Jamestown trat die erste gesetzgebende Versammlung des Kontinents zusammen. Richmond, Virginias Hauptstadt, wurde im Bürgerkrieg Hauptstadt der Föderation. Mit der Kapitulation General Lees in Appomatox wurde in Virginia der Grundstein für das moderne Amerika gelegt. Vier der fünf ersten Präsident der Vereinigten Staaten – Washington, Jefferson, Monroe, Madison – waren Virginier. Die eindrücklichsten Spuren hinterliess der «Vater der amerikanischen Verfassung», Thomas Jefferson, im Tabakstaat.

Jefferson, Jurist, Anwalt, verfasste als Mitglied des Nationalkongresses 1776 die Unabhängigkeitserklärung. Jeffersons an europäischen Vorbildern geschulte Kultiviertheit widerspiegelt sich im State Capitol Virginias in Richmond, das er in Zusammenarbeit mit einem französischen Architekten nach der Maison Carrée, dem römischen

Tempel von Nîmes, entwarf. Jefferson gründete auch die University of Virginia in Charlotteville, die Charakterschmiede der Oberschicht, in der schwarze Studenten auch heute noch krass untervertreten sind. Jeffersons Landhaus «Monticello» am Fuss der Blue Ridge Mountains ist eine der ersten architektonischen Kostbarkeiten des amerikanischen Kontinents. In diesem Anwesen drücken sich der Universalgelehrte und der nach wissenschaftlichen Methoden arbeitende Farmer Jefferson aus. In seiner Studierstube ist das raffinierte Drehgestell zu bewundern, das es ihm erlaubte, mit fünf aufgeschlagenen Büchern gleichzeitig zu arbeiten. Die 7000 Bände seiner Bibliothek bildeten nach ihrem Verkauf an die Regierung den Grundstock der späteren Kongressbibliothek. Die Gartenanlagen legte Jefferson gleichermassen nach ästhetischen und funktionalen Gesichtspunkten an: Symmetrien bestimmen das Bild, kurze Wege und durchdachte Anordnung der Wirtschaftsräume stellen den rationellen Betrieb des Gutes sicher, das herrschaftlicher Landsitz und Farm in einem war.

Die zentrale Aussage der Unabhängigkeitserklärung der Vereinigten Staaten, die nicht nur die amerikanische, sondern auch die europäische Geschichte nachhaltig beeinflussen sollte, setzt ein mit der Proklamation der Gleichheit aller Menschen: «Wir erachten diese Wahrheiten als selbstverständlich: dass alle Menschen gleich erschaffen sind, dass sie von ihrem Schöpfer mit gewissen unveräusserlichen Rechten begabt sind und dass zu diesen das Leben, die Freiheit und das Streben nach Glückseligkeit gehören (...)»

Trotzdem besass Jefferson 110 Sklaven; die Hälfte davon waren Kinder. Er beklagte die Sklaverei zwar als ein «abscheuliches Verbrechen» – zu seinen Lebzeiten liess er aber nur zwei Sklaven frei, weiteren fünf gab er in die Freiheit durch testamentarische Verfügung. Die übrigen wurden nach seinem Tod 1826 verkauft, um die Schulden zu tilgen, mit denen «Monticello» belastet war. Die wahre Gleichstellung der Menschen war zu Jeffersons Zeiten zwar eine moralische, aber noch keine politische Frage. Bis die in der Unabhängigkeitserklärung postulierte Gleichheit aller Menschen in Amerikas Verfassung Wirklichkeit wurde, sollte es noch fast 140 Jahre dauern.

Neunhundertzwanzig Kilometer zwischen Himmel und Erde

Von Front Royal in der Nordostecke Virginias bis nach Waynesboro zieht sich über eine Strecke von 170 Kilometern der Skyline Drive quer durch den Shenandoah National Park. Bei Waynesboro wechselt die Panoramastrasse, die auf dem Kamm des Blue Ridge, des östlichsten Höhenzugs der Appalachen, verläuft, den Namen. Als Blue Ridge Parkway führt sie nach Südwesten und endet nach insgesamt 920 Kilometern an der Grenze von North Carolina und Tennessee beim Great Smoky National Park. Fast tausend Kilometer fährt man durch weitgehend unberührtes Land. Laub- und Nadelwälder wechseln mit Gehöften, ab und zu berührt die Strasse eine Ortschaft. Erlaubte Höchstgeschwindigkeit ist 45 Meilen (72 Stundenkilometer). Für Lastwagen ist die Strasse gesperrt. Bei seinem Auf und Ab über den endlosen Bergrücken überwindet der Blue Ridge Parkway grosse Höhenunterschiede. Im Frühjahr erlebt der Reisende die Blüte deshalb in allen möglichen Stadien. In höheren Lagen treibt noch kaum das Laub an Buchen und Eichen, in tieferen führt die Strasse Meile um Meile durch blühende

Rhododendren und Feuerazaleen. Im September leuchten die Laubbäume in allen Farbtönen zwischen dem Purpur des Hartriegels und dem Gelb des Ahorns.

High-Tech und die Beschwörung
der Vergangenheit

Nicht weit von der NASA-Stadt Huntsville mit ihrem Space and Rocket Center entfernt, im Städtchen Tuscumbia, führt die lokale Theatertruppe jedes Jahr das Theaterstück «The Miracle Worker» auf. Es stellt das Leben der taubblinden Helen Keller dar, die hier 1880 geboren wurde. High-Tech und die Beschwörung historischer Heldenhaftigkeit liegen im Süden nahe beieinander und stehen zueinander nicht einmal im Widerspruch. «Schau vorwärts!» ist die Losung des Südens. Trotzdem ist keine historische Tat zu gering, um nicht mit einem Festival, einem Memorial Day, einer Freilichtaufführung gefeiert zu werden. Mit Nachinszenierungen historischer Ereignisse, mit unzähligen Wachsfigurenkabinetten und Museen wird die Vergangenheit auf Schritt und Tritt beschworen, aber meist nur die heroische, von Pioniergeist beflügelte, aus der man die rechte Lehre ziehen kann: Wer zupackt, gewinnt! Der dunklen Seite der Vergangenheit wendet man, so gut es eben geht, den Rücken zu. Niemand spricht gern über Rassenfragen. Kaum ein Museum, das Lebensbedingungen und Alltag der Schwarzen in der Sklavenzeit und in den Jahren danach ausführlich dokumentieren würde. Was an den zahllosen Gedenkstätten dominiert, ist die Geschichte der weissen Mehrheit. Der weisse Süden übersieht den schwarzen, der reiche den armen. Zwei Gesellschaften leben im Süden nebeneinander her, eine wohlhabendere weisse und eine ärmere schwarze. Den Blick halten beide – über ungelöste und unlösbare gesellschaftliche, wirtschaftliche und kulturelle Probleme hinweg – auf eine unbestimmte Zukunft gerichtet. Es wird eine glänzende sein – es muss eine glänzende sein. So wollen es die Hoffnung und die Furcht vor der dunklen Vergangenheit.

Alte Symbole im modernen Süden

*Von David R. Goldfield**

Eine Konföderiertenflagge schmückte Daisy Caves Urne. Rote Rosen und weisse Gladiolen zierten die Flagge. Ein Dutzend Männer, in Konföderiertengrau gekleidet, defilierten vorbei, jeder legte einen Knopf seiner Uniform auf die Flagge. Der Hornist spielte den Zapfenstreich. Die letzte Konföderiertenwitwe war tot. An diesem warmen Oktobermorgen im Jahr 1990 war wieder ein Bindeglied zur Geschichte des Südens gebrochen. Doch das Ritual und die Dekoration des Grabes schufen neue Bindungen zur Vergangenheit.

Vor einiger Zeit ging ich durch die Monument Avenue in Richmond. Die Avenue ist ein breites, von Bäumen gesäumtes Denkmal für die Helden der Konföderation. Die bedeutendste unter den in Stein gehauenen Figuren ist das Reiterstandbild von General Robert E. Lee (Oberkommandierender der Konföderationsarmee im Bürgerkrieg). Während ich nach dem besten Bildwinkel für eine Aufnahme suchte, erinnerte ich mich an die Geschichte, wie die Bürger von Richmond ein Jahrhundert zuvor Teile der Statue von einem Eisenbahndepot den ganzen Weg hinaus zu einem Platz getragen hatten, der damals ein Maisfeld ausserhalb der Stadtgrenze war. Sie handelten wie mittelalterliche Bürger, die Steine schleppten, aus denen ein Teil einer Kathedrale werden sollte. Sie waren Glaubenspilger, die für ein schon lange totes, aber noch nicht begrabenes Bekenntnis eintraten, indem sie ein Standbild für den einzigen Traum aufstellten, der jemals von Bedeutung gewesen war – damit sie weiterträumen konnten.

Während ich einige Aufnahmen machte, näherte sich mir ein älterer, gut gekleideter Gentleman und fragte in sachlichem Ton: «Ist er nicht ein ganzer Mann?» Die Frage schreckte mich ein wenig auf, denn ich hatte nie in der Gegenwartsform an den General gedacht. Wie ich später darüber nachdachte, verstand ich, dass die Frage nicht überraschend war, denn die Zeiten fliessen im Süden ineinander. Daisy war nur in einer gewissen Weise verblichen, in einer anderen nicht. Wie William Faulkner das Phänomen zusammenfasst, «sind Gestern, Heute und Morgen das Ist: unteilbar: eins...»

Wieso leben die Südstaatler bequem in mehreren Zeitepochen zugleich? Wieso bestehen sie hartnäckig darauf, in einer Wegwerfgesellschaft an Ritualen und Symbolen festzuhalten? Ist dies Ausdruck einer Verehrung, die dem letzten Licht einer sinkenden Sonne gilt, oder ist es der Widerschein einer ewigen Flamme, die erst erlischt, wenn wir aufhören, uns zu erinnern?

Auf den ersten Blick erscheint der «typische Süden» todgeweiht wie die verblichene Konföderiertenwitwe. Abseits der Monument Avenue, auf den Hauptdurchgangsachsen von Atlanta, Charlotte und Dallas, bietet sich das Stadtbild als amerikanischer Standard dar: Wolkenkratzer aus Glas und Stahl, vom Verkehr verstopfte Strassen, gut gekleidete, eilige Männer und Frauen. Keine Spur von «Verlorener Sache»[1]. Aber der Schein trügt. Ein neuer Anzug macht noch keinen neuen Südstaatler aus. Hinter der Kulisse ist der Süden «anders» geblieben, und das «andere» ist die Geschichte. Nicht dass der Südstaatler, zugezogen oder gebürtig, in der Vergangenheit leben würde – die Vergangenheit lebt im Südstaatler.

---

* David R. Goldfield ist Historiker an der University of North Carolina in Charlotte, N.C. Übersetzung und Fussnoten von Marc Valance

[1] Als die «Verlorene Sache» wird aus der Sicht des Südens der Bürgerkrieg, 1861 – 1865, bezeichnet.

Der Schriftsteller Robert Penn Warren stellte fest, dass «erst in dem Augenblick, als Lee sein Schwert Grant (dem Oberbefehlshaber der Unionsarmee) übergab, die Konföderation geboren worden ist. Oder um die Sache in anderer Weise darzustellen: Im Augenblick ihres Todes trat die Konföderation in ihre Unsterblichkeit ein.» Während der nahezu fünf kriegszerrissenen Jahre ihrer Existenz drohte die Konföderation bei zahlreichen Gelegenheiten auseinanderzubrechen, als ihre Mitglieder bis zum letzten auf der Doktrin der Selbstbestimmung der Einzelstaaten beharrten. Der Präsident der Konföderation, Jefferson Davis, beklagte, dass der Grabspruch seines Landes sehr gut lauten könnte: «Gestorben an einer Theorie[2]» – so verärgert war er über das brudermörderische Verhalten der konföderierten Staatsführer. Dennoch sah das kollektive Erinnerungsvermögen des weissen Südens beide, Davis und die Konföderation, nach dem Krieg in beträchtlich anderem Licht. Wie es zum Mythos der «Verlorenen Sache» kam, ist wesentlich, um das hartnäckige Überleben seiner Symbole und Rituale im heutigen Süden zu verstehen.

Das Erinnerungsvermögen bedient sich eher der Konstruktion als der Reproduktion vergangener Ereignisse. Und wie wir die erinnerte Vergangenheit konstruieren, hängt von den Zwecken ab, denen das Erinnern dient. Die weissen Südstaatler hatten für ihre Unabhängigkeit gekämpft und hatten sie verloren. Ihre Führer riefen den Kampf als einen heiligen Krieg aus – trotzdem gewann der Teufel. Der Süden war ein verwüstetes Land; kaum eine Familie, die nicht einen Angehörigen verloren hatte; eine fremde Armee besetzte das Land; vier Millionen frühere Sklaven zogen nun als freie Männer und Frauen durch die Region. Die Welt war auf den Kopf gestellt, und die Südstaatler suchten nach Erklärungen. Angeregt durch sich anbietende Symbole, spannen sie eine Reihe von Mythen, um die Bitternis ihrer Niederlage zu lindern und ihre schlimmen Verhältnisse zu rechtfertigen.

Die «Verlorene Sache» war das Herzstück der Südstaatenmythologie. Darin war der Bürgerkrieg tatsächlich ein heiliger Konflikt gewesen – doch war er eigentlich nicht mehr als eine Schlacht; im endgültigen Krieg würde der Süden siegreich sein. «Er liebt, wen Er züchtigt», lautete der Refrain dieser Überzeugung. Gott lächelte dem Süden noch immer und billigte damit die Südstaatengesellschaft. Der Süden war rein geblieben, während der Norden sich durch den Sieg und die wirtschaftliche und politische Orgie, die darauf folgte, befleckt und moralisch verdorben hatte. Nicht dass die Südstaatler nun die Yankees hassten, obwohl einige es taten; nein, die Südstaatler liebten bloss den Süden als eine einzige, unantastbare, unwandelbare Einheit. Trotz seiner Armut, seiner Besatzungsarmee und seiner Verzweiflung war der Süden Amerikas Zion. Waren nicht Moses und die Kinder Israels in der Wüste gewandert, bevor sie das gelobte Land erreichten? Dies war die Zeit der Wildnis für den Süden, eine Glaubensprüfung, und jeder Südstaatler hatte an diesem Glauben festzuhalten, damit die Reise vollendet werden konnte.

Die Auswirkung dieses Mythos auf den Süden war ungeheuer. Hatte vorher wenig Einheit geherrscht, so hielt nun eine Überzeugung Einzug

---

[2] Die «States Rights Theory», die gemäss der südstaatlerischen Auffassung von Föderalismus den Einzelstaaten weitgehende Selbstbestimmung zubilligte (s. auch Kleines Lexikon der Südstaaten)

in die Region, die sich strikt an überlieferte Anschauungen hielt. Die Verpflichtung gegenüber der «Verlorenen Sache» und ihren Helden, die Vormachtstellung der Weissen und die Treue zur Demokratischen Partei (diese Organisation hatte den Süden von den Yankee-Invasoren «erlöst») wurden Grundelemente dieser regionalen Glaubenshaltung. Eine Abweichung galt nicht nur als unpatriotisch, sondern als ein Frevel.

Eine ganze Sammlung von Bildern vervollständigte die Religion der «Verlorenen Sache». In den Jahren unmittelbar nach dem Krieg errichteten beide Seiten ihren jeweiligen Militärführern die obligaten Statuen. Um den kleinen Mann, die kleine Frau für den Kreuzzug der «Verlorenen Sache» zu mobilisieren, begannen zivile Führer bald auch Statuen für den gewöhnlichen Soldaten zu errichten. Um die Jahrhundertwende gab es kaum eine Stadt im Süden, die nicht einen steinernen oder bronzenen konföderierten Soldaten besessen hätte, der stolz und stahläugig dastand, den starren Blick und das Gewehr nach Norden gerichtet. Überlebende Kämpfer erwiesen sich als ebenso allgegenwärtig wie ihre in Stein gehauenen Kopien. Veteranenorganisationen entstanden, Veteranentreffen wurden immer häufiger veranstaltet, und um 1890 unterstützten regionale Vereinigungen wie die United Daugthers of the Confederacy (Vereinigte Töchter der Konföderation) jährliche Grossversammlungen. Richmond, die Hauptstadt der Konföderation, wurde zum Mekka des Südens, als Veteranen, Hinterbliebene und Schulkinder Pilgerfahrten zum Weissen Haus der Konföderation unternahmen, am Pantheon der Kriegshelden vorbei die Monument Avenue hinunter marschierten und den Hollywood-Friedhof besuchten, um Kränze auf die Gräber von Generälen ebenso wie von einfachen Soldaten niederzulegen. Fünfzigtausend Personen kamen 1875 zur ersten grossen Zusammenkunft nach Richmond. 1907 drängten sich – obwohl die Zahl der überlebenden Veteranen stark gesunken war – zweihunderttausend Südstaatler, um in Nostalgie zu schwelgen und sich zu erinnern. Und überall prangte stolz und herausfordernd die Konföderiertenflagge – an hohen Fahnenmasten, in den Händen kleiner Kinder und an jeder Person und jedem Ding dazwischen. In einigen Städten des Südens wehte bis zum Ersten Weltkrieg die amerikanische Flagge nur auf dem U.S. Post Office, dem Büro der Bundespost. Der 4. Juli (der Nationalfeiertag) wurde im Süden nicht gefeiert, während der Confederate Memorial Day (der Erinnerungstag der Konföderation) Blechblaskapellen auf die Strasse brachte, betagte Veteranen und Flaggen, Flaggen, Flaggen...

Neben der öffentlichen Zurschaustellung der Treue zur «Verlorenen Sache» trug jede Südstaatenfamilie ihren privaten Anteil dazu bei, den Glauben lebendig zu erhalten. Geschichten über Heldentum im Krieg, Mut und Beharrlichkeit in der Nachkriegszeit gehörten zur Grundlage des südstaatlerischen Familienlebens. Porträts des Generals Robert E. Lee, Stonewall Jacksons und Jefferson Davis' (den die Südstaatler während seiner Präsidentschaft oft geschmäht hatten) schmückten die Südstaatlerheime. Kinder lernten die Worte von «Dixie»[3] auswendig und rezitierten Annie Barnwell Mortons «The Old Jacket of Gray»[4]. Südstaatenfamilien massen die Zeit nach «vor» und «nach dem Krieg». Und der Krieg selbst wirkte als ein reinigendes Mittel: Er

---

[3] Das Lied «Dixie´s Land» war die Kriegshymne der konföderierten Soldaten (s. auch Kleines Lexikon der Südstaaten).
[4] The Gray – die Graue. Gemeint ist die graue Uniform der Konföderierten Soldaten.

brachte die Südstaatler als eine Familie zusammen, stattete sie mit einer gemeinsamen Vergangenheit und einem gemeinsamen Glauben aus und belohnte sie mit dem Versprechen der vollständigen und endgültigen Erlösung.

Die Nordstaatler waren nachsichtig mit dem Süden und seinen Phantasien. In Tat und Wahrheit förderten sie die Schaffung von Mythen sogar. Von D.W. Griffiths Film «Birth of a Nation» («Geburt einer Nation»), der den Ku Klux Klan feierte, bis zum Epos «Gone With The Wind» («Vom Winde verweht») brachte die Filmindustrie die historische Sicht des Südens auf die Leinwand. Solange der Süden sich in schwächende Nostalgie einspann, konnte der Norden seine koloniale wirtschaftliche Beziehung zu der Region aufrechterhalten und brauchte sich wegen eines Konkurrenzkampfs nicht zu sorgen.

Die «Verlorene Sache» wurde zum «Grossen Alibi». Der Süden war arm – der Krieg war schuld daran. Der Süden war ungebildet, der Süden hatte Rassenprobleme – der Krieg war immer schuld daran. Die «Verlorene Sache» sprach die Südstaatler von jeder Verantwortung für die gerade herrschenden Zustände frei und verhinderte jede Reform, die den chronischen Problemen der Region eine Wende hätte geben können. Und wenn sich Dinge ereigneten, die die regionale Glaubenshaltung in Frage stellten, schufen sie die Geschichte neu. 1874 zum Beispiel versuchte die White League, eine Organisation von (weissen) städtischen Führern in New Orleans, einer gemischtrassigen Koalition die Kontrolle über die Stadtregierung mit Gewalt zu entreissen. Der Coup schlug fehl, dreissig Personen wurden dabei getötet. Die Mitglieder der White League begannen sogleich eine öffentliche Kampagne, um ihre gefallenen Kameraden in Märtyrer zu verwandeln, die gegen die «Negerherrschaft» gekämpft hätten. In den 1890er Jahren errichteten Veteranen der League zur Erinnerung an die tapferen Taten am Liberty Place in der Innenstadt eine Statue. In den folgenden Jahrzehnten versammelten sich die Nachkommen der League-Mitglieder und ihre Sympathisanten um das Denkmal und gedachten des Opfergangs einer früheren Generation – zuerst 1932 als Reaktion auf die rassenneutrale Politik des Gouverneurs Huey Long und dann 1948, als Präsident Harry S. Truman für die Bürgerrechtsgesetzgebung eintrat. Als der Oberste Gerichtshof 1954 seinen historischen Entscheid zur Rassentrennung in den Schulen bekanntgab, legten die Treuhänder des Denkmals eine offizielle historische Darstellung vor, «Die Schlacht am Liberty Place». Der Autor verkündete, «die Schlacht am Liberty Place (sei) nicht ein Rassenkrawall oder ein Kampf zwischen Weissen und Negern gewesen, viel eher eine patriotische Anstrengung, um die Diktatur schmutziger Politiker zu Fall zu bringen». Das Buch war «ein Fall von schlechter Geschichtsschreibung, die dazu benützt (werde), schlechte Politik aufrechtzuerhalten», schrieb ein nicht geneigter Rezensent.

Im Lauf der Zeit bedeckten Ausschmückungen die Geschichte wie eine verrückte viktorianische Holzschnitzerei – mit dem Ergebnis, dass der Süden einer sinnvollen Konfrontation mit der eigenen Vergangenheit beraubt war. William Faulkner illustrierte den Vorgang in seinem Roman «Sartoris» (1929) am Beispiel Virginia du Pres, die immer wieder den Tod Bayard Sartoris' schildert: «Wie sie (Virginia) älter wurde, wurde die Erzählung selbst reicher und immer reicher und nahm einen weichen Glanz an wie Wein; bis das, was nichts als ein verrückter Streich zweier sorgloser und leichtsinniger Jungen gewesen war, zu einem prächtigen und schliesslich tragischschönen Höhepunkt wurde, zu dem die Geschichte der Rasse aus dem alten, übeln Sumpf geistiger Trägheit von zwei mutig gefallenen und verirrten Engeln erhoben worden war, zwei Engeln, die damit den Lauf der menschlichen Dinge veränderten und die Seelen der Menschen reinigten.» Wie eine Figur in einem anderen Roman von Faulkner bemerkte, war der Süden Theater geworden. Das Stück war gleichzeitig die Sache.

Schliesslich wurde die Lücke zwischen Mythos und Wirklichkeit aber doch zu gross, um nicht in Frage gestellt zu werden. Der Mythos der «Verloren Sache» war im wesentlichen eine Angelegenheit der südstaatlerischen Männer – und nicht einmal aller. Millionen von Schwarzen sahen im Krieg nicht eine «verlorene Sache», sondern einen grossen Sieg für die Freiheit. Die rassischen Mythen, welche die weissen Vorstellungen der Vergangenheit begleiteten – weisse Vormachtstellung, schwarze Minderwertigkeit, Sklaven-Loyalität und schwarze Zufriedenheit mit der Rassentrennung – waren schon nach dem Zweiten Weltkrieg nicht mehr leicht aufrechtzuerhalten. Die Mehrheit der Weissen glaubte zwar noch daran, weil die meisten Kontakte zwischen Schwarz und Weiss im Rahmen eingespielter Verhaltensregeln stattfanden, wobei die Schwarzen sorgfältig darauf achteten, den rassischen Status quo (den herrschenden Zustand) nicht zu verletzen. Als die schwarze Herausforderung während der 1950er und 1960er Jahre aber wuchs, konnten die Weissen ihren Mythen als Voraussetzung nicht mehr trauen, und das war ein Schock.

Südstaatlerische Historiker, die die Mythen unverfroren «dokumentiert» hatten, begannen ihren Rückzug, angetrieben von einer jüngeren Generation, welche die angebliche Einheit des konföderierten Südens in Frage stellte. Tausende von weissen Südstaatlern hatten sich dem Krieg entgegengestellt und die Sache der Union gefördert. Frauen, die die Kriegsanstrengungen angeblich uneingeschränkt unterstützt hätten, ermutigten Ehemänner, Söhne und Väter zu desertieren, um die Familienfarmen zu retten. Und nur wenige Sklaven zeigten Loyalität gegenüber ihren Herren; die meisten schlugen sich für die Freiheit, sobald Unionstruppen in Sicht kamen. Das «Verbrechen der *Reconstruction*» – die «schwarze Herrschaft» – verdiente kaum seinen Namen, da Schwarze keinen Staat und keine Gemeinderegierung im Süden kontrollierten. Das Verbrechen war eher gegen schwarzes Streben und schwarze Rechte gerichtet und gegen die legal eingesetzten Regierungen. Das «Grosse Alibi» erwies sich als das, was es eben war. Die wirtschaftlichen und sozialen Probleme des Südens hatten weniger mit dem Ausgang des Krieges zu tun als mit der kollektiven Trägheit, die aus der Furcht vor Veränderung hervorging. Die Symbole und heiligen Schreine der «Verlorenen Sache» sind nicht nur falsche Geschichtsschreibung – sie repräsentieren auch einen grossen Teil der südstaatlerischen Bevölkerung nicht.

Die Bekehrung war und ist noch lange nicht vollendet. Unglücklicherweise eigneten sich extremistische Gruppen die Konföderiertenflagge an und befleckten ihre Farben in den Augen jener, die sie als einen rechtmässigen Teil ihrer Vergangenheit ehrten. Zu lange hatte die Verbindung der Flagge mit in Misskredit geratenen Mythen gedauert, als dass sich ihre andere, legitimere symbolische Bedeutung hätte behaupten können:

Selbstbestimmung und Rechte der Staaten. 1982 weigerte sich eine schwarze Studentin der Universität von Mississippi, als *cheerleader*[5] die Konföderiertenflagge zu tragen, und löste damit eine hitzige Auseinandersetzung aus, die jeden zugleich belustigen und verwirren musste, der mit dem südstaatlerischen Heiligenbilderwesen nicht vertraut war. Die Verteidiger der Flagge beriefen sich auf die lange Verbindung zwischen Flagge und Schule. In Tat und Wahrheit war die Flagge erst 1948 das Emblem der Ole' Miss geworden. Schulen und Regierungen haben die Konföderiertenflagge und das Spielen von «Dixie» inzwischen aus Respekt vor denen aufgegeben, die Flagge und Hymne als beleidigend empfinden. Doch manche weisse Südstaatler sehen den Wandel mit zwiespältigen Gefühlen. Denn die Symbole der «Verlorenen Sache» waren mehr als blosse Kunsterzeugnisse, sie waren an Religion, Politik und Moral gebunden. Der südstaatlerische Schriftsteller Roy Blount jr. stellte die Flagge als «die Flagge der weissen Leute» bloss. Auf die Frage, warum der Süden eine Flagge brauche, der *Norden* habe keine, erwiderte er: «Weil der Norden kein Ort ist. Er ist nur eine Richtung weg *vom Süden.*»

Blount meint, dass die Flagge ein Sinnbild der südstaatlerischen Besonderheit ist, einer Besonderheit, die er erhalten möchte. Aber er nimmt auch die Belastung wahr, die mit ihr verbunden ist. Deshalb schlägt er – nicht ganz ernst – eine Flagge mit einem halb blauen, halb grünen Hintergrund vor (grün für Geld); vor diesem Hintergrund stünden vier Hände eines weissen und eines schwarzen Paares. Die Hände – darauf besteht Blount – müssten dasselbe tun wie die Flaggen: winken[6]. Unter und über den Händen stünde die Inschrift: «Just Fine, and You?» («Uns geht's prima – und Ihnen?»)

Mit ein wenig südstaatlerischer Alchimie verwandelt Blount Symbole fragwürdiger Herkunft in Bilder, die passender sind für eine moderne Region – in *Bilder* aber immerhin. Denn Blount und andere sehen die Gefahr, dass beim Umschreiben der Geschichte, beim Wegwerfen der alten Symbole die Bindungen des Südens an seine Vergangenheit – wie verdreht sie auch immer waren – durchtrennt würden; dass die Region – kollektiv von Sunbelt-Geläute[7] benebelt – überrannt würde von einem Heer von Wirtschaftsentwicklungsspezialisten. Es gibt genügend Beweise, um diese Befürchtung zu rechtfertigen. William Faulkner schrieb in «Griff in den Staub» (1948): «Für jeden vierzehnjährigen Südstaatenjungen ist nicht einst, sondern wann immer er es will, der Augenblick, da es noch nicht zwei Uhr an dem Julinachmittag 1863[8] geschlagen hat.» Aber heute denkt ein Südstaatenjunge wohl überhaupt kaum mehr an Gettysburg. Der Süden, beklagt der Journalist Marshall Frady, wird «vergangenheitslos, gedächtnislos, leer von jeder Identität, indem er sich an Chrom und Asphalt und Plastik angleicht.» Mag sein, dass am Ende jene glitzernden Avenuen aus Glas und Stahl der wirkliche Süden sind.

---

[5] Cheerleaders sind die «Anheizerinnen» und Auslöserinnen des organisierten Beifalls bei College-Sportanlässen wie Baseball- oder Football-Spielen

[6] unübersetzbares Wortspiel: to wave bedeutet ebenso «wehen» (Flagge) wie «winken» (Hände)

[7] Das wirtschaftliche Wachstum des Sunbelt (Sonnengürtels) von North Carolina bis Arizona in den siebziger und achtziger Jahren verleitete Wirtschaftsleute und Politiker zu optimistischen Prognosen für den Süden – allzu optimistischen, wie sich spätestens nach dem Zusammenbruch der Erdölindustrie Texas' und Louisianas 1986 erwies.

[8] Die Schlacht bei Gettysburg am 3. Juli 1863 besiegelte – zusammen mit dem Fall von Vicksburg – die Niederlage der Konföderation. Die Schlacht begann um zwei Uhr nachmittags – bis zu diesem Zeitpunkt war die Konföderation unbesiegt.

Aber auch wenn Kleber von Konföderiertenflaggen in Indiana besseren Absatz finden als in Mississippi, auch wenn südstaatlerische Schulkinder glauben, Gettysburg sei eher der Name einer Stadt als einer der wichtigsten Wendepunkte in unserer Geschichte, hat der Süden keine kulturelle Lobotomie (Durchtrennung von Nervenfasern im Gehirn zur Linderung von geistiger Verwirrung) erlitten. Vielleicht sind die Konföderiertendenkmäler und die Flagge in unwürdige Hände gefallen, doch aus der neu geformten Vergangenheit des Südens sind neue Symbole aufgetaucht. Wie der Bürgerkrieg einen Wust von Weihestätten und geheiligten Orten hervorbrachte, hat die Bürgerrechtsbewegung begonnen, den Sinn für die Vergangenheit der Region zu durchdringen. Führungen durch das historische Selma folgen der Route des berühmten Bürgerrechtsmarsches von 1965 und enden bei der restaurierten Edmund-Pettus-Brücke. Birmingham restauriert die Gefängniszelle, in der Martin Luther King jr. seinen berühmten Brief vom April 1963 schrieb[9]. Ein Schild steht am Ende des Blocks, von dem die ersten *Sit-ins* in Greensboro in North Carolina im Februar 1960 ausgingen. Museen wie das Valentine in Richmond und das Staatsmuseum in Jackson, Mississippi, widmen der Geschichte des schwarzen Freiheitskampfes grosszügig Platz. Und Nachinszenierungen gibt es im Überfluss. Die *Sit-ins,* der Selma – Montgomery-Marsch und die Demonstrationen von Birmingham wurden zu den Konföderierten-Veteranenparaden des 20. Jahrhunderts. Man mag behaupten, diese neuen Heiligtümer berührten nur die Oberfläche – Bilder und Symbole sind jedoch bedeutsam für den Süden. Sie sind Wege, die Geschichte mit der Wirklichkeit zu versöhnen – und das ist wichtiger, als vor beiden davonzulaufen.

Die Südstaatler schaffen nicht nur neue Bilder für eine revidierte Vergangenheit, sie stellen auch neue Fragen zu älteren Symbolen. Der steinerne konföderierte Soldat mag für Trotz und Widerstand stehen, er ruft aber auch nützliche Emotionen hervor. Wie der Schriftsteller Guy Martin schrieb, konnte er es sich, als er aufwuchs, «nicht anders erlauben, als in der Sache (repräsentiert durch die Statue) eine noble zu sehen.» Aber jetzt, fuhr Martin fort, rufe die Tatsache, dass jeder dieser Soldaten «20, 50, 600, 10 000 tote Jungen» verkörpere, die Frage hervor: «Was zur Hölle dachten wir uns, als wir das taten?» Die neuen Fragen wirken aufklärerisch durch die Weisheit, die aus einer verstandenen Vergangenheit stammt. «So gesehen sind die Statuen auch ein Geschenk für uns», schloss Martin. In der Tat können die Südstaatler, schwarze und weisse, Frauen und Männer, von der Geschichte lernen – eher als sich von ihr überwältigen zu lassen. In einem gewissen Sinn hinderte die schiefe Sicht des Südens auf seine Vergangenheit die Kultur der Region daran, positive Wirkung zu entfalten. Religion, Sitten, Familie, ein starker Sinn für engere Heimat und Vergangenheit wurden allesamt aufgeboten, um ein überliefertes, wenn auch zutiefst rissiges Geschichtsbild zu bewahren. Doch zu diesen

---

[9] Martin Luther King jr. liess sich im Zug der Bürgerrechtsdemonstrationen am Karfreitag 1963 verhaften. Aus dem Gefängnis schrieb er auf Zeitungsrändern, alten Briefumschlägen und Toilettenpapier eine Entgegnung in Form eines offenen Briefes an eine Gruppe von weissen Geistlichen, die ihm Extremismus vorgeworfen hatten. Der Brief wurde stückweise aus dem Gefängnis geschmuggelt und innerhalb einer Woche in beinahe einer Million Exemplaren in den USA verbreitet. King verteidigte seinen – gewaltfreien – Extremismus mit den extremistischen Positionen des Paulus, Luthers, Lincolns, Jeffersons und warf den «gemässigten» Weissen – vor allem der weissen Geistlichkeit und den Kirchen – eine ablehnende Haltung, Konformismus, «vorsichtiges Schweigen» anstatt einer «mutigen Stellungnahme» vor.

kulturellen Elementen gibt es, wie der Erzieher David Mathews schrieb, eine «doppelgesichtige» Beziehung. Dank der Bürgerrechtsbewegung, wirtschaftlichem Erfolg und der Umarbeitung des geschichtlichen Bewusstseins ist die Kultur des Südens befreit von der Last einer gefälschten Vergangenheit. Der Wandel war gross, doch er hat die Eigenart des Südens nicht verändert. «Sich wandeln», stellt der Historiker George Tindall fest, «bedeutet nicht unbedingt, seine Identität zu verlieren; sich wandeln bedeutet manchmal, sie zu finden.»

Und diese Identität ist überall, wenn auch nicht immer deutlich sichtbar. Familie und engere Heimat zum Beispiel sind immer noch von Bedeutung für die Südstaatler. Sich mit längst verstorbenen Vorfahren unterhalten, durch Friedhöfe wandern, alte Familienanekdoten bereden, als wären sie gestern vorgefallen, sind akzeptierte und gehegte Eigenheiten. Südstaatler sitzen gern zusammen, geniessen das Gespräch und zeigen Höflichkeit in unserer oft unhöflichen Welt. Diese Eigenschaften sind nicht etwa Spuren einer älteren, ländlichen Generation, sondern besonders bei südstaatlerischen Städtern und ihren Yankee-Kollegen festzustellen, die von der Kultur des Südens fasziniert sind. Der Soziologe John Shelton Reed, der sich intensiv mit der Frage befasst hat, wie sich die Südstaatler in ihrer Gebundenheit an die engere Heimat, ihrem starken Individualismus, ihrer Religiosität und ihrer Treue zur Verwandtschaft immer noch von anderen Amerikanern unterscheiden, legt dar, dass der häufige Kontakt der Grossstädter mit anderen Teilen des Landes die Unterschiedlichkeit des Südens deutlicher hervortreten lässt und ihre Bewahrung damit kostbarer macht. Wie der Romanschriftsteller Clyde Edgerton es nüchtern ausdrückt: «Weil ich im Süden geboren bin, bin ich ein Südstaatler. Wäre ich im Norden geboren worden, im Westen oder in den Zentralen Ebenen, wäre ich ein menschliches Wesen. Menschliche Wesen [...] sind nicht besessen von Vergangenheit und Verwandten.»

Was die Vergangenheit angeht, sind die Südstaatler immer noch geneigt, in mehreren Zeitzonen zu leben und zu denken. «Alles ist jetzt, verstehst du», ruft eine Figur in Faulkners «Griff in den Staub» aus. «Das Gestern wird nicht vor morgen vorüber sein, und das Morgen begann vor zehntausend Jahren.» Gesäubert zwar von manchen Mythen, die seine grössere Bedeutung für Südstaatler und andere Amerikaner befleckten, bleibt der Bürgerkrieg mit seinen Symbolen im Süden doch Tagesgeschehen. 1989 brachte das in Durham, North Carolina, erscheinende Magazin «Southern Exposure» eine Titelgeschichte «The War Within» («Der Krieg im Innern»), die die Opposition gegen die Konföderation im ganzen Süden während des Bürgerkrieges aufzeigte. Eine zornige Leserin stellte den Autor wegen seiner angeblichen Einseitigkeit zur Rede. «Ich bin weder eine Verfechterin der weissen Vormachtstellung noch eine Militaristin», versicherte sie, «ich verabscheue Krieg und Sklaverei so sehr wie jeder Ihrer Autoren. Aber wie die meisten anderen Südstaatler und Südstaatlerinnen fühle ich heute einen ungeheuren Stolz auf meine persönlichen Helden – meine Urgrossväter und Onkel, die die Graue (die graue Uniform der Konföderierten) trugen. Sie waren willens, die Waffen aufzunehmen, um ihre Heimat gegen eine Armee von Eroberern zu verteidigen. Dafür pflege ich ihr Angedenken und dafür werde ich die Konföderiertenflagge, unter der sie kämpften, immer grüssen.»

Nordstaatler mögen solche Debatten für bedeutungslos halten, für die Südstaatler bleiben sie sehr real. Und das ist nicht schlecht. Denn wenn man, so Robert Penn Warren, «die Vergangenheit und ihre Last nicht akzeptieren kann, gibt es keine Zukunft, denn ohne das eine ist das andere nicht möglich; und wenn man die Vergangenheit akzeptieren kann, kann man auf eine Zukunft hoffen, denn nur aus der Vergangenheit kann die Zukunft gestaltet werden.»

King Cotton und die Wirtschaft des Südens

«Katzenfisch» im Baumwolland

Greenwood, Zentrum des Baumwollanbaus in Mississippi. Im Vorraum der Golden Pond Processors Inc. sitzt ein blondes Girl und lächelt den Besuchern freundlich entgegen. Der Direktor, weiss auch er, begrüsst die Besucher mit Handschlag und stellt den – weissen – Manager vor, der durch den Betrieb führen wird. Haarnetze werden den Besuchern verpasst, sterile Überschuhe, Übermäntel aus Plastik. Nein, die Golden Pond Processors Inc. ist keine Baumwollspinnerei. Golden Pond ist eine Fischverarbeitungsfabrik. Man riecht es schon bei der ersten Tür, man spürt es auf der Haut, wenn man die weissgekachelte Fabrikationshalle betritt: Im Freien schwitzte man bei vierzig Grad, hier friert man bei vierzehn.

Die zweihundert Arbeiterinnen und Arbeiter in der Verarbeitungshalle sind allesamt schwarz. Sechs bis acht Stunden köpfen sie Fisch, nehmen sie Fisch aus, filetieren sie Fisch – Anfänger stehen zehn Stunden am Fliessband, bis sie ihr tägliches Soll von 454 Kilogramm Fisch bewältigt haben. Bezahlt werden sie für das Gewicht der Filets, die in den roten Plastikkisten unter den Fliessbändern landen. Drei Dollar zahlt die Firma für jede der *pans*, für knapp dreiundzwanzig Kilogramm Welsfilet. Routinierte Filetierer(innen) arbeiten in einer normalen Tagesschicht übers Soll hinaus und verdienen damit Zuschuss. Durchschnittlich vierzig Dollar machen die Arbeiterinnen und Arbeiter pro Tag – im wirtschaftlich armen Delta mit der drückenden Arbeitslosigkeit der schwarzen Bevölkerung ein gutes, vor allem sicheres Einkommen.

Catfish (Wels) ist in Amerika ein kulinarischer Hit. Bald läuft er dem *Fried Chicken,* dem gebratenen Hühnchen, und dem Hamburger den Rang ab. Als Wildfisch gibt es ihn überall in den Vereinigten Staaten. Die Frage, ob der Blauwels, der Kanalwels oder der Flachkopfwels der schmackhafteste sei, ist ein Dauerthema unter den Fischern der Region. In den sechziger Jahren begannen Reis- und Baumwollfarmer den Kanalwels in Teichen auf Brachfeldern zu züchten. Aus dem Nebenerwerb wurde rasch ein Industriezweig. In Tankwagen wird der Wels von den Zuchtanstalten in Arkansas, Louisiana und Mississippi lebend zur Fischfabrik gebracht und nach der Verarbeitung in Kühlzügen an Supermarkt- und Restaurantketten im ganzen Land verteilt. «Wir können alles verkaufen, was wir produzieren», meint David Fisher, der Geschäftsführer eines Zuchtbetriebs bei Greenwood. In Arkansas, Louisiana, Alabama und in Mississippi – dem grössten Catfish-Produzenten der Vereinigten Staaten – werden in Zuchtteichen von rund 44 000 Hektaren Fläche jährlich 240 000 Tonnen *Catfish* im Wert von 450 Millionen Dollar gezüchtet. «Die *Catfish*-Zucht ist das Beste, was die Landwirtschaft des Südens überhaupt je hervorgebracht hat», meint David Fisher. «Der Catfish ist das einzige Produkt des Südens, das nie ausserhalb der Region verarbeitet wurde.» Das Beste – was David Fisher fast beiläufig ausspricht, widerspiegelt eine der wirtschaftlichen und historischen Tatsachen des Südens: Die Südstaaten waren und sind bis heute wirtschaftlich vom Norden abhängig.

Die Last der Sklaverei

Nach der Amerikanischen Revolution, dachten Optimisten, würde sich die *Peculiar Institution,* die Sklaverei, im Süden von selbst erledigen – unter dem Einfluss der Revolutionsideale, die die

1766 gründete die protestantische Sekte der Moravians, Anhänger des im 15. Jahrhundert hingerichteten böhmischen Reformators Jan Hus, im westlichen North Carolina die Stadt Salem und baute hier eine wohlorganisierte, durch die Kirche regierte Gemeinschaft auf. Das historische Salem, nahe dem Zentrum des modernen Winston-Salem gelegen, wurde in den letzten Jahren sorgfältig renoviert. Jeden Dezember wird hier die Old-Salem-Weihnacht gefeiert. Führer in der Tracht des 18. Jahrhunderts erläutern den Besuchern die moravianischen Weihnachtsbräuche und führen ihnen altes Handwerk vor. Im Miksch Tobacco Shop and Garden, dem ältesten Tabakladen Amerikas, erklärt Tom Cowan den Besuchern die Kunst der Tabakverarbeitung.

Gleichheit der Menschen forderten, und weil der Markt für Indigo (ein blauer Farbstoff) verlorenging. Vielleicht hätten die menschenfreundlichen Idealisten Recht bekommen, hätte Eli Whitney nicht 1793 die *Cotton Gin,* die Baumwollentkernungsanlage, erfunden. Baumwolle, schon zu Beginn des 17. Jahrhunderts in die Sea Islands eingeführt, hatte als Landwirtschaftsprodukt nie grosse Gewinne abgeworfen. Nicht nur die Ernte, sondern auch die Verarbeitung war überaus arbeitsintensiv. Mühsam mussten die Baumwollsamen aus dem Filz der Faserknäuel von Hand entfernt werden. Whitneys Entkernungsanlage erledigte diesen Prozess in mehreren Arbeitsgängen mechanisch und löste einen in der Landwirtschaftsgeschichte beispiellosen Aufschwung aus. Der Baumwollanbau drang innerhalb des klimatisch günstigen Baumwollgürtels innert weniger Jahrzehnte von North Carolina an den Mississippi vor und trug das Plantagensystem und die Sklaverei nach Westen. *King Cotton,* König Baumwolle, regierte fortan die Wirtschaft der Region. 1860 lebten in fünfzehn Staaten vier Millionen Sklaven, von denen fünfundneunzig Prozent in der Landwirtschaft arbeiteten. Nur ein Viertel der Farmer im Süden besass Sklaven. Auf Grossplantagen von 300 bis 400 Hektaren arbeiteten bis hundert Schwarze. 2700 Planters besassen 1860 über hundert Sklaven.

Die Baumwolle erwies sich für den Süden als fragwürdiger Segen. Sie lieferte die Region einer kleinen, aber mächtigen Gruppe von Grossgrundbesitzern aus, die ihr Schicksal bis in die zwanziger Jahre unseres Jahrhunderts bestimmte. Von Osten nach Westen eroberte die Baumwolle das Land. Sie zog sich in derselben Richtung aus dem alten Süden aber auch bald wieder zurück. Monokultur erschöpfte die Böden, *Row Cropping,* Reihenanbau, führte zu massiver Erosion. Städte wie Charleston oder Savannah, die mit dem Baumwollhandel reich geworden waren, verloren bald wieder ihre beherrschende Stellung. 1830 war Charleston die sechstgrösste Stadt der Vereinigten Staaten – 1860 figurierte es nicht mehr unter den ersten fünfzehn. Dafür machten New Orleans und Memphis Karriere. Aus den Carolinas, Georgia, Alabama zog die Baumwolle ins Delta ab – der Mississippi wurde zur Haupttransportstrasse des «weissen Goldes», seine Hafenstädte wurden reich.

Durch die Abschaffung der Sklaverei gingen den Pflanzern riesige Vermögenswerte verloren. Allein im Staat Mississippi waren es über 200 Millionen Dollar. Das Ende des Bürgerkrieges bedeutete für manche Plantagenbesitzer deshalb den Ruin. Im allgemeinen blieben Boden und politische Macht jedoch trotz dem Zusammenbruch des Plantagensystems bei der ehemaligen Pflanzeroberschicht. Nach ihrem Willen und dem Willen der siegreichen Unionstruppen sollten die *Freedmen,* wie die freigelassenen Sklaven genannt wurden, die Felder nun als Lohnarbeiter bestellen. Doch die *Freedmen* weigerten sich. Unter weisser Aufsicht auf dem Feld zu arbeiten, bedeutete, weiterhin unter der Peitsche zu leben. Das Lohnarbeitssystem wurde durch die Anteilspacht ersetzt. Sechzehn, später bis dreissig Hektaren Land ihrer ehemaligen Besitzer bearbeiteten die Pächter oder *Sharecroppers* im Familienverband. Haus, Arbeitsgerät, Zugtiere und Saatgut wurden vom Grundbesitzer gestellt. Ein Viertel des Ertrags lieferten die Pächter als Pachtzins ab. Doch damit waren sie weder der Aufsicht der Weissen entkommen, noch hatten sie Unabhängigkeit gewonnen. An die Stelle des Pflanzers trat der Händler, der *Country Store* löste die Plantage

Rechts: Später als alle anderen Landwirtschaftszweige des Südens wurde die Tabakproduktion mechanisiert. Drei Viertel aller Tabakfarmen verschwanden, nachdem die maschinelle Ernte sich Ende der sechziger Jahre durchgesetzt hatte. In Old Salem führt ein «Landarbeiter» in der Tracht des 18. Jahrhunderts die mühsame Tabakernte vor, bei der die reifen Blätter Stück für Stück von Hand abgetrennt wurden.

Rechte Seite, Mitte oben: Die frühen Moravians kannten keinen privaten Grundbesitz. Der Boden der Gemeinde gehörte der Kirche und wurde von den Bürgern gepachtet. Die Moravians wurden als Handwerker berühmt. Dass sie auch hervorragende Landwirte waren, versuchen ihre Nachfahren mit solchen Riesenkürbissen in Old Salem zu beweisen ...

Rechte Seite, oben rechts: Nichts bestimmte die Geschichte des Südens mehr als die Baumwolle, das «weisse Gold». Sie verwandelte die weite, unberührte Landschaft der Region in eine riesige Kulturlandschaft. Sie trug die Plantagenwirtschaft und damit die Sklaverei innert weniger Jahrzehnte von den Carolinas an den Mississippi und darüber hinaus. Sie brachte die Region in die Abhängigkeit der Monokultur und der mächtigen Baumwollbarone, hielt sie in ländlich-feudalistischer Rückständigkeit fest und führte sie schliesslich in den wirtschaftlichen Ruin.

Unten: Vorbei sind die Zeiten, da die Baumwolle von schwarzen Landarbeiterinnen und Landarbeitern von Hand geerntet wurde. Die gelben Flugzeuge der Agri-Aviation besprühen im Herbst die Baumwollpflanzungen mit Entlaubungsmitteln. Mechanische Cottonpicker zupfen die weissen Faserbälle von den Stauden. Die Cotton Gin löst die Baumwollsamen mechanisch aus dem Faserfilz und presst die Ernte zu Ballen.

Rechts: Im Ersten, vor allem aber im Zweiten Weltkrieg bauten Armee und Marine ihre Anlagen, Häfen, Werften an der Küste Carolinas und Georgias aus und verhalfen der wirtschaftlich rückständigen Region damit zu wirtschaftlichem Aufschwung. Im Hafen von Wilmington, dem grössten North Carolinas, wird die USS «North Carolina», eines der grössten amerikanischen Schlachtschiffe des Zweiten Weltkrieges, als schwimmendes Museum sorgfältig gepflegt.

Rechte Seite, oben: Holzverarbeitung wie Möbel- und Papierproduktion gehört im waldreichen Süden zu den wichtigen Industriezweigen. Im Zug der Landwirtschaftsreform des New Deal wurden zwölf von sechzehn Millionen Hektaren Baumwollanbaufläche brachgelegt und, um der Erosion zu begegnen, teilweise aufgeforstet. In der Wirtschaft des Baumwollstaates Mississippi nimmt die holzverarbeitende Industrie heute deshalb den ersten Platz ein.

Rechte Seite, unten: In den Bergstaaten Virginia und West Virginia spielt der Bergbau eine bedeutende Rolle. Bei Charleston, West Virginia, wird Kohle für die Stahlindustrie der Region verladen.

Folgende Doppelseite: Um 1830 setzte im Norden der Region mit Textilindustrie und Bergbau die Industrialisierung ein. Die holzverarbeitende Industrie, die Elektroindustrie und die chemische Industrie entwickelten sich kräftig seit dem Aufschwung des Sunbelt in den siebziger Jahren und schufen Tausende von neuen Arbeitsplätzen. Auch in den rückständigen Bergbaugebieten Virginias und West Virginias hat die Modernisierung der Industrie eingesetzt. Das Zweigwerk des Chemieriesen DuPont in Belle bei Charleston, West Virginia, beschäftigt 1100 Personen. Es ist eines der grössten Industriewerke des Staates.

Hilton Head, eine der Sea Islands von South Carolina, ist ein perfektes Ferienparadies. Weisse Strände, ein Hafen für Luxusjachten, teure Hotels, noble Villen, Reitställe, 32 Golf- und 300 Tennisplätze – nichts fehlt, was Touristen glücklich macht. Abseits vom Rummel lassen sich zwei Fischer im flachen Wasser treiben. Fischen und Jagen gehören neben den grossen amerikanischen Sportarten Baseball, Football, Basketball zu den Leidenschaften der Südstaatler.

ab. Schwarze und weisse *Sharecroppers* waren auf Kredite für Lebensmittel, Werkzeug, Saatgut angewiesen. Die Händler, die sich überall im Land niederliessen, lieferten diese Güter gegen einen Teil der Ernte. Häufig verpachteten die Pflanzer ihre Plantagen an reich gewordene Händler, die damit zu Pachtherren der *Sharecroppers* wurden. Zwar arbeiteten die Schwarzen nun nicht mehr unter weissen Aufsehern, bei Zinssätzen bis 40 Prozent und sinkenden Baumwollpreisen gerieten sie aber in Abhängigkeiten, die der Sklaverei nahekamen, um so mehr, als über 90 Prozent der *Freedmen* weder lesen noch schreiben konnten und von den Pächtern oft mit schlechten Verträgen übervorteilt oder gar betrogen wurden.

Schon 1875 produzierten die *Sharecroppers* wieder gleichviel Baumwolle wie die Plantagen vor dem Krieg. Doch ab 1892 begann der *Boll Weevil*, der Baumwollrüsselkäfer, sich im Baumwollgürtel auszubreiten. Von Mexiko drang er nach Texas vor, erreichte 1903 Louisiana, 1907 Mississippi. Bis 1920 hatte er sich durch den ganzen Süden gefressen und stellenweise über die Hälfte der Ernten vernichtet. Als in der Weltwirtschaftskrise auch noch die Baumwollpreise drastisch fielen, bedeutete dies das Aus für *King Cotton* und für die Menschen, die von ihm gelebt hatten. Hunger brach aus im Baumwollgürtel. Der Süden wurde zum Armuts- und Notstandsgebiet der Vereinigten Staaten erklärt.

King Cotton lag um 1930 am Boden – doch *King Cotton* sollte nicht sterben. Im Rahmen des *New Deal* führte die Agricultural Adjustment Administration AAA, eine Bundesbehörde, ein Sanierungsprogramm für den Baumwollgürtel durch, das tiefgreifende Folgen hatte. Die Baumwollanbaufläche wurde von sechzehn Millionen auf vier Millionen Hektaren reduziert. Jedem Staat, jedem County, jedem Farmer teilte die AAA eine bestimmte Anbaufläche zu. Landbesitzer wurden für Verringerung ihrer Produktion mit Bundesmitteln entschädigt, was Kapital in die Region brachte und die Voraussetzungen für die Diversifizierung der traditionellen Landwirtschaft schuf. Mit Preisgarantien und staatlichen Krediten bekämpfte die Behörde die Verschuldung der Baumwollpflanzer und traf Massnahmen gegen die Bodenerosion. Nach dem Zweiten Weltkrieg rationalisierte der Einsatz von Pflückmaschinen schliesslich die Baumwollproduktion. Der Zweite Weltkrieg brachte auch die *Agri-Aviation* in den landwirtschaftlichen Süden, den Einsatz von Flugzeugen für die Düngung und die Unkrautbekämpfung und – im Fall der Baumwolle – für die Entlaubung der Pflanzen vor der maschinellen Ernte.

In den dreissiger und vierziger Jahren setzte ein wahrer Exodus aus den ländlichen Regionen in die Städte ein. Millionen verliessen ihre Familienfarmen und suchten ihren Lebensunterhalt in den Industriezentren des Nordens. In manchen Staaten wurde das *Sharecropping*-System abgeschafft. Mit dem Verschwinden der kleinen Familien- und Pachtfarmen setzten sich nicht nur die Mechanisierung, sondern auch fortschrittliche Anbaumethoden und der Gedanke der Diversifikation durch: Die Monokultur, Verhängnis der südstaatlerischen Landwirtschaft, hatte endgültig ausgedient.

Die Schwäche des Südens ist die Stärke des Nordens

Industrialisierung war nie die wirtschaftliche Alternative des Südens gewesen. Die Pflanzer sahen in der Fabrik eine Konkurrenz: Sie würde schwarze Arbeitskraft beanspruchen, die auf der Plantage dann fehlte. Doch auch aus anderen Gründen waren Industrie und Plantagenwirtschaft unvereinbar. Schon früh zeigten die Fabrik- und Minenarbeiter im Norden den Hang zu gewerkschaftlicher Organisation, eine Bedrohung für die Pflanzer, die befürchteten, in der Fabrik würde die Disziplin der Sklaven leiden, die Gefahr von Rebellion und Aufstand steigen. Doch es galt auch, die weisse Bevölkerung bei der Stange zu halten. Unter den kleinen Leuten herrschte das Jeffersonsche Ideal, dass «jene, die die Erde bearbeiteten, das auserwählte Volk Gottes seien, sein Gefäss für grosse und echte Tugend». Fabrikarbeit dagegen beraube den Menschen seiner Würde und mache ihn zum Lohnsklaven von niedrigem sozialem Wert. Angesichts der oft menschenunwürdigen Arbeitsbedingungen in den Fabriken leuchtet auch die Befürchtung der Pflanzer ein, Fabrikarbeit könnte die Überzeugung der armen Weissen erschüttern, die auf Sklaverei basierende Wirtschaftsordnung sei gerecht und sinnvoll. Im Norden der Region, wo mit dem Rückzug der Baumwolle und dem Niedergang des Reisanbaus genügend weisse Arbeitskraft bereitstand, investierten die Pflanzer von 1830 an zwar in den Aufbau der Textilindustrie. Im tiefen Süden, wo Baumwolle gewinnträchtig blieb und weisse Arbeitskraft knapp war, liessen sie bis zum Ersten Weltkrieg aber nur eine minimale Industrialisierung zu. Die meisten Profite aus der Plantagenwirtschaft waren bis zum Bürgerkrieg in Boden und Sklaven investiert worden. Was dem Süden deshalb fehlte, war eine Fertigungsindustrie für Massengüter wie Kleider, Werkzeuge, Maschinen, Geräte. Als Rohstoffproduzenten waren die Staaten südlich der *Mason-and-Dixon-Line,* der alten Grenze zwischen Pennsylvania und Maryland, auf die Importe aus dem industrialisierten Norden angewiesen. Henry W. Grady, der Herausgeber der Atlantaer Zeitung «Constitution», benützte das Begräbnis eines Freundes, um unmittelbar nach dem Bürgerkrieg die Abhängigkeit des Südens vom Norden in drastischer Rhetorik auszudrücken:.

«Sie begruben ihn in einem Marmorsteinbruch, und doch stammte der kleine Grabstein, den sie für ihn setzten, von Vermont. Sie begruben ihn im Herzen eines Pinienwaldes, doch der Sarg aus Pinienholz war importiert aus Cincinnati. Sie begruben ihn in Reichweite einer Eisenmine, doch die Nägel in seinem Sarg und die eiserne Schaufel, mit der sie das Grab aushoben, war importiert von Pittsburgh. Sie begruben ihn im besten Schafweideland der Erde, doch die Wolle der Sargbänder und die Sargbänder selbst kamen aus dem Norden. Der Süden lieferte überhaupt nichts für dieses Begräbnis ausser dem Toten und dem Loch im Boden. Und dort liess man ihn verschwinden in einem Mantel aus New York, in Schuhen aus Boston, in Hosen aus Chicago, in einem Hemd aus Cincinnati, ohne ihm für die nächste Welt irgendetwas aus dem Land zu hinterlassen, in dem er gelebt und für das er (im Bürgerkrieg) vier Jahre lang gekämpft hatte, ausser der Kälte des Todes in den Knochen.»

An der Erhaltung dieser im Grunde kolonialen Situation hatte der Norden aus wirtschaftlichen und politischen Gründen ein vitales Interesse. Als südstaatlerische Politiker und Unternehmer in den achtziger Jahren den *New South* ausriefen, fand sich der Norden rasch bereit, auf den Handel einzugehen, und gegen das Versprechen der Versöhnung der Rassen und der sozialen Klassen in die Industrialisierung des Südens zu investieren. Dies brachte zwar wirtschaftlichen Aufschwung, doch es verstärkte auch den «kolonialen» Status des Südens. Um 1890 war das ehemalige Eisenbahnnetz weitgehend wieder aufgebaut, doch Besitzer waren nicht mehr Unternehmer aus den Südstaaten, sondern Kapitalisten aus dem Norden wie der legendäre J.P. Morgan. Trat der Süden trotz der Beherrschung durch Nordstaatenkapital einmal als wirtschaftlicher Konkurrent auf, so hielten ihn die Industriemagnaten des Nordens mit harten Massnahmen auf Distanz.

Ein Kind der Wiederaufbaueuphorie des *New South* war Birmingham, Alabama. 1871 von Spekulanten inmitten reicher Kohle- und Eisenerzvorkommen gegründet, entwickelte sich die Stadt in weniger als dreissig Jahren zur grössten Roheisenexporteurin der Vereinigten Staaten und zur drittgrössten der Welt. Der Schwerindustriemetropole im nordstaatlerischen Pennsylvania, Pittsburgh, war die Konkurrenz aus dem Süden ein Dorn im Auge. Die U.S. Steel Corporation unter Andrew Carnegie begann Anteile der Schwerindustrie Birminghams aufzukaufen und übernahm 1907 schliesslich deren Kontrolle. Fortan galt für Birmingham das von der U.S. Steel Corporation diktierte Preis- und Liefersystem, das als Pittsburgh Plus in die unrühmliche Geschichte der Wirtschaftsbeziehungen zwischen Norden und Süden eingegangen ist: Birmingham musste trotz niedriger Produktionskosten zu den Preisen Pennsylvanias liefern; ausserdem wurden für alle Lieferungen die Frachtkosten ab Pittsburgh berechnet. Die Folge dieser Regelung war, dass sich die stahlverarbeitende Industrie eher in der Nähe von Pittsburgh als von Birmingham ansiedelte. Für Kunden im Süden entfielen ausserdem alle finanziellen Anreize, Bestellungen in Birmingham aufzugeben. Hätte Birmingham seine Preis- und Standortvorteile im Markt der Südstaaten ausspielen können, so hätte sich seine Stahlproduktion – so wird geschätzt – um das Zweieinhalbfache gesteigert.

Um 1900 verwandelten die Dukes, eine Unternehmerdynastie North Carolinas, eine kleine Zigarrenhandfabrikation in das grösste Industrieunternehmen des Südens, die American Tobacco Company, die bis zu ihrer gerichtlich verfügten Auflösung 1911 den grössten Teil der amerikanische Tabakindustrie beherrschte. Die Dukes, «neue Männer» aus der Nachkriegszeit, beschäftigten in ihren Fabriken zahlreiche schwarze Arbeiter. Dank höherer Gewinne zahlten sie auch höhere Löhne und liessen die gewerkschaftliche Organisation ihrer Arbeiter zu. Anders die Textilindustrie. Von Pflanzern aufgebaut, blieb sie der Pflanzerwelt, ihren Gesetzen und Wertmassstäben verhaftet. Ihre Arbeiterschaft war ausschliesslich weiss und lebte zum Teil in Fabrikdörfern, in denen das Zwangssystem der Plantage überlebte. Streikende konnten mit ihren Familien aus den fabrikeigenen Häusern vertrieben werden, gewerkschaftliche Organisation war verboten, die Lehrer und Pfarrer wurden von der Gesellschaft bezahlt, die auf diese Weise Lehrpläne und Predigt kontrollierte, die *Commissionary*, der Dorfladen, der ebenfalls der Fabrik gehörte, verstrickte die Arbeiterfamilien in ähnliche Schuldverhältnisse wie der *Country-Store* die *Sharecropper*. Die zunehmende Mechanisierung machte den Einsatz ungelernter Arbeitskräfte möglich. Kinderarbeit wurde, wie in allen industrialisierten Ländern des 19. Jahrhunderts, ein Kennzeichen der südstaatlerischen Textilindustrie. Und die Textilfabriken im Piedmont waren erfolgreich. Um die Jahrhundertwende begannen sie die alteingesessene Industrie Neuenglands ernsthaft zu konkurrenzieren. Damit floss ihnen Kapital aus dem Norden zu, und bis zur Weltwirtschaftskrise überflügelten sie die neuenglische Konkurrenz bei weitem. Heute stellt die Textilindustrie das Rückgrat der Industrie North und South Carolinas, Virginias und Georgias dar.

Die diversifizierte Landwirtschaft

Stuttgart, Arkansas. Der Farmer Gary Sebree fährt von seinem Wohnhaus in der Stadt auf seine Farm hinaus. In seinem *Farm-Headquarter,* einem alten Wohnwagen zwischen Geräteschuppen und Scheunen, arbeitet er an der Planung der kommenden Aussaat. Auf dem Bildschirm seines Computers läuft ein selbstentwickeltes Programm, mit dem er Kostenrechnungen anstellen und Rentabilitätsschwellen festlegen kann. Auf rund 500 Hektaren pflanzt Sebree Reis, Sojabohnen, Weizen und für den Eigenbedarf etwas Süssmais an. Wieviel, das hängt von den Daten ab, die über Satellit und Sebrees Parabolantenne auf dem alten *Trailer* hereinkommen: Wetterdaten, Niederschlagsmengen, Preise der verschiedensten Rohstoffbörsen, Wechsel- und Devisenkurse, Ernteprognosen und andere mehr. «Landwirtschaft ist ein sehr spezialisiertes Gewerbe geworden», meint Sebree. Vor wenigen Jahren hing seine Produktion noch vom lokalen und regionalen Markt ab – jetzt hat er es direkt mit dem Weltmarkt und mit der Weltgeschichte zu tun: Grösste Abnehmer von Reis aus Arkansas waren der Iran und bis zum Golfkrieg 1991 der Irak. «Wenn Dürre herrscht in Brasilien», meint Sebree, «beeinflusst dies direkt die Sojabohnenpreise und damit meine Anbaufläche. Wenn Spanien eine gute Reisernte hat, läuft der Europaexport für uns Arkansas-Farmer schlechter, und wir reagieren so gut es geht direkt auf dem Feld.» Je nach Ernte- und Marktaussichten pachtet Sebree einmal Land dazu oder tritt eine Parzelle pachtweise an einen Nachbarn ab. Subventionen beziehen die Farmer Arkansas' nur für den Reis, um international konkurrenzfähig zu bleiben. Mit allen anderen Produkten – vor allem mit Soja, das starken Preisschwankungen unterworfen ist – ist Sebree den Marktkräften ausgeliefert. Der Farmer als Unternehmer. Vor zwanzig Jahren arbeiteten bis fünfzehn Leute auf Sebrees Land. Heute sind es noch vier. Leistungsfähigere Maschinen machten es möglich. Die Steigerung der Reiserträge um das Dreifache führt Sebree auf ertragreichere Sorten, bessere Düngung und Unkraut- und Ungezieferbekämpfung zurück.

Ursprüngliches Reisland des Südens waren die Carolinas. Nach dem Bürgerkrieg brach ihre Produktion wegen Mangels an Arbeitskräften zusammen. Schwere Hurrikane (tropische Wirbelstürme) 1892, 1893 und 1912 ruinierten den Reisanbau der Carolinas endgültig. Es fehlte am Kapital und an der Arbeitskraft, die zerstörten Reisfelder mit ihren Dämmen wieder aufzubauen. 1906 entdeckten die Ackerbauern Arkansas', dass sich ihre Böden für den Reisanbau besonders eigneten. Die «Grosse Prärie», die sie seit 1870 besiedelten, weist unter einer dünnen Humusschicht, die nur Gras-, aber keinen Baumwuchs zulässt, dichten Lehmboden auf – ideale Voraussetzung für die Bewässerung der Reisfelder. Unberührt von den arbeitsintensiven Methoden der Sklavenwirtschaft, arbeiteten die von deutschen Einwanderern abstammenden Reisfarmer Arkansas' von Anfang an mit den modernsten Maschinen – Traktoren, Mäh- und Dreschmaschinen, Bewässerungspumpen – und legten trotz Nachfrageeinbrüchen während der Weltwirtschaftskrise und nach dem Koreakrieg bis heute kräftig zu. «Wir sind auch über die Landwirtschaftskrise der siebziger Jahre gut hinweggekommen, als viele Farmer im Mittelwesten aufgeben mussten», meint Sebree, «weil wir ans Experimentieren gewöhnt waren.» Ironisch mutet an, dass in den schwierigen siebziger Jahren die Baumwolle dem Landwirtschafts-Staat Arkansas das Überleben massgeblich erleichterte. Zur Diversifikation im Delta angebaut, liess sie sich am Markt gut absetzen.

Diversifikation (Produktevielfalt) ist das Schlagwort der modernen Landwirtschaft des Südens. Reis, Soja, Weizen, Sorghum (eine Hirseart), Baumwolle produziert der Staat Arkansas. Grösster Arbeitgeber ist die Tyson Foods Inc., die 18 000 Arbeitnehmer beschäftigt und Arkansas zusammen mit Georgia zum grössten Geflügelproduzenten im Land gemacht hat. Nutzholzfarmen in Alabama, Erdnussfarmen in Georgia, das Catfish-Geschäft, das in den Mississippi-Anrainerstaaten boomartig wächst – rund um die Landwirtschaft sind ausserdem Gewerbe- und Industriezweige entstanden, die viele Arbeitsplätze schaffen: Bewässerungstechnik, Teichbau und Belüftungstechnik für den *Catfish, Agri-Aviation,* ohne die der Reisanbau heute nicht mehr denkbar wäre.

Wachstum und Industrialisierung

Bis in die zwanziger Jahre unseres Jahrhunderts hielt sich der alles beherrschende Einfluss des Plantagensystems im Süden. Erst der *New Deal* mit seinen Entwicklungsprogrammen, vor allem aber der Zweite Weltkrieg brachte den Umschwung. Mit der Ansiedlung von Militäreinrichtungen – Werften, Marinestützpunkten, Luftwaffenbasen – kamen Industrie und qualifizierte Arbeitsplätze in die Region. Die einheimische Textilindustrie, die Schwer- und die Holzindustrie erlebten einen kräftigen Aufschwung. Die rechtliche Gleichstellung der schwarzen Bevölkerung durch die Bürgerrechtsbewegung stoppte die Auswanderung aus dem Süden in den Norden. Sie vermochte noch mehr: die Wanderungsbewegung umzukehren nämlich.

Nachdem der Süden die Rassentrennung aufgehoben hatte, wurde – fast mutet es ironisch an – seine Rückständigkeit attraktiv. Während die geplagten Bewohner der nördlichen Grossstädte im Süden unverdorbene Landschaften, saubere Städte, traditionelle Lebensweise, Sonnenschein und niedrige Lebenskosten suchten, wurde die Wirtschaft durch das günstige *Business Climate* angezogen. Die Arbeitnehmer der Südstaaten sind im Vergleich zum Norden nur wenig gewerkschaftlich organisiert, das Lohnniveau liegt deutlich tiefer. North und South Carolina, die mit ihrer Textilindustrie zu den am meisten industrialisierten Staaten der USA gehören, rangieren bei den Löhnen und beim Grad der gewerkschaftlichen Organisation unter den fünfzig Bundesstaaten an 49. und 50. Stelle. Die Arbeitsmoral der Arbeitnehmerinnen und Arbeitnehmer widerspiegelt die Ethik der von strengem Protestantismus geprägten Region. Ihre Identifikation mit Arbeitgeber und Betrieb ist hoch und wird von den Unternehmern gepriesen. Kein Wunder, erklärten sich bei einer vom Staat durchgeführten Umfrage doch neunzig Prozent der Arbeiterinnen und Arbeiter Arkansas' mit dem Grundsatz einverstanden: «Tu immer dein Bestes – du schuldest es der Person, die dich bezahlt.» 1970 verlor der Süden nur noch an Kalifornien Bevölkerungsanteile. In der Periode von 1975 bis 1980 betrug die Nettozuwanderung aus dem überbevölkerten, verstädterten Nordosten 800 000 Menschen, aus dem Mittleren Westen 700 000 und aus dem Westen 160 000. Unter den Rückwanderern waren viele Schwarze.

Die Staatsregierungen des Südens unternehmen grosse Anstrengungen, um in- und ausländische Investoren anzuziehen – eine bittere Notwendigkeit. Japan beispielsweise, an Grossinvestitionen im Süden mit seiner firmentreuen Arbeiterschaft interessiert (Montagewerke von Nissan bei Nashville, Tennessee, und von Sony in Dothan, Alabama, beweisen es), forderten als Gegenleistung für die Öffnung des japanischen Marktes für amerikanische Warenhausketten die bessere Ausbildung der amerikanischen Arbeitnehmer. Die Südstaaten bieten investitionswilligen Unternehmern deshalb nicht nur Steuervergünstigungen, Subventionen und Finanzierungshilfen durch zinsgünstige Darlehen an, sondern versuchen, den Ausbildungsrückstand der Arbeitnehmerschaft – im Süden ist er noch grösser als in den übrigen Vereinigten Staaten – durch Trainingsprogramme für die künftigen Mitarbeiter des Investors auszugleichen und übernehmen oft auch die Personalsuche.

Bis 1985 dauerte das Wachstum des *Sunbelt* und flachte dann ab. «Zahlreiche ökonomische und demographische Indikatoren lassen vermuten, dass die *Sunbelt-Ära* eines raschen und überwältigenden Wachstums in den Städten der Südstaaten ihrem Ende entgegengeht», sagt eine Studie des Forschungszentrums Research Triangle Park in North Carolina voraus. Bis zum Jahr 2000 würden die Südstaaten ihr Pro-Kopf-Einkommen, das immer noch unter dem nationalen Durchschnitt liegt, nur wenig anheben können. Das rasche Bevölkerungswachstum komme zum Stillstand, die Zuwachsraten würden im Jahr 2000 wieder unter dem nationalen Durchschnitt liegen. Als Handelszentrum, so die Studie, werde der Süden sich weiterentwickeln, sein Steueraufkommen werde aber weiterhin unter dem Durchschnitt des übrigen Amerika liegen.

Weltmeisterschaft im Entenlockrufen

Die Forscher des Research Triangle Park sorgen sich um den Ingenieurnachwuchs für die HighTech-Industrie im Süden. Die Beamten der staatlichen Wirtschaftsentwicklungsbehörden jetten um den Globus, um europäische und japanische Industrieunternehmen ins Land zu ziehen. Gary Sebree, Farmer und gleichzeitig Direktionsmitglied einer der grössten Reismühlen des Staates, der genossenschaftlichen Producers, kontrolliert die Verarbeitung von Reis aus vier Bundesstaaten und den Reisexport nach 55 Ländern in aller Welt. Arkansas mit seiner erst bescheidenen Industrialisierung ist nicht mehr bloss Provinz. Die Motion System Company in Little Rock baut Präzisionssteuerungen u.a. für das Hubble Space Teleskop, die so genau sind, dass man mit einer Laserkanone von San Francisco aus in Los Angeles ein Loch in eine Münze brennen könnte. Gary Sebree kam noch kaum aus Arkansas heraus. In Helena am Mississippi ist er noch nie gewesen. Lieber als nach Europa oder Belize fährt er zum Fischen an einen seiner Weiher oder zur Entenjagd. Entenjagd ist die Leidenschaft der Farmer der Grossen Prärie und des ganzen Deltas. Entenjäger aus aller Welt treffen sich im Herbst in Stuttgart. Die Farmer führen sie durch Felder und Sümpfe und verschaffen ihnen guten Schuss. Entenjagd ist in der Grossen Prärie inzwischen ein grosses Geschäft geworden. Im November findet in Stuttgart die Weltmeisterschaft im Entenlockrufen statt. Dann wird die *Mainstreet* in eine Festwirtschaft verwandelt, ganz Stuttgart sitzt beisammen. Eine Kapelle spielt Volksmusik. Sebrees Welt ist die Kleinstadt, in der er lebt, und seine Farm. Sie seien an einen Flecken Boden gebunden, sagt man den Südstaatlern nach, und nicht leicht zu entwurzeln. Wenn die Jagdsaison vorüber ist, sitzt Gary Sebree wieder am Bildschirm in seinem alten Trailer und studiert die Börsenkurse von Wall Street, via Satellit.

Charleston, South Carolina – Atlanta, Georgia

Charleston – die Stadt der Pflanzer

Wie Manhattan liegt die historische Innenstadt Charlestons auf einer schmalen Landzunge. Der Ashley River begrenzt sie im Westen, der Cooper River im Osten. Die Südspitze der Stadt liegt ein paar Meilen von der Küstenlinie entfernt in der gemeinsamen Mündung der beiden Flüsse. Keine Wolkenkratzer über Charleston, keine *Skyline,* mit der selbst kleinere Städte prahlen. Aber auch keine Industrieanlagen, keine Schornsteine, keine Silos. Über die Dächer von Charleston Downtown – man sieht es von der Ashley Brücke aus besonders deutlich – ragen Dutzende von Kirchtürmen. Sie haben Charleston den Übernamen «The Holy City» («Die Heilige Stadt») eingetragen – eher bitter ironisch als ernsthaft, denn alles andere war Charleston in seiner langen Geschichte, nur nicht heilig.

Hinunter vom vielbefahrenen, hektischen Highway. Vom grossen Autobahnkleeblatt gelangt man direkt in die Meeting Street und fährt auf ihr schnurgerade durch Charlestons Innenstadt bis zur südlichen Spitze der Halbinsel. White Point Gardens, ein Park mit alten Eichenbeständen; das Denkmal für die Gefallenen des Bürgerkriegs; Prachtsvillen aus der Vorkriegszeit mit Säulenveranden und Giebeltürmchen, die den Ausblick aufs Meer ermöglichen. Dort, wo die Bucht von Charleston sich zum Meer hin verengt, liegt auf einer kleinen Insel Fort Sumter. Seine Beschiessung löste den Bürgerkrieg aus. Hier steht man auf historischem Boden. Charleston ist einer der Plätze, an denen die amerikanische Geschichte begann.

Am besten geht man in Charleston zu Fuss, zuerst der Battery entlang, der historischen Stadtbefestigung, die sich als Quai um die Spitze der Halbinsel zieht. Sie ist der Treffpunkt der Flaneure, der Jogger, der Rollschuh- und Rollbrettfahrer, der Angler, der Liebespaare. Am Wochende versammeln sich hier die jungen Schwarzen aus dem Mittelstand. Schwarz ist in Charleston ein Drittel der Bevölkerung.

An der Battery zeigt die Stadt ihr heiterstes, ihr Feierabendgesicht. Stadtvillen mit säulengestützten zweigeschossigen Veranden säumen White Point Gardens. Das Quartier zwischen Battery und Broad Street ist die vornehmste Wohngegend der Stadt. Sorgfältig restaurierte Häuser aus dem 18. und 19. Jahrhundert, gepflegte Gärten, verwinkelte Gassen, Palmenalleen – man fühlt sich in die koloniale Zeit des Südens zurückversetzt, die Nähe der Karibik ist hier spürbar, die bei Charlestons Gründung Pate stand.

Porgy and Bess

Noch in den zwanziger Jahren unseres Jahrhunderts war die Gegend südlich der Broad Street ein arger *Slum.* An der Ecke King/Broad Street pflegte zu jener Zeit ein schwarzer Bettler zu sitzen, der sich seiner verkrüppelten Beine wegen von einer Ziege im Karren durch die Stadt ziehen liess, Goat Sammy. Ziegen-Sammy hiess in Wirklichkeit Sammy Small. Im März 1924 wurde er verhaftet, weil er – angeblich aus Eifersucht – auf eine Frau namens Maggie Barnes geschossen hatte. Ein Lagerhausangestellter namens Du Bose Heyward, Abkömmling einer ehemals reichen Reispflanzerfamilie, las davon in der Zeitung. Heyward kannte die Lebensbedingungen der Schwarzen in Charleston aus eigener Anschauung. Er lebte in der Church Street, unweit Cabbage Row, in einer von Schwarzen bewohnten, heruntergekommenen Mietskaserne. «Aus dem Nachdenken über Smalls wirkliche, tief berührende Tragödie», schrieb Heyward später, «entsprang Porgy, ein Geschöpf meiner Erfindungskraft.» Er gab seinen Job auf, um den Roman «Porgy and Bess» zu schreiben, einen Bestseller, der in der Bearbeitung George Gershwins als Oper einen Siegeszug um die Welt antrat. Goat Sammy verschwand aus Charleston, ohne zu wissen, dass er die Vorlage für einen Welthit geliefert hatte. Jahre später stöberte ein Journalist sein Grab auf James Island auf. Smalls Frau, die nicht Bess, sondern Normie hiess, berichtete gemäss der Charlestoner Zeitung «News and Courier», Sammy habe auf Maggie Barnes nicht aus Eifersucht geschossen, sondern weil sie seine Uhr gestohlen hätte. So wenigstens hat Sammy ihr die Sache dargestellt...

Altstadtpflege ist Glaubenssache

King und Meeting Street sind die Schlagadern, welche die Stadt von Süden nach Norden durchziehen. Hier reihen sich Läden, Cafés und Restaurants. Hier liegt auch Charleston Place, ein teures Shopping-Center, ein Unikum in der Geschichte der Stadt und zugleich Zeuge für die besondere Haltung der Charlestonians gegenüber ihrem historischen Erbe. Mitte der siebziger Jahre legte eine Gruppe privater Initianten ein Projekt für ein Kongresszentrum mitten im historischen Distrikt Charlestons vor – und sofort erhob sich ein Proteststurm.

Seit den zwanziger Jahren pflegen die Charlestonians die alte Architektur ihrer Stadt mit besonderer Sorgfalt. Während alte Städte wie New York, Philadelphia, Boston sich in moderne Grossstädte verwandelten, träumte Charleston in verhältnismässiger Armut vor sich hin und blieb von Eisenbahnanlagen, Wolkenkratzern, Autobahnkreuzen verschont. Als sich Amerika nach dem Ersten Weltkrieg auf seine eigene Geschichte besann, bot sich Charlestons Altstadt für eine nostalgische Beschwörung des «Goldenen Zeitalters», der Zeit vor dem Bürgerkrieg, geradezu an. 1920 gründeten die Charlestonians die Gesellschaft zur Erhaltung alter Wohnhäuser und lösten damit eine Bewegung aus, die bald das ganze Land erfasste. *Preservation,* Erhaltung, lautete das Schlagwort. In Charleston wurde es zur Überzeugung, mehr noch, zur Grundhaltung in kulturellen Angelegenheiten. Neun Jahre lang bekämpften die Stadtschützer das geplante Kongressgebäude vor den Gerichten, in der Verwaltung und in der politischen Arena und einigten sich mit den Initianten erst Mitte der achtziger Jahre auf einen Kompromiss. Ein paar Stockwerke weniger hoch als geplant, beherbergt Charleston Place heute ein Nobelhotel, Läden der gehobenen Preisklasse, teure Restaurants – ein Magnet für die Touristen, die es in die historische Altstadt zieht.

Während die Besucher der Stadt in den vollklimatisierten Restaurants von Charleston Place vornehm speisen, sitzen die Charlestonians an der Market Street gleich um die Ecke auf den Terrassen der Restaurants. Ein Jazz-Trio swingt, Nachtschwärmer flanieren auf der Market Street. In den Hallen des alten *Public Market* (des Öffentlichen Marktes) steigt eine private Party. Der alte Lebensmittelmarkt, die schwarzen Marktfrauen, die Händler, die ihre Ware in melodiösen Sprechgesängen aussangen, sind aus den Hallen verschwunden. Sie mussten dem Geschäft mit dem Tourismus weichen. In den langestreckten, offenen Gebäuden des *Public Market* reihen sich

Souvenirläden, Teppich- und Textilgeschäfte, Duftessenzenstände. Das alte Charleston hat nur in den traditionellen Silberwaren überlebt und in den kunstvollen Korbflechtereien aus Süssgras, die schwarze Frauen hier herstellen und verkaufen. Formen, Muster, Verarbeitungstechniken stammen aus Westafrika, Zeugen der Kultur, die die Vorfahren der schwarzen Charlestonians aus ihrer Heimat in die Sklaverei mitbrachten.

Das schwarze Charleston

Nördlich der Calhoun Street, die die Halbinsel drei Kilometer von ihrer Südspitze entfernt von West nach Ost schneidet, ändert sich das Bild des heiteren, herausgeputzten Charleston. Noch zu Porgys Zeiten hatten Schwarze und Weisse in Charleston wie in keiner anderen Stadt der Vereinigten Staaten in gemischten Quartieren und Häusern zusammengelebt. Die Restaurierung der Altstadt trennte die Rassen. Zusammen mit dem allgemeinen Wirtschaftsaufschwung nach dem Zweiten Weltkrieg trieb sie die Bodenpreise in die Höhe. In den Häusern und Villen der Altstadt konnten sich nur noch wohlhabende Weisse behaupten. Die schwarzen Charlestonians sahen sich in die nördlichen Stadtteile zurückgedrängt. Bis hinauf zum *Neck*, der schmalsten Stelle der Halbinsel, macht das schwarze Charleston einen verlotterten Eindruck. Farbe blättert von den Häusern, manche Gebäude stehen schief, die Strassen sind löchrig, die Innenhöfe mit Schrott überstellt. Doch auch hier sind die Bautrupps und Renovationsequipen schon unterwegs. Der weisse Wohlstand greift über die Calhoun Street hinaus. Es ist nur eine Frage der Zeit, bis die Ärmeren der schwarzen Bevölkerung von der Halbinsel südlich des *Neck* vertrieben sind.

Die «Perle am Atlantik» und die Sklaverei

Anthony Ashley Cooper, Earl of Shaftesbury, gründete Charleston 1670 unter König Charles II. von England. Charles, der sinnenfrohe, genusssüchtige Herrscher, der nach Cromwells puritanischer Herrschaft die englische Monarchie restaurierte, verlieh der Stadt ausser seinem Namen seinen lebensfrohen Geist. Die Verfassung der neuen Kolonie Carolina stammte vom Philosophen John Locke, dessen Schriften grundlegend für den modernen europäischen Liberalismus und den Verfassungsstaat wurden. In Lockes Verfassung war die Glaubensfreiheit festgeschrieben, und zwar nicht nur für Christen, sondern auch für «Indianer, Heiden und Juden». Toleranz, Offenheit und eine lockere Moral prägten Charleston in seiner frühen Geschichte, war es doch im Gegensatz zu den neuenglischen Städten keine religiös, sondern eine kommerziell und politisch motivierte Gründung.

Charlestons erste Siedler stammten von Barbados. Ausgelaugte Böden und sinkende Plantagenerträge trieben die englischen Pflanzer von der Antilleninsel auf die Suche nach neuem Land. An der Küste South Carolinas fanden sie reiche Böden und dieselben klimatischen Bedingungen wie auf Barbados. Das Charles Towne des 17. und 18. Jahrhunderts widerspiegelte in mancher Beziehung die koloniale Kultur der Antillen. Die Regierungsform, die militärische Organisation, die Struktur der Wahlbezirke stammten von Barbados. Von den Antillen stammte auch das *Single House* mit seiner schmalen, der Strasse zugewandten Fassade und der seitlichen Veranda über dem Garten, das in Charleston noch heute anzutreffen ist. Von Barbados brachten die Siedler aber auch die

Sklaverei ins Land und den ersten *Slave Code,* das Gesetz, das Besitz und Haltung und damit die Lebensbedingungen der Sklaven regelte.

Reich wurde Charleston in seinen Anfängen durch den Handel mit England und den Westindischen Inseln. Felle, Mais, Segeltuch, Holz, Rum, Zucker, Baumwolle, Salz, Fassdauben, Teer, Rindfleisch, Kerzen und tausend andere Güter gingen durch seinen Hafen. Mit 1200 Einwohnern war Charleston 1690 hinter New York, Boston, Philadelphia und Newport die fünftgrösste Stadt auf dem nordamerikanischen Kontinent, beherrscht von Kaufleuten und Händlern. Das gesellschaftliche Ideal, nach dem die Führungsschicht strebte, war allerdings das des *Squires,* des englischen Landadeligen, der nach dem Vorbild Charles II. ein feudales Leben führte und sich die Zeit mit Jagen, Reiten, Spielen, Tanzen und Schürzenjägerei ausfüllte. Grosse Ländereien, grosse Landhäuser und eine Schar Bediensteter gehörten zu diesem kolonialen Traum – Reis und Indigo liessen ihn für manchen Schmalzhändler Wirklichkeit werden. Die Sklavenwirtschaft war es, die Reis zum grossen Geschäft machte. Die westafrikanischen Sklaven beherrschten die Technik des Reisanbaus und der Reisverarbeitung, möglicherweise hatten sie den Reis sogar nach der Neuen Welt gebracht. Wie gesucht Sklaven aus den Reisländern Westafrikas waren, geht aus den Anzeigen der Sklavenhändler Charlestons hervor. Während eines wahren Reisbooms entstanden am Anfang des 18. Jahrhunderts in der Küstenebene um Charleston Dutzende von Reisplantagen. Die herrschende Elite der Händler verwandelte sich allmählich in eine Elite der Pflanzer. Manche der neuen Reisbarone lebten das Stadtleben des Kaufmanns weiter. Die meisten liessen sich jedoch auf der Plantage nieder. Im Herrenhaus verbrachten sie Winter und Frühjahr. Von Mai bis Dezember lebten sie, um der Malaria und dem Gelbfieber zu entgehen, in ihren Stadthäusern.

Die Sklaverei prägte die Mentalität der weissen Führungsschicht in der Kolonie. Der Pflanzer war absoluter Herrscher über seinen Grundbesitz und Herr über Leben und Tod der Menschen, die für ihn arbeiteten. Die Opposition einer Arbeiterklasse hatte er nicht zu befürchten, da er die Arbeiterklasse – die Sklaven – ja buchstäblich besass. Die weisse Unterschicht war klein und von der Führungsschicht vollständig abhängig. Der Mittelstand – Farmer, Handwerker, Händler – strebte nach denselben Idealen wie die Elite und teilte deren Wertvorstellungen. Mit den Mitgliedern der Regierung und der Gerichte waren die meisten Pflanzer verschwägert oder befreundet. Kaum eine Gruppe oder Klasse in der Geschichte der Vereinigten Staaten beherrschte eine Stadt und eine Kolonie so absolut wie Charlestons Elite.

Die gesamte Wirtschaft Charlestons beruhte auf Sklavenarbeit. Feldsklaven rodeten Wälder, legten Sümpfe trocken, bauten Strassen, Häuser, Boote. Sie jagten, fischten, pflanzten und ernteten. Sie versorgten das Vieh und wussten mit Schlangen, Haien und Alligatoren umzugehen. 1848 arbeiteten in Charleston 3384 schwarze Frauen und 1886 Männer als Haussklaven, 68 als Maurer, 120 als Zimmerleute, 40 als Schmiede, 39 als Bäcker, 36 als Schneider, 67 als Fuhrleute, 50 als Lotsen und Matrosen. Maler, Schiffsbauer, Kupferschmiede, Möbelschreiner, Buchbinder, Drucker, Schuhmacher, Waffenschmiede – das Handwerk war fest in schwarzen Händen und blieb es bis nach dem Bürgerkrieg,

In Atlanta, der Hauptstadt Georgias, liefert sich, was unter den Architekten Rang und Namen hat, einen harten Wettstreit um den spektakulärsten, den aussergewöhnlichsten Wolkenkratzer. Der postmoderne IBM-Tower, mit seiner sorglosen Mischung von gotischen und romanischen Formelementen und der neckisch-kitschigen goldenen Helmzier, ist eines der Wahrzeichen des modernen Midtown Atlanta.

als weisse Handwerker die nunmehr freien schwarzen aus dem Gewerbe verdrängten.

Statt in Gewerbe- und Industriebetriebe investierten die Pflanzer lieber in Sklaven und Boden und versäumten es so, die Grundlage für eine einheimische Industrie zu legen. Auch am Aufbau öffentlicher Einrichtungen hatten sie nur ein geringes Interesse, lebten sie auf den Plantagen doch weitgehend unabhängig und wirtschaftlich selbständig. Charlestons Strassen blieben ungepflastert, im Frühjahr versank die Stadt im Schlamm. Gesundheitswesen, Abfallbeseitigung, Armenpflege blieben unentwickelt. Auch das Bildungswesen hinkte hinter dem des Nordens her, ein Rückstand, den die Stadt bis heute nicht ganz aufholen konnte. Dafür blühten Unterhaltung und schöne Künste. Bälle und Bankette lösten einander während der Herbstmonate ab. In vier Theatern wurden zeitgenössische Stücke und Shakespeare aufgeführt. Die Musikgesellschaft «St. Cecilia Society» gab Konzerte und spielte zum Tanz auf. Doch Charlestons Kultur war eine importierte. Wandernde Theatertruppen aus dem Norden, Musik und Musiker wurden gleichermassen eingekauft. Eine einheimische Kulturproduktion gab es kaum. In Boston wurden zwischen 1743 und 1760 nicht weniger als 1321 Bücher, Broschüren und Traktate gedruckt – in Charleston ganze zwölf.

Die Stadt besteuerte und kontrollierte ein einträgliches Sklavenleihsystem, mit dem die Sklavenhalter die Rendite ihres Besitzes erhöhten. Für ausgeliehene Sklaven, die keine städtische Kontrollmarke trugen, wurde der Eigentümer mit einer Busse von zwanzig Dollar bestraft – der Sklave erhielt zwanzig Peitschenhiebe auf den blossen Rücken. Qualifizierte, begehrte Handwerker trafen mit ihren Besitzern Abmachungen, die es ihnen erlaubten, sich selbst zu vermieten. Ihrem Herrn entrichteten sie dafür eine feste monatliche Pacht. Auf diese Weise konnten sie Gewinne erwirtschaften und sich freikaufen. Viel freier als die Sklaven wurden sie dadurch allerdings nicht. Die Weissen fürchteten die freien Schwarzen als mögliche Unruhestifter und schränkten ihre Rechte und Freiheiten durch Gesetze und Verordnungen drastisch ein.

Die weisse Bevölkerung lebte in ständiger Furcht vor Aufständen und Rebellionen. Der Sklavenaufstand von Santo Domingo in der 1790er Jahren, die Rebellion von 1739 am Stono River, zwanzig Meilen von Charleston entfernt, die zwanzig Weissen das Leben kostete, die Verschwörung des freien Schwarzen Denmark Vesey von 1822 hafteten als Schreckensvisionen bis in den Bürgerkrieg hinein in den Gemütern der Sklavenhalter. Die Gesetze, mit denen die Rechte der Schwarzen geregelt wurden, stellten nichts anderes als den Versuch dar, die schwarze Bevölkerung, ob frei oder unfrei, unter Kontrolle zu halten. Schwarze lesen und schreiben zu lehren, war bei strenger Strafe verboten. Gegen Ende des 18. Jahrhunderts begann die weisse Gesellschaft die Schwarzen systematisch zu christianisieren. «Das Evangelium ist unser bester Beschützer», begründete dies ein Prediger in Charleston, «denn es regiert im Geheimen so gut wie in der Öffentlichkeit.» Doch manche Charlestonians bestritten die besänftigende, zur Demut erziehende Wirkung der Verkündigung. Denmark Vesey, der seinen Aufstand während vier Jahren vorbereitet hatte, bevor er verraten wurde, berief sich ebenso auf die Bibel wie die frommen Weissen. Sein Komplott wurde im Schoss der ersten schwarzen Kirche der Stadt, der

Linke Seite, oben: In Atlanta hatte die schwarze Bevölkerung nach dem Bürgerkrieg bessere Chancen als in anderen Städten des Südens. Um die Jahrhundertwende war die Hälfte der City-Bewohner Atlantas schwarz, heute sind es zwei Drittel. Das von einem schwarzen Bürgermeister regierte Atlanta gilt als die Stadt des aufstrebenden schwarzen Mittelstandes.

Rechte Seite, oben: Wer in Atlanta chic einkaufen oder ausgehen will, fährt mit der Untergrundbahn MARTA in zehn Minuten von Downtown nach Buckhead im Norden der Stadt. Die vornehmen Shopping-Centers Lenox Square Mall (im Bild) und Phipps Plaza und die zahlreichen Restaurants lassen keine Wünsche offen.

Linke Seite, unten: Mit dem Peachtree Center realisierte der Architekt John Portmann in Atlanta seine Vorstellung vom in sich geschlossenen Fussgängerparadies. Wer im Peachtree Center einkauft, arbeitet, diniert, braucht keinen Fuss auf die Strasse zu setzen. Überdachte Brücken führen zehn, zwanzig Stockwerke über dem Strassenniveau von Hochhaus zu Hochhaus. Die einzelnen Ebenen sind durch Rolltreppen und Lifts miteinander verbunden. Im Untergeschoss befindet sich eine Haltestelle der städischen Schnellbahn MARTA.

Rechte Seite, unten: Das High Museum of Art in Atlanta Midtown ist ein vielbewundertes Meisterwerk des Stararchitekten Richard Meier. Ein Besuch lohnt mehr wegen der genialen Gestaltung und der Lichtführung des Innenraums als wegen der recht mittelmässigen Sammlung.

Folgende Doppelseite: Atlanta ist der wichtigste Verkehrsknotenpunkt des Südens. Sein Flughafen ist der zweitgrösste der Vereinigten Staaten. Von Norden nach Süden durchschneiden die Interstates 75 und 85 Midtown. In einer breiten Schneise wird Downtown östlich umfahren. Das höchste Hotel der Welt, das zylindrische, 72stöckige «Westin Plaza», dominiert die Skyline der Hauptstadt Georgias.

Linke Seite, oben: Die Auburn Avenue in Atlanta galt bis in die sechziger Jahre als die reichste schwarze Strasse der Vereinigten Staaten, Atlanta als das Mekka der schwarzen Amerikanerinnen und Amerikaner. Seit den siebziger Jahren hat «Sweet Auburn» von seinem Glanz verloren. Der schwarze Mittelstand zog in die Vorstädte. Wie in anderen amerikanischen Städten verarmt die schwarze Innenstadtbevölkerung.

Linke Seite, unten links: Muhammed Ali, Emmet Till, Angela Davis, John Coltrane – ein unbekannter Künstler verewigte an einer Hauswand die Idole der schwarzen Bürgerrechtsbewegung.

Linke Seite, unten rechts: Der schwarze Pfarrer Martin Luther King jr., Bürgerrechtskämpfer und Friedensnobelpreisträger, wurde in «Sweet Auburn» geboren. Sein Geburtshaus und die umliegenden Strassenzüge wurden zum National Historic Site erklärt und unter Schutz gestellt.

Rechte Seite, oben: Während Atlanta Downtown sich in rasendem Tempo erneuert, rotten die schwarzen Quartiere vor sich hin. Dieses Lebensmittelgeschäft am Memorial Drive östlich von Atlanta Downtown erlebte einst bessere Tage.

Rechte Seite, unten: Martin Luther Kings Center for Nonviolent Social Change und sein Grab sind Pilgerstätten der schwarzen Amerikanerinnen und Amerikaner geworden. Führern wie King, der die Gleichstellung der Schwarzen nach dem Vorbild Ghandis mit gewaltlosen Mitteln zu erreichen suchte, verdanken die Vereinigten Staaten, dass der Kampf um die Bürgerrechte im Süden nicht in einen zweiten Bürgerkrieg ausartete.

Linke Seite: Seit den zwanziger Jahren pflegen die Charlestonians die alte Architektur ihrer Stadt mit besonderer Sorgfalt. Um den Charakter ihrer Strassenzüge zu erhalten, ziehen die Architekten auch neue Fassaden in historisierendem Stil auf – oft mit fragwürdiger Wirkung, wie das 1988 erbaute Grace Building an der King Street zeigt.

Rechte Seite, oben: Der Public Market an der Market Street ist eines der Wahrzeichen von Charlestons Altstadt. Berühmt wurde der Stadtmarkt durch die melodiösen Sprechgesänge, mit denen die Händler ihre Waren aussangen, aber auch durch die «Charleston eagles», Bussarde, die «so zahm waren, dass sie im Fleischmarkt zwischen den Füssen der Käufer umherkrochen» und Abfälle vertilgten. Der alte Lebensmittelmarkt ist aus den historischen Markthallen verschwunden. Heute bieten Souvenirläden, Silberschmiede, Teppichhändler ihre Waren den Touristen an. An die koloniale Zeit Charlestons erinnern die kunstvollen Korbflechtereien, die schwarze Frauen im Public Market herstellen und verkaufen. Nach uralten westafrikanischen Techniken und Mustern gearbeitet, gehören sie zum begehrtesten Kunsthandwerk der Vereinigten Staaten.

Rechte Seite, Mitte: Auf den Dächern der Villen bei White Point Gardens drängte sich in den frühen Morgenstunden des 12. April 1861 das feine Charleston und klatschte Beifall, als die Südstaatenartillerie die Bombardierung von Fort Sumter eröffnete. Mit der Beschiessung des Unionsforts in der Charlestoner Bucht setzte der Bürgerkrieg ein, der für die Stadt mit Zerstörung und wirtschaftlichem Ruin endete. Viele der sorgfältig restaurierten Herrenhäuser an der Battery sind heute öffentlich zugänglich oder dienen als Museen.

Rechte Seite, unten: Nördlich der Calhoun Street, die das alte Charleston von Westen nach Osten durchschneidet, ändert sich das Bild der herausgeputzten Touristenstadt. Das Charleston der Schwarzen, die durch steigende Bodenpreise vom südlichen Teil der Halbinsel vertrieben wurden, ist bescheidener, seine Häuser und Strassen sind zum Teil arg verlottert. Doch auch im Uptown sind die Renovierungsequipen schon unterwegs. Das reiche Charleston erobert das arme, die schwarze Wohnbevölkerung wird aus der historischen Stadt verdrängt.

75

Vorangehende Doppelseite: Mit der Grace Memorial Bridge über den Cooper River wollte Charlestons Bürgermeister und Booster John P. Grace die Strände der Isle of Palms für den Tourismus erschliessen. Die Brücke, 1929 von einer Privatgesellschaft für sechs Millionen Dollar gebaut, sollte durch einen Brückenzoll von 50 Cents pro Fahrzeug finanziert werden. Die Rechnung ging nicht auf: Charleston konnte mit den Badeorten Floridas nicht konkurrieren. Die Brücke über den Cooper River schuf jedoch die Voraussetzung für die Entwicklung des Vororts Mount Pleasant. In den sechziger Jahren bewältigte sie das wachsende Verkehrsaufkommen nicht mehr. Parallel zur Grace Memorial Bridge wurde deshalb 1966 die Silas Pearman Bridge errichtet.

Obere Reihe: Eine Schnellimbissbar in Myrtle Beach, Wandmalereien in der Canal Street von New Orleans, frühmorgendliches Aufräumen nach einer der vielen schwülen Nächte im French Quarter – die Städte des Südens sind bunt, lebhaft und von harten sozialen Gegensätzen geprägt.

Unten: Myrtle Beach, grösster Ort am sechzig Kilometer langen Grand Strand zwischen Georgetown, South Carolina, und der Grenze zu North Carolina, hat alles zu bieten, was amerikanische Touristen sich wünschen: kurzweiliges Strandleben, Golf- und Tennisplätze, Riesenräder, Kinos, Hamburgerbars, Einkaufsarkaden und das obligate Wachsfigurenmuseum. Der Grand Strand mit seinem feinen weissen Sand gehört zu den schönsten Badestränden der Vereinigten Staaten.

Stars and Stripes, die Flagge der Union, und die Südstaatenflagge hinter einem Charlestoner Fenster einträchtig nebeneinander. Der Süden sei ohne Groll und schlechte Gefühle zur Union zurückgekehrt, beteuerte der Booster Henry W. Grady schon bald nach dem verlorenen Bürgerkrieg. Inneramerikanische Wanderungsbewegungen brachten in unserem Jahrhundert Tausende von Nordstaatlern in den rückständigen, kleinstädtischen Süden. Obwohl die Isolation des Südens aufgebrochen wurde, bewahrt die Region ihre Eigenart und ihre besondere Kultur. Wer im Süden geboren ist, fühlt sich auch hundertdreissig Jahre nach dem Zusammenbruch der Konföderation nicht als Amerikaner, sondern als Southerner.

African Church, geschmiedet. Die Stadtverwaltung liess sie niederreissen. Erst dreissig Jahre später zogen Charlestons schwarze Bewohner wieder in eine eigene Kirche ein. Die Stadtbevölkerung war gewachsen, die gemischten Kirchen waren ständig überfüllt. Kirchen waren weit über den Bürgerkrieg hinaus die einzigen Einrichtungen in der Hand der Schwarzen. Als Gemeinde-, Organisations- und Aktionszentren bildeten sie die Basis für den Kampf um die Gleichberechtigung der schwarzen Amerikanerinnen und Amerikaner in den sechziger Jahren unseres Jahrhunderts.

Verhängnis Baumwolle

Mit der Baumwolle breitete sich zu Beginn des 18. Jahrhunderts die Plantagenwirtschaft in Charlestons Hinterland und nach Westen aus. Arbeitskraft war Mangelware, der Sklavenhandel ein grosses Geschäft. Charleston wurde zum grössten Sklavenmarkt der Vereinigten Staaten. Doch die «Perle am Atlantik» konnte ihre Stellung als Hauptstadt des Südens nicht lange halten. Der Baumwollanbau laugte die Böden aus, die Baumwolle wanderte nach Westen. Und mit dem Niedergang der Plantagenwirtschaft begann auch jener von Charleston. 1860 lebten in Charleston 23 376 Weisse, 13 909 Sklaven und 3227 freie Schwarze. In absoluten Zahlen war die Stadt gewachsen, doch weniger rasch als andere Städte. Das Handelsvolumen des Hafens ging, gemessen am allgemeinen Wirtschaftswachstum der Region, zurück. Savannah, Mobile, vor allem aber New Orleans traten als Konkurrenten auf. Charlestons gesellschaftliches Leben erreichte in den Jahren vor dem Bürgerkrieg zwar seinen Höhepunkt. Die Theater florierten, die «St. Cecilia Society» gab mehr Konzerte denn je.

Industrialisierungsprojekte wie der Aufbau einer Textilfabrik scheiterten jedoch, weil es an Arbeitskräften, Sachkenntnis und Kapital mangelte. Kanalbauten und Eisenbahnen lenkten die Güterströme an der Stadt vorbei. Die Schutzzölle der Union gegen billige Textilimporte aus England empfand Charleston wie der ganze Süden zunehmend als Benachteiligung. In der Union wuchs zudem der Widerstand gegen die Sklaverei. Das einst lebensfrohe, weltoffene und tolerante Charleston radikalisierte sich und setzte sich an die Spitze jener Kräfte in South Carolina, die das überlebte Wirtschafts- und Gesellschaftssystem um jeden Preis verteidigen wollten. Nach der Wahl des Republikaners Abraham Lincoln zum Präsidenten der Vereinigten Staaten trat am 17. Dezember 1860 South Carolinas *Secession Convention* in Charleston zusammen. Am 20. Dezember beschloss die Versammlung den Austritt South Carolinas aus der Union.

«Eine Stadt der Ruinen, der Verzweiflung, der leeren Häuser, der Witwen, eine Stadt zerfallender Hafenanlagen, verlassener Lagerhäuser, unkrautüberwucherter Gärten, grasüberwachsener Strassen, schreiender Öde», schrieb nach dem Krieg ein Reporter aus dem Norden, «das ist Charleston, wo die Rebellion hochmütig ihr Haupt erhob.» 1886 legte ein gewaltiges Erdbeben die wiederaufgebaute Stadt in Trümmer. Eine Reihe von Hurrikanen zerstörte um die Jahrhundertwende die Reiskulturen. Mit der Ansiedlung einer Marinewerft am Cooper River 1901 und dem Ersten Weltkrieg setzte zwar zögernd ein wirtschaftlicher Aufschwung ein. Charleston expandierte, baute Brücken, bekam elektrische Strassenbeleuchtung. Doch Charleston hatte seine wirtschaftliche Bedeutung verloren. Und die Rassentrennung verschärfte sich.

Wie überall im Süden waren die schwarzen Charlestonians nach der *Reconstruction,* der Zeit des Wiederaufbaus, zu Bürgern zweiter Klasse geworden. Nun gründeten sie ihre eigenen Institutionen – Schulen, Zeitungen, Theater – und richteten sich auf eine Zukunft ohne politische Ansprüche und ohne Einfluss auf die Geschicke der Stadt ein.

Vom alten zum neuen Charleston

Erst der wirtschaftliche Aufschwung, den der Zweite Weltkrieg auslöste, brachte auch die politische Wende. Charlestons Marinewerften zogen Tausende von Arbeitskräften an. Die Vorstädte wuchsen explosionsartig. Die Stadtregierung besann sich auf die sozialen Verpflichtungen des Gemeinwesens und richtete endlich öffentliche Dienste ein. Die Führer der schwarzen Gemeinde Charlestons begannen Forderungen zu stellen und auf ihre Rechte zu pochen. Antrieb für die sich entwickelnde Bürgerrechtsbewegung gab ironischerweise ein Charlestoner Aristokrat der achten Generation: Richter J. Waties Waring ermöglichte den Schwarzen per Gerichtsurteil die Teilnahme an den *Primary Elections,* der Kandidatenwahl der Demokratischen Partei, die bis dahin den Weissen vorbehalten gewesen war. Die Rassenschranke fiel in Charleston zuerst auf dem städtischen Golfplatz, dann in den städtischen Schulen. 1969 streikten die schwarzen Angestellten des grössten Arbeitgebers der Innenstadt, der Medical University, für die Anerkennung ihrer Gewerkschaft und höhere Löhne. Hundert Tage dauerte der Streik, er war die eigentliche Nagelprobe für Charlestons Gesellschaft – eine Probe, die sie bestand. Trotz einer explosiven Stimmung verlief der Streik ohne Gewalt und ohne Rassenkrawalle.

Charleston lebt heute von der Marine, von der Verwaltung des Staates South Carolina, von seinem Hafen, dem zweitgrössten Containerumschlagplatz der Atlantikküste. Die «St. Cecilia Society» veranstaltet immer noch Bälle. Das Spoleto Festival bringt klassische Musik, Ballett, Film und Theater in die Stadt. Einen Hang zum ausschweifenden Leben sagt man den Charlestonians noch heute nach. Geldspiel, Striptease, Prostitution sind in der Stadt allerdings schon lange verboten. Erst 1970 hob der Staat das Alkoholverbot auf, das Ende des letzten Jahrhunderts über das alte Sündenbabel verhängt worden war, ein Zugeständnis an die Touristen, die jedes Jahr viele Millionen Dollar nach Charleston tragen und dafür wenigstens ein Bier zum *Dinner* trinken möchten.

Atlanta – Stadt der Eisenbahn

«Aus dieser Stadt wird nie etwas Rechtes», urteilte ein Zeitgenosse anlässlich Atlantas Gründung als Eisenbahnstation im Norden Georgias. Vielleicht werde es einmal zu einer Kneipe reichen, zu einer Hufschmiede und einem Lebensmittelladen, zu mehr nicht. Weitab von schiffbaren Flüssen, fern von Baumwoll- oder Reisplantagen eine Siedlung? Für die Farmer im ländlichen Süden war es unvorstellbar, dass etwas anderes als landwirtschaftliche Produktion zum Wohlstand führen könnte. Transport, Verkehr, Dienstleistung als ein Produkt – das waren Hirngespinste aus dem Norden.

Was in der ersten Hälfte des letzten Jahrhunderts als der alles entscheidende Nachteil erschien – keine Plantagen –, erweist sich heute als der entscheidende Vorsprung. Abhängigkeit von landwirtschaftlicher Rohstoffproduktion, ländliches Festhalten am Althergebrachten und bäuerliche Unbeweglichkeit belasteten den Star unter den Städten des Südens nie. Aus dem ehemaligen Eisenbahndepot mit dem nüchternen Namen Terminus (Endstation) ist nach New Orleans die zweitgrösste Stadt der Region geworden. «Tor zum Süden», «Hauptstadt des Neuen Südens», «Die kommende Grossstadt der Welt» nennen sie ihre Förderer und Bewunderer. Und ihr Anblick ist überwältigend. Kühn, futuristisch und zugleich auf bizarre Art zufällig wirkt ihre *Skyline*. Die goldene Kuppel des *State Capitol* vor der Kulisse des roten Granitturms des Georgia Pacific Building, die konkav geschweifte Fassade des Marriot Marquis Hotels, die mächtigen Baugruben zwischen Midtown und Downtown, mitten im modernen Geschäftszentrum die immense Stahlkonstruktion des in die Höhe wachsenden One-Ninety-One Peachtree Twin Tower – Atlanta ist nicht nur eine Stadt, die ständig wächst, sondern die sich in einem beängstigenden Tempo stets erneuert. Das Alte wird vom Neuen überwachsen, das Neue vom Avantgardistischen. 1920 war die Peachtree Street, die Hauptader Atlantas, eine der vornehmsten Wohngegenden der Stadt. Heute ist sie eine Strassenschlucht zwischen den Wolkenkratzern der Banken, Versicherungs- und Handelsgesellschaften, der Modehäuser, Kongresszentren und Hotels.

Ein Anfang mit Namen Terminus

In den dreissiger Jahren des letzten Jahrhunderts beschloss die Regierung Georgias, den Norden des Staates durch das modernste Verkehrsmittel der Zeit, die Eisenbahn, zu erschliessen. Auf einem langgestreckten, flachen Hügel in der Nähe einer vielbefahrenen Furt über den Chattahoochee River schlug der Eisenbahningenieur Stephen H. Long im September 1837 einen roten Pfosten ein und erklärte die Stelle zur Endstation der Linie, die von Chattanooga, Tennessee, herangeführt werden sollte. Bis der erste Zug in Terminus einrollte, dauerte es aber noch lang. Sieben oder acht Familien liessen sich in den folgenden Jahren in der armseligen Siedlung nieder. In Erwartung der Eisenbahn trieben sie Landwirtschaft und führten eine Kneipe. Vielleicht aus Langeweile, vielleicht weil ihnen der Name nicht mehr gefiel, tauften sie Terminus in Marthasville um. Am 15. September 1843 wurden sie für ihre Geduld endlich belohnt. Von Augusta kommend, traf der erste Zug bei ihrem Schuppen ein. Unglaubliche 175 Meilen mass die Strecke der Georgia Railroad. Augusta - Marthasville war damit die längste Eisenbahnlinie der Welt. Finanziert hatte sie ein Yankee aus Pennsylvania. Sieben Dollar kostete ein Billett erster Klasse; wer sein Pferd mitreisen liess, zahlte acht Dollar drauf.

Die Eisenbahngesellschaft baute ein Depot und eine Bank in Marthasville und setzte durch, dass der Name der Stadt in Atlanta geändert wurde: Marthasville sei zu lang, zu umständlich für Frachtpapiere und Reisedokumente. Atlanta bekam ein Postbüro und einen Lebensmittelladen. Eine Sägemühle wurde gegründet. Ein Jahr nach der Georgia Railroad erreichte die Macon & Western die Stadt. Die staatliche Western & Atlantic brachte es in dem Wettrennen nur auf den dritten Platz. 1848 wurde der erste Bürgermeister Atlantas gewählt. 2500 Menschen lebten nun in der Stadt, darunter 300 Sklaven, und an Selbstbewusstsein fehlte es ihnen nicht: Schon war die Rede davon, dass die Eisenbahnendstation Milledgeville als Hauptstadt ablösen könnte.

Am Vorabend des Bürgerkrieges zählte Atlanta 10 000 Einwohner. Mit der Atlanta & West Point Railroad trafen sich im ehemaligen Terminus bei Kriegsausbruch vier Eisenbahnlinien. Atlanta war der wichtigste Verkehrsknotenpunkt des Südens geworden. Im Bürgerkrieg spielte es als Nachschubzentrum und Lazarettplatz der konföderierten Armee eine strategische Rolle – und musste dafür auf schlimme Weise büssen. General William T. Sherman eroberte die Stadt am 1. September 1864 nach langer Belagerung. Am 11. September begann er Atlanta von Zivilisten zu räumen und brannte die Stadt dann systematisch, Block für Block, Haus für Haus, nieder. Atlanta, der Eisenbahnknotenpunkt, die Handelsstadt, das Industriezentrum, hatte, so schien es, aufgehört zu existieren.

Der Geist von Atlanta und der Neue Süden

Während Monaten lebten die Bewohner Atlantas in Erdlöchern, zerfallenen Befestigungsanlagen und Ruinen, doch den Wiederaufbau nahmen sie energisch und tatkräftig an die Hand. Zweieinhalb Jahre nach Shermans Brandstiftung war das Geschäftsviertel in der Innenstadt neu errichtet. Der «Geist Atlantas» wurde zum stehenden Begriff für Tüchtigkeit und den Glauben an die Zukunft des Südens. Geschichte schrieben auf dem Hügel am Chattahoochee River von nun an Männer, die, unbehindert von einer einengenden Vergangenheit als Baumwollpflanzer, alles beiseitelegten, was den Fortschritt und den Profit geschmälert hätte: den Hass auf die Yankees und das Korsett einer ländlichen Rückständigkeit. Selbst die Unterdrückung und Entrechtung der jetzt «freien» Schwarzen lag ihnen, im Gegensatz zu anderen weissen Führern, weniger am Herzen als der Aufschwung der Stadt. Wachstum hiess das Rezept, das die *Boosters* der Region zur Lösung aller Probleme verschrieben. In Atlanta setzten sie es in Wirklichkeit um. Ein junger Geschäftsmann aus Cleveland zum Beispiel, Morris Rich, gründete 1867 in der zum Teil noch in Trümmern liegenden Stadt mit 500 geborgten Dollar ein kleines Detailhandelsgeschäft. Durch fixe Preise – damals war Feilschen und Markten in den Läden üblich – und durch eine Unzahl von Inseraten in der Atlantaer Zeitung «Constitution», der grössten Zeitung der Stadt, machte er von sich reden. 1897 teilte er seinen Laden in 75 Abteilungen auf: Das Warenhaus war geboren. Rich beschäftigte 800 Angestellte. Hundert Jahre später waren es zehnmal mehr, und der Umsatz betrug 647 Millionen Dollar.

Während Unternehmer wie Rich das Geschäft ankurbelten, riefen Politiker und Publizisten den *New South* aus, den Neuen Süden. Henry W. Grady, der Herausgeber der «Constitution», wurde nicht müde, Atlanta als den Spross einer neue Ära zu preisen. Yankees, andernorts bitter gehasst, sollten in Atlanta mit Freundlichkeit und Respekt empfangen werden, besonders wenn sie «in Geschäften kamen oder mit der Absicht zu investieren». In der Tat war den Atlantanians nichts zu billig, um den Geldhahn des Nordens offenzuhalten. Zwei Jahre nach dem Krieg und der Ermordung Lincolns organisierten Geschäftsleute die Lincoln Memorial Association of Atlanta und gaben die Absicht bekannt, dem Mann, der die Konföderation mit eiserner Konsequenz in die Union zurückgezwungen hatte, einen fünfundvierzig Meter hohen Gedächtnisturm zu errichten, obendrein noch mit Hilfe von Steuergeldern. Der Plan wurde erst fallengelassen, als konföderierte Veteranen lautstark protestierten.

1886 erregte Grady mit der *New York Address,* einer Rede vor der New England Society, nationales Aufsehen. General William T. Sherman, der unter den Zuhörern sass, bezeichnete er ironisch als einen Mann, der «irgendwie sorglos mit Feuer umgeht» und versicherte dann Gastgebern und Presse: «Aus der Asche, die er (Sherman) uns 1864 hinterliess, bauten wir eine tapfere, eine schöne Stadt auf.» Im Backstein und im Mörtel ihrer neuen Häuser hätten die Atlantanians den Sonnenschein eingefangen und «nicht *ein* schändliches Vorurteil, nicht *eine* unwürdige Erinnerung eingebaut». Über die Versöhnung der Regionen hinaus trat Grady für die Industrialisierung des Südens ein. «Der Alte Süden stellte ganz auf Sklaverei und Landwirtschaft ab und war sich nicht bewusst, dass dies kein gesundes Wachstum zuliess.» Der Neue Süden, führte er aus, sei die «gesunde» Demokratie: «Hundert Farmen für jede Plantage, fünfzig Einfamilienhäuser für jeden Palast – und eine diversifizierte Industrie, welche die komplexen Bedürfnisse eines komplexen Zeitalters» befriedige.

Doch das Programm des *New South* genügte nicht, um die Probleme des Südens zu lösen. Atlanta brachte es einen kräftigen Entwicklungsschub, Grady den Ehrentitel «Pazifikator» ein. Für den Süden als Region bedeutete der *New South* aber nur ein neuer Mythos, der den Blick auf die schlimme Wirklichkeit versperrte. Denn auch im Neuen Süden hatte die alte Machtelite der Pflanzer das Ruder in der Hand. Trotz Gradys Beteuerung, im Neuen Süden «zähle der freie Neger mehr, als er als Sklave gezählt habe», wurden die Schwarzen nach der *Reconstruction* politisch systematisch entrechtet. Trotz dem Versprechen von Demokratie und Wohlstand blieben die armen Weissen arm, und der Rassenhass nahm zu: In den 1890er Jahren erreichten Lynchmorde an Schwarzen einen einsamen Höhepunkt. Das Kapital aus dem Norden schliesslich brachte den Süden in noch grössere wirtschaftliche Abhängigkeit als vor dem Krieg.

Booker T. Washington und das Mekka der Schwarzen

Nicht nur der *Booster* Henry W. Grady arbeitete in Atlanta auf Versöhnung hin. Auch der in der Sklaverei geborene Booker T. Washington, Gründer des Tuskegee Institute, einer schwarzen Berufsschule in Alabama, versuchte Gräben zuzuschütten. In einer Rede vor weissen Wirtschaftführern anlässlich der *Cotton States Exposition* 1895 bot er den *Atlanta Compromise* an, den Kompromiss von Atlanta. Die Schwarzen, versprach er, würden sich damit abfinden, dass sie vom Wahl- und Stimmrecht keinen Gebrauch machen könnten und würden auch die Rassentrennung in öffentlichen Einrichtungen, Gebäuden und Verkehrsmitteln akzeptieren – wenn die weisse Mehrheit die schwarze Minderheit nur im Aufbau einer eigenen Wirtschaft und eines eigenen Erziehungswesens unterstütze.

Manche Schwarzen verurteilten Washingtons Haltung als unterwürfig. Doch Washington war überzeugt, dass die schwarze Bevölkerung nur auf der Grundlage der Selbsthilfe und der Autonomie eine Chance habe. Schwarze Betriebe, die für eine schwarze Kundschaft arbeiteten, sollten schwarze Angestellte beschäftigen, schwarze Schulen schwarze Kinder erziehen und schwarze

Berufsleute ausbilden. Washington war eher schlau als demütig, und sein Gedankengut wirkte nach. Im schwarzen Westend Atlantas kaufte der Inhaber einer Lebensversicherungsgesellschaft, der schwarze Geschäftsmann Heman E. Perry, Land und bot sein Kapital in Form von billigen Hypotheken für den Aufbau eines mittelständischen Quartiers an. 1930 wohnte ein Drittel der schwarzen Bevölkerung im Westend, die Hälfte davon waren Eigenheimbesitzer mit einer Berufsausbildung. Schwarze Hochschulen entstanden. Im Lauf der zwanziger Jahre schlossen sie sich zum Atlanta University Center, der heute grössten schwarzen Hochschule der Welt, zusammen. Die Universität stellte ihrerseits Land für den Wohnungsbau zur Verfügung und baute Elementarschulen für die schwarze Bevölkerung. In den sechziger Jahren galt Atlanta als die Stadt mit dem grössten schwarzen Kapital innerhalb der Vereinigten Staaten.

Aushängeschild der blühenden schwarzen Gemeinschaft Atlantas wurde die Auburn Street östlich von Downtown. «Reichste Negerstrasse der Welt», «Mekka der Farbigen» nannten die Zeitungen Auburn Street, «Sweet Auburn» lautet der stolze und zärtliche Übername für das Quartier, dessen Hauptader sie darstellt: «Hier lebst du das süsse Leben im Reichtum.» Doch das durchschnittliche Einkommen einer schwarzen Familie betrug auch an der Auburn Street nur die Hälfte des Einkommens einer weissen. Die schwarze Wirtschaft – von der weissen abgekoppelt – stiess bald an die Grenzen ihres Wachstums. Gegen weisse Unternehmen hatten schwarze wenig Chancen. Die Weltwirtschaftskrise trieb die schwarzen Versicherungsgesellschaften, Basis des schwarzen Wohlstandes, in den Konkurs. Atlantas schwarze Gemeinde stagnierte.

Schwarzes Selbstbewusstsein, schwarze Armut

Ökonomisch erwiesen sich die Rezepte Booker T. Washingtons zwar als Sackgasse, doch das wirtschaftliche Experiment, das Erlebnis der Eigenständigkeit und die durchschnittlich gute Ausbildung der schwarzen Atlantanians hatten ihre Gemeinschaft selbstbewusst gemacht und liess sie nach dem Zweiten Weltkrieg auf ihre Rechte pochen. Gewalttätigkeiten und Zerstörungen, die die Bürgerrechtsbewegung manchenorts begleiteten, blieben Atlanta weitgehend erspart. Schwarzen politischen Führern wie Martin Luther King jr. fiel es in Atlanta leichter als in anderen Städten, den Zorn der schwarzen Bevölkerung im Zaum zu halten. Zuviel hatte die schwarze Gemeinde hier schon erreicht. Und auch die *Boosters* leisteten ihren nicht zu unterschätzenden Beitrag. Als Atlantas Stadtväter sich weigerten, die weissen Schulen für Schwarze zu öffnen, liess der Coca-Cola-König Robert Woodruff verlauten: «Coke mag den Frieden und die Ruhe. Eine geteilte Stadt passt Coke nicht. Coke bleibt Coke, auch wenn die Coca-Cola-Gesellschaft Atlanta verlässt. Es ist an Atlanta, zu entscheiden, ob Coke bleibt.» Die Stadtväter erinnerten sich an Woodruffs Steuerrechnung und an die 250 Millionen Dollar, mit denen er die Emory-Universität gefördert hatte, und beeilten sich, ihren Widerstand aufzugeben. Die städtische Handelskammer quittierte den vermiedenen Rassenkrieg mit dem beschwörenden Slogan: *«Atlanta – A City too Busy to Hate»* – «Atlanta – eine Stadt, zu beschäftigt, um zu hassen.»

Bei Five Points, wo sich Peachtree und Alabama Street kreuzen, trifft sich *all Atlanta*. Obststände reihen sich der Peachtree Street entlang, *Black Muslims,* schwarze Muslime, in der weissen

Galabia stehen in Gruppen beieinander und diskutieren. Jugendliche und Familien drängen sich um die Stände der fliegenden Händler, die Lederwaren und Schmuck verkaufen – Schmuck vor allem. Ringe, Halsketten, Ohrringe. Und farbige Perlen, die die Mütter den kleinen Mädchen in die Haare flechten. Farbenfreudig, bunt, laut geht es bei Five Points zu. Hier zeigt man sich im Seidenanzug, im letzten Schrei aus teuren Boutiquen. Hier zeigt es sich, dass Atlanta schwarz ist. Knapp die Hälfte der Atlantanians waren vor hundert Jahren Schwarze, heute sind es zwei Drittel.

Das arme Atlanta wohnt am Südrand und im Osten der City. Die New Georgia Railroad führt die Touristen auf einer Vierzig-Meilen-Rundfahrt um die Innenstadt, an verlotterten Holzhäuschen, schrottüberstellten Höfen und Baptistenkirchen vorbei, von denen die Farbe abblättert, bis sie im Norden die besseren weissen Quartiere und die Villenviertel erreicht. Nur in der City, dem eigentlichen Stadtgebiet mit 450 000 Einwohnern, stellt die schwarze Bevölkerung Atlantas die Mehrheit. In der *Metropolitan Area,* der Agglomeration Atlantas, die 2 1/2 Millionen Menschen zählt, bilden die Schwarzen die Minderheit. Tagsüber ist Atlanta gemischt, abends, an Wochenenden und Feiertagen zieht sich die Mittelschicht in die Vororte zurück. Dann ist Dowtown Atlanta leer, verödet wie die Zürcher Bahnhofstrasse nach Ladenschluss. Nur bei Five Point und im neuen Treffpunkt Underground Atlanta gerade gegenüber pulsiert das Leben noch. Und beide sind fest in schwarzer Hand.

Peachtree Street und Atlantas neue Skyline

Die Schnur, an der Atlantas Perlen aufgereiht sind, ist die Peachtree Street. Als der Architekt John Portmann 1961 hier den Merchandise Mart errichtete, setzte jener Bauboom ein, der Atlantas *Skyline* so verrückt, so futuristisch macht. Portmann, der die Cities der amerikanischen Grossstädte als Wüsten bezeichnete, in denen nur die Zähesten, die Unverwüstlichsten überleben könnten, entwickelte die Idee der «Stadt in der Stadt». In seinen *Marts,* einer Art permanenter Mustermessen, sollte man Geschäfte tätigen können, ohne den Fuss auf die Strasse zu setzen. Dem Merchandise Mart liess er das revolutionäre Hyatt Regency Hotel folgen, dessen zweiundzwanzigstöckiges Atrium von manchen Konkurrenten geschmäht – und sofort kopiert wurde. Mit dem zylindrischen zweiundsiebzigstöckigen «Peachtree Westin Plaza» baute er das höchste Hotel der Welt. Mit dem Peachtree Center verwirklichte er 1986 endlich seine Vorstellung vom in sich geschlossenen Fussgängerparadies. Hier wird in Hunderten von Büros gearbeitet, in Dutzenden von Läden kann man einkaufen, in Restaurants und Schnellimbissbars essen. Überdeckte Plazas bieten Raum, um sich auszuruhen. Die einzelnen Ebenen des Komplexes sind durch Rolltreppen und Lifts miteinander verbunden. Zehn, zwanzig Stockwerke über dem Strassenniveau führen Fussgängerbrücken von Hochhaus zu Hochhaus. Im Untergeschoss des Centers halten die Züge der Schnellbahn MARTA.

Portmann blieb als Architekt, der Atlantas Skyline veränderte, natürlich nicht allein. Sein Konkurrent Tom Cousin konterte mit dem Weltkongresszentrum und dem Omni Center. Für den Medienmogul Ted Turner, den Besitzer der Baseballmannschaft Atlanta-Braves, der mit der Übertragung von Sportanlässen reich wurde, baute er das «CNN-Center». CNN, der rund um die Uhr arbeitende Nachrichtensender, machte sich der Welt im Golfkrieg 1991 als wichtigste Nachrichtenquelle unentbehrlich.

Bedeutsamer für die Entwicklung Atlantas als alle Wolkenkratzer war allerdings der Ausbau des Flughafens Hartsfield Airport zum zweitgrössten der Welt. Eine Million Passagiere landet wöchentlich in Atlanta, der Verkehrsdrehscheibe zwischen den Zentren des Nordens und des Südens. 2200 Flugbewegungen täglich bewältigen die vier parallelen Landebahnen. Gleichzeitig mit dem Flughafenprojekt peitschte der ehrgeizige schwarze Bürgermeister Andrew Young das städtische Verkehrssystem MARTA durch, die Metropolitan Atlanta Rapid Transit Authority, einen Verbund von Schnellbahn und Bussen. Atlantas Verkehrsplaner nutzten die Gunst der Stunde. Zu einem Zeitpunkt, da Bundesbeiträge reichlich flossen, entwarfen sie – unbehindert durch ein schon bestehendes, veraltetes Verkehrssystem – das Modernste, was das High-Tech-Zeitalter zu bieten hat. Die MARTA-Schnellbahn führt den Passagier in einer Viertelstunde vom Flughafen nach Five Points – ein Grund für viele Flugpassagiere, in Atlanta nicht nur umzusteigen, sondern einen Zwischenhalt einzulegen. Blitzblank sind die Züge, keine Graffiti (Kunstwerke von Sprayern), kein Unrat in den Wagen. Haydn-Streichquartette erklingen aus Lautsprechern in den unterirdischen Stationen, Dvoraks «Neue Welt»… Videoüberwacht wartet man auf seinen Zug.

Geschäftsstadt Nummer eins

Atlanta sei der beste Platz, um eine Niederlassung zu gründen, schwärmt die Geschäftswelt. In weniger als zwei Flugstunden sind von hier aus drei Viertel der amerikanischen Bevölkerung zu erreichen. «Wir haben keinen einzigen Kunden in Atlanta selbst», erklärt der Vertreter einer französischen Grossfirma, «aber trotzdem organisieren wir von hier aus unseren gesamten Vertrieb in den Vereinigten Staaten.» Drei interstaatliche Autobahnen kreuzen sich bei Atlanta. Ein Autobahnring rund um die City ermöglicht einen reibungslosen Güteraustausch. Die meisten der 500 grössten Firmen der Vereinigten Staaten unterhalten in Atlanta eine Niederlassung. Die «Hauptstadt der Filialen» beherbergt aber auch die Hauptsitze einer Reihe grosser Unternehmen. Seit eh und je hat die Coca-Cola-Company ihren Sitz in Georgias Hauptstadt. Die Kommunikationsriesen Bell South und AT&T, die Fluggesellschaft Delta Airlines, die Amerikanische Krebsgesellschaft sind in Atlanta niedergelassen. In den achtziger Jahren zog der Holz- und Papiergigant Georgia Pacific von Oregon nach Atlanta, um die Standort- und Steuervorteile der Stadt zu nutzen.

Nicht dass Atlanta auf seinem Weg zur «Hauptstadt des Südens» keine Rückschläge erlitten hätte. Während Portmann und Cousin an der Peachtree Street ihren architektonischen Wettkampf austrugen, verwandelte die Stadt zur Belebung der ausgestorbenen *Downtown* einen Komplex aus Lagerhäusern bei Five Points in ein Vergnügungs- und Einkaufszentrum im Stil des späten 19. Jahrhunderts. Underground Atlanta wurde mit Pauken und Trompeten eröffnet – und musste ein paar Jahre später wieder geschlossen werden. Das Begegnungszentrum aus der Retorte verwandelte sich mangels polizeilicher Überwachung in einen Vergnügungsslum, in dem die Besucher ihres Lebens nicht sicher waren. In den siebziger Jahren ging das Geschäfts- und Wohnzentrum Colony Square North Konkurs, das Omni-Center mit seiner Eisbahn, den teuren

Boutiquen und Restaurants und dem fashionablen Hotel ging pleite, zwei der mächtigsten Financiers der *Downtown-Renaissance,* die Citizens and Southern National Bank und die National Bank of Georgia, wurden wegen Finanzschwäche einer Untersuchung der Bundesbehörden unterzogen.

Doch Atlanta stand nicht still und verlor auch nicht den Glauben an das Mittel, das zum Ziel führen würde: Wachstum um jeden Preis. Im Norden ist ein zweiter Flughafen geplant, der den Hartsfield Airport vom privaten Flugverkehr entlasten soll. Ein zweiter Autobahnring von 2000 Kilometern Umfang soll die *Metropolitan Area* für den Personen- und Güterverkehr noch besser erschliessen. Underground Atlanta wurde 1989 mit Glanz und Gloria wieder eröffnet. Ein 72 000plätziges Stadion soll dem grossen Sport - Baseball, American Football, Fussball – ab 1993 Auftrieb geben und die Olympischen Spiele 1996 beherbergen. Auf dem Weg zur Metropole der Region möchte Atlanta gleich auch erstes Kongresszentrum der Nation werden – und ist auf bestem Weg dazu. An dritter Stelle hinter New York und Chicago liegend, hat es den Kongresstouristen 55 000 Hotelbetten zu bieten. Und dreiundachtzig Prozent der Ausstellungsfläche des Kongresszentrums sind bis zum Jahr 2000 ausgebucht.

Die Obdachlosen

Sprichwörtlich ist die Geschäftstüchtigkeit Atlantas. Lästermäuler wandelten den friedensstiftenden Slogan der Handelskammer um: «Atlanta – eine Stadt, zu habgierig, um töricht zu sein.» Kein Platz für *Freaks* zwischen Atlantas Wolkenkratzern! Ausgeflippte und Penner sind unerwünscht. Sechstausend Obdachlose gibt es nach offiziellen Angaben in der Stadt, in Wirklichkeit werden es doppelt so viele sein. Die Kriminalitätsrate Atlantas ist eine der höchsten der Vereinigten Staaten, 1989 lag sie bei den schweren Verbrechen gemäss einer Statistik des FBI (der Bundespolizei) sogar an der Spitze. Deshalb wimmelt es in der blitzblanken Innenstadt von Polizisten. Sofort nach seiner Wahl im Frühjahr 1990 begann der schwarze Bürgermeister Maynard Jackson die Obdachlosen aus der Stadt zu vertreiben. Woodruff Park, die kleine Anlage bei der Einmündung der Auburn in die Peachtree Street, wo sie zu Dutzenden nächtigten, wurde von der Polizei geräumt. Die Obdachlosen schob man in die umliegenden, vorwiegend schwarzen Quartiere ab. Die *Freaks* und die Alternativen haben sich aus der blitzblank gescheuerten *Downtown* in die alten Vorstädte verzogen. In Little Five Point, an der Ecke Euclid und Moreland Street, findet man die ausgeflippte Szene. Läden mit Biokost, Galerien mit afrikanischer Kunst, junge Hippiefamilien, schwarze Traditionalisten, Italos, Hispanics und ganz «gewöhnliche» schwarze und weisse Amerikaner treffen sich auf der kleinen Plaza. In einer Gasse rockt eine Band. Ein Hauch von *Flower-Power* liegt über der Szene, vielleicht wegen der gemischten jungen Paare, die es anderswo im streng zweirassigen Süden kaum gibt.

Die Ruhe der Boosters

Der Block um das Geburtshaus von Martin Luther King jr., sein «Zentrum für Gewaltfreien Sozialen Wandel», sein Sarkophag mitten in der Wasserfläche eines kaskadenartig fliessenden Brunnens sind als *Historic District* Anziehungspunkt für Tausende von schwarzen Amerikanerinnen und Amerikanern. Doch Sweet Auburn hat seinen Glanz eingebüsst, ironischerweise nicht zuletzt wegen des Erfolgs, den die schwarzen Amerikaner mit der Bürgerrechtsbewegung erzielten. Mit dem Verschwinden der rechtlichen und politischen Schranken taten sich für die Afroamerikaner neue Möglichkeiten auf. Der schwarze Mittelstand wandte sich der weissen Wirtschaft zu. Booker T. Washingtons Erbe ist endgültig verspielt. Enge Reiheneinfamilienhäuschen aus Backstein, rasch und lieblos im Rahmen eines Slum-Sanierungsprogramms hingestellt, verbrauchte Läden, vernachlässigte Häuser, eine verlotterte Tankstelle, jugendliche Arbeitslose, die in alten Autos gelangweilt durch die Strassen fahren. Jenseits des dröhnenden, röhrenden zehnspurigen Highway 75 thront Atlantas *Downtown* auf ihrem Hügel. Glänzend steht sie über der schwarzen Stadt, die Verkörperung des Wohlstandes, der Gral der Tüchtigkeit und des Erfolgs, von dem ein Heer von Polizisten fernhält, was die Ruhe der *Boosters* stört. Zu Ostern und zu Weihnachten stehen die Armen der Stadt im Woodruff Park und bei den zahlreichen Kirchen für eine warme Mahlzeit Schlange. 27 000 waren es 1989 im letzten Amtsjahr Andrew Youngs. Es werden heute nicht weniger sein.

Die Cajuns in Louisiana

Sumpftouren in Louisiana

Bootstouren auf den *Bayous* und durch die Zypressensümpfe kann man in Süd-Louisiana an jeder Ecke buchen. Bei Zam's, in der winzigen Ortschaft Kraemer in der Nähe von Thibodaux fängt eine *Swamp-Tour* mit einem Rundgang durch den Privatzoo an. Über den Rand einer Drahtkiste schnüffelt einem ein Nutria entgegen, ein bibergrosses Nagetier aus Argentinien, das sich in Louisianas *Bayous* und Sümpfen rasend schnell vermehrte. «Es ist ein Albino», erklärt Zam's Bootführer, Dan, «und es beisst.» In der nächsten Kiste windet sich ein halbes Dutzend Schlangen. Dan greift eine heraus, eine Eierschlange; sie ist ungiftig, aber Achtung, sie beisst auch. Genauso wie die tückischen Schnappschildkröten, die schlauen Waschbären und die verschlagenen Bisamratten in ihren Drahtverschlägen. Was nicht beisst in Zam's Zoo, sind einzig die Alligatoren. «Die sind scheu», erklärt Dan, «die haben mehr Angst vor den Menschen als die Menschen vor ihnen.»

In einem von Zam's flachen Booten geht die Fahrt durch den gewundenen *Bayou*. Das Wasser zwischen den Zypressenstämmen ist von *Duckweed* bedeckt, einer leuchtend grünen Wasserpflanze. Und es wimmelt von Leben, von Insekten, Fröschen, Schlangen. Auf umgestürzten Baumstämmen hocken Schildkröten. Im dichteren Gehölz am Rande des *Bayou* waten weisse Reiher. Und dann die Alligatoren. Sie liegen mit weichem Bauch regungslos auf Stämmen oder kleinen Grasinseln in der Sonne, schauen einen durch geschlitzte Pupillen an. Oder treiben wie ein Stück Holz im Wasser, in dem sie blitzschnell verschwinden, ohne die Oberfläche zu kräuseln. Dan, zahnlos, schwerhörig und guter Laune, erklärt, die Alligatoren begännen im Mai nach sechsmonatiger Winterruhe erst wieder zu fressen – Wasservögel, Fische, Frösche und Nutrias. Den Winter mit seinen Temperaturen bis zum Gefrierpunkt verbringen sie in Winterstarre. Dan weiss genau, wo die Alligatoren sich sonnen und führt das Boot vom einen zum anderen, als hätte er sie unter Vertrag. Es ist still auf dem *Bayou*. Das Boot verursacht kaum ein Geräusch, nicht mehr als ein leises Plätschern unterm Boden. Vogelrufe. Dan manövriert durch den Zypressenwald, zwischen mächtigen Stämmen und den von unten aus dem Wasser wachsenden kegelförmigen Wurzeln. In langen Bärten hängt das Spanische Moos von den Bäumen. Sumpfgras wächst in manchen Buchten des *Bayou* wie in Floridas Everglades. «Wenn jetzt Sommer wäre», meint Dan, «würden uns die Mücken fressen.» Fünfunddreissig Grad Celsius ist normale Sommertemperatur in Südlouisiana, die Luftfeuchtigkeit in den Sümpfen liegt nahe bei hundert Prozent. Frühjahr und Herbst sind die besten Jahreszeiten, um hier zu reisen.

Zam heisst gar nicht Zam. Seine Frau heisst Zam. Er heisst Jean-Luc oder Jean-Pierre oder so ähnlich, sein Name sei für Amerikaner unaussprechbar, meint er, darum nenne er sich Zam. Zam ist ein *Cajun*. Er steht am Ende des Ladentisches in seinem Souvenirladen und erzählt von Lügengeschichten, die über die Sümpfe und ihre Bewohner, die *Cajuns,* verbreitet würden. Von fünfzehn Fuss langen Alligatoren, die den Touristen an die Kehle, von Räubern, die ihnen an die Brieftasche gingen. Zam ereifert sich: «Alles erstunken und erlogen! Nichts als Vorurteile und falsche Romantik, weil wir katholisch sind und französisch sprechen. Amerika weiss nichts von uns *Cajuns*.»

Wahlen in Louisiana. Arbeitslosigkeit und Armut plagen viele Regionen des tiefen Südens. Rechtsextremisten, Rassisten, Ku-Klux-Klan-Anhänger erzielen hier gute Wahlresultate. Die Namen auf den Wahlplakaten – Doré, Jumonville – weisen auf das französische Element in Louisianas Kultur hin. Eine halbe Million Menschen spricht hier französisch, und die Mehrheit der Louisianer ist katholisch.

Von Nova Scotia an den Golf von Mexiko

Coonasses, Niggerärsche, schimpfte man die *Cajuns* in rüder Verachtung bis zu den achtziger Jahren, als ihre Kultur aus nicht ganz erfindlichen Gründen plötzlich chic wurde. Sie galten als faul und dumm, man hielt sie für unzuverlässig und unberechenbar, weil sie nicht englisch, sondern ein unverständliches Französisch sprachen und weil sie katholisch waren – in manchen Gegenden des Südens noch heute ein fast ebenso gravierender Makel wie eine nicht rein weisse Haut.

1604 siedelten sich französische Auswanderer aus der Ile de France und aus der Bretagne in der Bay of Fundy im kanadischen Nova Scotia an. Akadien nannten sie ihre neue Heimat, doch sie hatten den Platz schlecht gewählt: An der Grenze zwischen französischem und englischem Einflussgebiet wurde ihre Kolonie zum Zankapfel der rivalisierenden Kolonialmächte. Mehrmals wechselte Akadien Herrschaft und Krone und wurde im Frieden von Utrecht, der 1713 den Spanischen Erbfolgekrieg beendete, endgültig England zugesprochen. Damit waren die Auseinandersetzungen um die Atlantikprovinzen aber noch lange nicht beendet. Die Franzosen setzten sich im Osten Nova Scotias fest und versuchten von ihrer Seefestung Louisbourg aus, die Halbinsel zurückzugewinnen. Zu militärischen Aktionen gehörte auch der psychologische Krieg: Durch Appelle an den französischen Patriotismus sollten die Akadier als Fünfte Kolonne gewonnen werden, die in einem künftigen Krieg die englische Besatzung von innen her angreifen konnte – was auch gelang. Ab 1750 häuften sich Angriffe auf englische Niederlassungen und Reisende in der Kolonie. Der englische Gouverneur sah sich zu Gegenmassnahmen gezwungen.

Bis dahin hatte England gelegentlich versucht, den Akadiern eine Loyalitätserklärung gegenüber dem englischen König abzuverlangen, hatte auf den Eid jedoch stets verzichtet, um den Widerstand der Kolonisten, die keinen Waffendienst gegen Frankreich leisten wollten, nicht zu verstärken. Mit dem Krieg, der 1755 wieder ausbrach, änderte sich Englands tolerante Haltung jedoch schlagartig. Der Gouverneur verlangte kategorisch den Loyalitätseid und reagierte auf dessen Verweigerung mit brutalen Zwangsmassnahmen. Die Höfe der Akadier wurden niedergebrannt, die Männer von den Frauen und Kindern getrennt, auf Schiffe verfrachtet und auf die übrigen Kolonien verteilt. Die neuenglischen Niederlassungen behandelten die Akadier als Kriegsfeinde, pferchten sie in Gefangenenlager oder weigerten sich gar, die zugeteilten Kontingente aufzunehmen. Virginia zum Beispiel verfrachtete 1500 Akadier als Kriegsgefangene über den Atlantik nach England. Frauen und Kinder sollten den deportierten Männern nachgeschickt werden, doch es blieb meist bei der Absicht; es fehlte in den Wirren des Krieges am Schiffsraum, aber auch an den planerischen Fähigkeiten und am Willen, die auseinandergerissenen Familien wieder zusammenzuführen. 10 000 Akadier – Männer, Frauen, Kinder – wurden bis zum Kriegsende 1763 deportiert oder vertrieben.

Während Jahren wurden die Akadier als Heimatlose und Rechtlose an der Atlantikküste umhergeschoben. In der englischsprechenden Umgebung schliff sich ihr Name von *Acadien* zu *Cadien* und schliesslich *Cajun* ab. Gruppen der Vertriebenen gelangten nach Westindien, in die Karibik, nach Französisch Guayana, auf die Falkland-Inseln und nach Louisiana. Louisiana war seit 1762 in spanischem Besitz. Als der

Oben: Die Great River Road führt zwischen Baton Rouge und New Orleans durch ärmliche Siedlungen wie Blackmine. Zur Entwicklung des verarmten, von Arbeitslosigkeit und Analphabetismus geplagten unteren Mississippitals wurde in den achtziger Jahren die «Lower Mississippi Delta Commission» eingesetzt, ein Gremium, dem Vertreter der Staaten Tennessee, Arkansas, Louisiana und Mississippi angehören.

Untere Reihe, links: Das samstägliche Tanzvergnügen gehört zur Kultur der Cajuns wie der Feierabendjass zur ländlichen Schweiz. Einige der Tanzlokale im französischsprachigen Louisiana haben es in den letzten Jahren zu Berühmtheit gebracht, so etwa das Mulate's in Breaux Bridge bei Lafayette.

Untere Reihe, rechts: Senator Dudley J. Leblanc geniesst unter den Cajuns Louisianas einen legendären Ruf. Er setzte sich im Senat nicht nur für ihre Sache ein, sondern schrieb auch zwei Bücher über die Geschichte der Cajuns. Darüber hinaus erfand er das Vitaminelixier Hadacol, das Linderung bei allen Krankheiten brachte – kein Wunder: Es enthielt zwölf Prozent Alkohol! Dudleys Haus ist im Acadian Village in Lafayette, Louisiana, zu besichtigen.

Untere Reihe, Mitte: Die Küche der Cajuns ist weit über die Region hinaus berühmt. Fisch-, Reis- und Geflügelgerichte und das Nationalgericht Jambalaya, ein kräftiger Eintopf, ziehen hamburgermüde Amerikaner und Amerikareisende in die Cajun-Restaurants. Beliebt ist auch die Fischsuppe der Cajuns. Im Gegensatz zur französischen «soupe de poisson» oder zu den «chowders» der kanadischen Antlantikstaaten ist sie dunkelbraun oder schwarz: Die Cajunköche verwenden geröstetes Mehl, um dem Gericht ein kräftiges Aroma zu geben.

Folgende Doppelseite: Spanish Moss, Spanisches Moos, das in langen graugrünen Bärten von den Eichen hängt, ist ein Wahrzeichen des tiefen Südens. Von Virginia bis Texas wurde es von den Indianern zu Stoffen verwoben. Die Kolonisten verwendeten es als Weihnachtsdekoration und als Verpackungsmaterial. Spanisches Moos ist kein Parasit. Es nimmt die Nahrungsstoffe aus der Luft und benützt die Wirtsbäume lediglich als tragende Unterlage.

Rechts: Der Okeefenokee Swamp Park, an der Grenze von Georgia und Florida in einem der grössten Sümpfe der Vereinigten Staaten gelegen, umfasst 650 Hektaren unberührter Naturlandschaft. Wie alle Nationalparks in den Vereinigten Staaten ist der Okeefenokee hervorragend organisiert. Führungen, Bootsfahrten, Ausstellungen, Filme bieten eine Fülle von Information – was manche Touristen aber nicht hindert, auch kapitale Alligatoren zu übersehen.

Linke Seite, unten: Das Nutria *(Myocastor coypus)*, ein bibergrosses Nagetier, gehört nicht zur heimischen Fauna der Südstaaten. Es wurde als Pelztier aus Südamerika eingeführt. Einzelne Exemplare entwichen aus Pelzfarmen oder wurden in den Sümpfen des Südens ausgesetzt. In diesem Biotop vermehrte es sich rasend schnell. Die Cajunjäger Louisianas stellen ihm wegen seines Fells nach. Das Nutria gehört auch zu den Beutetieren der Alligatoren.

Rechte Seite, oben: Vielfältig ist die Vogelwelt in den Sümpfen und Wäldern des Südens. Der Cayennereiher *(Nycticorax violaceus)* aus dem Okeefenokee Swamp Park gehört zur Gruppe der Nachtreiher.

Rechte Seite, unten: Seerosen und Wasserlinsen bedecken weite Flächen der Bayous und der Swamps im Mississippitiefland und in den Niederungen der Atlantikküste.

Wasser und Land gehen im unteren Mississippidelta in mannigfaltiger Weise ineinander über und sind gleichermassen Siedlungs-, Wirtschafts- und Verkehrsfläche. Bevor in den Sümpfen Südlouisianas Strassen gebaut wurden, waren die Bayous in weiten Landstrichen die einzigen Verkehrswege. Diesen Wasserstrassen entlang entstanden die Siedlungen und Dörfer der Cajuns. Selbst heute gibt es noch Orte, die nur auf dem Wasserweg erreichbar sind.

spanische König katholische Siedler suchte, um die Kolonie der katholischen Majestät gegen die der protestantischen englischen zu stärken, trat ihm Frankreichs Krone gern die Akadier ab, die verarmt in französischen Hafenstädten gestrandet waren und dort von königlichen Almosen lebten. 1785 reisten 1600 Menschen in sieben Schiffen nach langem Exil über den Atlantik zurück – nach Louisiana.

Die ersten *Cajuns* waren schon 1765 an den Golf von Mexiko gekommen. Sie fanden hier kein leeres Land vor. 1699 hatten die Franzosen die Kolonie Louisiana, 1718 die Stadt New Orleans gegründet. Kreolen nannten sich die in der Neuen Welt geborenen Louisianer und grenzten sich damit stolz von neuen Einwanderern ab. Am unteren Mississippi und am Red River bauten sie Zuckerrohrplantagen auf. 1762 öffnete Spanien Louisiana auch für englischsprechende Siedler, die sich als Farmer im nördlichen und östlichen Hügelland niederliessen. Die *Cajuns* zogen in die Prärien und an die *Bayous* und bauten in der Isolation der häufig nur auf dem Wasserweg zugänglichen Küstenebene ihre Höfe und Dörfer auf. Innerhalb nur einer Generation festigte sich ihre alt-neue Kultur und wurde in der Region so dominant, dass sie ansässige Kreolen und Spanier assimilierte. Viele *Cajuns* zogen mit ihren Familien in die Sümpfe und lebten vom Fischfang, vom Fallenstellen und von der Jagd. Im 19. Jahrhundert wanderten Italiener, Spanier, Iren und Deutsche in das Delta westlich des Mississippi ein. Aus dem Völkergemisch, zu dem sich nach dem Bürgerkrieg befreite Sklaven mit ihrem afrikanischen Kulturerbe gesellten, entstand *Cajun*, ein Begriff, der für mehr steht als nur für eine Sprache: für ein Volk und eine in den Vereinigten Staaten einmalige Kultur.

Samstag, der Sonnag der Cajuns

Samstag nachmittag im Acadien-Village bei Lafayette, dem Zentrum des *Cajun-Country*. Nur wenige Touristen wandern durch das Freilichtmuseum, das ein *Cajun*-Dorf aus dem letzten Jahrhundert darstellt. Da ist das Haus des Zahnarztes von Lafayette aus dem Jahr 1840, die Werkstatt eines Schmieds aus der westlichen Prärie, der *General Store* aus dem Jahr 1900, in dem es alles zu kaufen gab, was man in der ländlichen Abgeschiedenheit zum Leben brauchte, die Maison Le Blanc, das Geburtshaus eines berühmten Senators, der die Sache der *Cajuns* förderte und es mit einem Vitamin-Elixier, «Hadacol», zu Wohlstand brachte. Niemand beaufsichtigt die Exponate, die Instrumente, Werkzeuge, die Puppen, Tassen, Teller und all die andern tausend Kleinigkeiten eines vergangenen Alltags, die offen ausgestellt sind. Auf einer Veranda versammelt sich eine Familie und packt das Picknick aus. Ein, zwei Dutzend Männer, Frauen, Kinder rösten Fisch und Langusten auf dem Grill, reichen Salatschüsseln herum, Flaschen kreisen. Einer der Männer setzt sich mit einer Harmonika auf einen Tisch, ein zweiter stellt sich mit einer Geige daneben, und sie legen los – Walzer, Polkas, Two-steps, der hier *Swamp Stomp* heisst. Die Männer wischen die Finger an den Hosen ab und fordern die Frauen zum Tanzen auf: «*Voulez-vous danser, ma chère?*» Und schon ist das samstägliche Fest im Gang, das der Kultur der *Cajuns* zu spätem Ansehen verholfen hat. Was Amerika an den *Cajuns* interessiert, ist ihre Musik und ihre Küche – und die südliche Lebenslust, die für Yankees *und* Südstaatler, beide Abkömmlinge strenger Protestanten, etwas Anrüchig-Exotisches hat. Lebenslust – sie verklärt sich geheimnisvoll und für angelsächsische

101

Zungen unaussprechbar in «joie de vivre», der Etikette, die man der Lebensphilosophie der *Cajuns* verliehen hat.

In der Musik der *Cajuns* mischen sich indianische, schottisch-irische, spanische, deutsche, angloamerikanische und afrokaribische Elemente mit der traditionellen Volksmusik Westfrankreichs. Von den Indianern lernten die *Cajuns* den klagenden Singstil und neue Tanzrhythmen, von den Schwarzen den *Blues*, Schlagzeugtechniken und die Kunst des improvisierenden Singens, von den Angloamerikanern Fiedelmelodien, um die *Square Dances* zu begleiten, den Gruppentanz, an dem die ganze Gemeinde teilnahm. Die Spanier brachten die Gitarre ins Delta, Flüchtlinge von Santo Domingo und deren Sklaven den synkopierten karibischen Rhythmus. Das Hauptinstrument der *Cajun*-Musik, die Handharmonika, die erst 1828 in Wien entwickelt wurde, kam mit deutsch-jüdischen Emigranten an den Mississippi. Sie erweckte zuerst das Interesse schwarzer Kreolen, die das Instrument im Lauf ihrer Eingliederung in die nun gemeinsame Musik einbrachten. Lange waren die *Cajuns* von deutschen und angloamerikanischen Harmonikafabrikanten abhängig. Heute stellt der Instrumentenbauer Marc Savoy in Eunice das *Cajun*-Akkordeon her – nach Meinung der *Cajuns* baut er natürlich die besten Harmonikas der Welt.

Samstag ist der wahre Sonntag der *Cajuns*. Dann versammeln sie ihre grossen Familien zum *Barbecue*. In Marc Savoy's Laden, dem Savoy Music Centre, läuft die allwöchentliche *Jam-Session* ab. In Fred's Lounge in Mamou geht schon am Vormittag die Tanzerei los, die vom lokalen Radiosender *live* übertragen wird. Das «Mulate's» ein grosser, inzwischen in Mode gekommener Tanzschuppen in Breaux Bridge, füllt sich im Lauf des Tages mit *Cajuns* aller Altersgruppen. Getanzt wird bei den *Cajuns* nicht in Generationen-Ghettos. Teenager, junge Eltern und *Oldies* stampfen beim allwöchentlichen *«fais-do-do»* gemeinsam über die Dielen – inzwischen verstärkt durch eine zunehmende Anzahl Touristen, die allerdings nicht nur des Tanzens wegen gekommen sind.

Austern und Langusten mit *«sauce piquante»*, Fisch- und Reisgerichte, gefüllte Krabben, der Gemüse-, Fisch- und Huhn-Eintopf *Gumbo*, *Jambalaya*, eine Art *Paella*, *Crevetten*, geröstetes Alligatorenfleisch, Spanferkel und Knoblauchbrot – die *Cajuns* essen viel, essen abwechslungsreich und scharf gewürzt. Tabasco, Basis der *«sauce piquante»*, stammt von Avery Island bei New Iberia, südlich von Lafayette. Seit der *Cajun*-Renaissance zu Beginn der achtziger Jahre wurden im Cajun-Country Dutzende von erstklassigen Esslokalen eröffnet, für Wohlbetuchte zum Beispiel «Lafitte's Landing» bei Donaldsonville, für Bescheidenere «Miss Brandi's» in Houma. Für hamburgermüde Amerikaner und Europäer ist das *Cajun-Country* ein kulinarisches Paradies.

Ölboom und kulturelle Anerkennung

Um die Jahrhundertwende brach der erste Ölboom in die Abgeschiedenheit der *Cajun*-Prärie, der Bayous und der Sümpfe ein. Der Staat baute Strassen, die Erdölindustrie baggerte Zufahrtskanäle zu den Ölbohrtürmen. Mit der Erschliessung der Sümpfe wurde der immense Holzreichtum ihrer Wälder wirtschaftlich interessant. Im Atchafalaya Basin, der südlichsten Region des Mississippi-Deltas, fällten die

Lumber-Companies Tausende und Abertausende von Zypressen, deren Stümpfe noch heute Zeugnis von dem Baummassaker und von der Mächtigkeit der gefällten Baumriesen ablegen. Das rückständige *Cajun-Country* erlebte einen heftigen Entwicklungsschub. Unter anderem wurde das Schulwesen verbessert, der Schulbesuch für obligatorisch erklärt. Die Alphabetisierungsprogramme des Staates – die Mehrzahl der *Cajuns* waren zu Beginn des Ersten Weltkrieges Analphabeten – gerieten jedoch zu einem wahren Feldzug gegen die eigenständige Kultur der *Cajuns*, die bis in die dreissiger Jahre als die nach den Indianern letzte nicht assimilierte Minderheit der Vereinigten Staaten galten. *Cajun*-Französisch wurde an den Schulen unter Androhung von Körperstrafen verboten. Wer beim Gebrauch seiner Muttersprache im Pausenhof erwischt wurde, schrieb hundert- oder tausendmal: *«I will not speak French on the schoolgrounds»* («Ich werde auf dem Schulhof kein Französisch sprechen»). Für eine oder zwei Generationen der *Cajuns* wurde die Muttersprache auf diese Weise zum Symbol der eigenen Minderwertigkeit, *Coonass* zum Schimpfwort, das sie in bitterer Ironie auf sich selbst anwandten.

Die Wende kam auch im *Cajun-Country* mit dem Zweiten Weltkrieg. Tausende von jungen *Cajuns* wurden zum Kriegsdienst eingezogen und erlebten nach der Invasion in der Normandie, dass ihnen ihre Zweisprachigkeit Vorteile gegenüber den anderen GI's verschaffte. Sie konnten sich nicht nur mit der französischen Bevölkerung verständigen, sondern waren in Stäben und Kommandostellen als Dolmetscher und Übersetzer gefragt. Nach ihrer Rückkehr nach Louisiana wandten sich die Ex-Soldaten mit Neugierde und Stolz ihrer eigenen Kultur zu und leiteten eine eigentliche *Cajun*-Renaissance ein – zuerst, indem sie in den *Dancing Halls* ihre von *Country Music* und *Western Swing* schon fast verdrängte Volksmusik wieder spielten. Mit der Gründung des Council for the Development of French in Louisiana CODOFI brachte das neue Selbstbewusstsein der *Cajuns* den Französischunterricht an ihre Schulen zurück. 1974 wurde das Französischverbot in der Staatsverfassung Louisianas offiziell aufgehoben. Die *Cajuns* erhielten das verbriefte Recht, ihre «historischen, kulturellen und sprachlichen Wurzeln zu bewahren und zu pflegen». Doch damit waren die Identitätsprobleme der *Cajuns* noch nicht gelöst. Bald stellte es sich nämlich heraus, dass das Französisch, das die Kinder in den Schulen lernten, eine Sprache war, die ihre Grosseltern nicht verstanden. Die aus Europa und Kanada stammenden Lehrerinnen und Lehrer unterrichteten modernes Standardfranzösisch – Cajun, das Sprachengemisch, gründete jedoch auf dem Französisch des 17. Jahrhunderts. 1977 erschien die erste *Cajun*-Grammatik mit einem ausführlichen Glossar. Ab Ende der siebziger Jahre unterrichteten einheimische Lehrerinnen und Lehrer mit besonderen Lehrmitteln *Cajun*-Französisch neben dem Standardfranzösisch. Heute versuchen die Schulen Louisianas, das im Schwinden begriffene *Cajun*-Französisch mit Lesebüchern zu retten, in denen – wie ein Linguist der Duke University in Durham es ausdrückt – die «irrationale Orthographie des Standardfranzösisch» durch eine auf dem Englischen basiernde Schreibweise ersetzt ist.

Der Zweite Weltkrieg riss Süd-Louisiana auch aus der Depression der Weltwirtschaftskrise. Die Erdölindustrie kam wieder in Schwung, die chemische Industrie fasste Fuss in der Region.

Doch der Aufschwung zog Umweltprobleme nach sich. Durch die Zufahrtskanäle zu den Erdölbohrinseln im Marschland des Deltas drang Salzwasser ins Landesinnere vor, zerstörte die Vegetation, die Fauna und gefährdete das Grundwasser. Gewässer- und Luftverschmutzung bedrohten und bedrohen die Wildnis im Atchafalaya Becken. Eingriffe in das Abflusssystem des Mississippi, des Red River und des Atchafalaya River zum Schutz Süd-Louisianas vor Hochwasser führten zur Versandung und Verschlickung der *Bayous*, Sümpfe und Seen. An der Küste gehen durch Erosion jährlich Tausende von Hektaren Marschland verloren. Zwanzig Milliarden Dollar würde es nach Schätzungen der Regierung kosten, das ökologische Gleichgewicht der *Wetlands* wieder herzustellen und das Küstengebiet zu retten, das für die Fischerei der Nation eine besondere Rolle spielt: Fisch, Austern, Crevetten, Langusten, Krebse – von Louisianas Golfküste stammen vierzig Prozent der amerikanischen Fischereiproduktion.

«Lâche pas la patate!»

Rauhbeine, Hinterwäldler, Abenteurer sind sie längst nicht mehr, die *Cajuns* in Süd-Louisiana. Die «Amerikanisierung» hat hier genauso stattgefunden wie im übrigen Süden. Reis, Sojabohnen, Baumwolle pflanzen sie an, sie züchten Vieh. Und zum englischsprechenden Amerika haben sie ein völlig entspanntes Verhältnis. Einige tausend Fischer leben mit ihren Familien noch von den Sümpfen – allerdings nicht mehr das traditionelle Leben in Hausbooten, nicht mehr in weitverstreuten Häusern auf Zypressenholzpfosten, die «ewig» hiessen, weil sie nicht verrotteten, sondern in Dörfern wie das übrige Amerika. Im Hafen von Morgan City, dem Zentrum der Erdölindustrie, kommt ein junger Fischer mit dem Motorboot herein. Acht Säcke Langusten hat er aus 116 Fallen herausgeholt. «Sechzehn Säcke wären gut», sagt er, «die Verhältnisse werden immer schlechter.» Seit der Verbauung des Mississippi und des Red River fliesst nicht mehr genügend Wasser ins Atchafalaya-Becken, um die verschlickenden *Bayous*, die flachen Sümpfe und Seen freizuspülen und für die Motorboote der Fischer befahrbar zu machen. «Im Hochwasserjahr 1973 bewegte sich eine grosse Wassermasse über das Becken und deckte alles zu», berichtet der *Cajun*-Fotograf Greg Guirard. «Auch 1983 war der Wasserspiegel ungewöhnlich hoch, die Sümpfe wurden ausgespült, gutes Wasser war überall. Fisch und Langusten wurden im Überfluss gefangen. Doch 1987 war ein schlechtes Jahr, und 1988 brachte das tiefste Frühjahrswasserniveau, das im Becken je gemessen wurde. Fischerfamilien mussten auf das zurückgreifen, was sie gespart hatten, um zu überleben. Da war kein Geld zu machen, und die Leute litten». Sie leben nicht nur von Langusten und Welsen. Die Alligatorenjagd ist zwar reglementiert, doch für die Fischer von Atchafalaya stellt sie immer noch eine Einkommensquelle dar. Sie fangen Schildkröten und Frösche, sie jagen Hirsch, Opossum, Waschbär und Eichhörnchen, Tauben und Enten. In schlechten Fangjahren oder im Herbst und Winter, wenn die Erträge niedrig sind im Becken, nehmen sie Arbeit in den Langusten- und Alligatorfarmen der Region an, die fürs Massengeschäft und für die Mode produzieren.

Nicht nur die paradoxen Auswirkungen des Hochwasserschutzes treffen die Lebensgrundlagen der *Cajuns*, sondern auch Rezessionen, Wirtschaftszusammenbrüche. Als in den frühen achtziger Jahren die Erdölindustrie von Texas und

Louisiana wegen sinkender Preise ihre Talfahrt antrat, wurden Tausende arbeitslos. Während des Booms war es ein leichtes gewesen, auch ohne Ausbildung gut bezahlte Jobs zu finden. Jetzt blieb vielen Familien nichts, als ihre Habe zu packen und anderswo in den Vereinigten Staaten ihr Auskommen zu finden. «1989», berichtet Guirard, «war für die Fischer wieder ein gutes Jahr. Wieder einmal konnte eine Familie daran glauben, dass es möglich sei, den Lebensunterhalt durch Fischen im Becken zu verdienen. Aber niemand weiss, was 1990 oder 1991 bringt.» Süd-Louisiana steckt noch immer in einer Wirtschaftskrise. Immer noch fahren Familien mit ihrer ganzen Habe in Wohnwagen auf der Interstate 10 nach Osten oder nach Westen – auf endlosen Viadukten quer über die Seen und Zypressensümpfe, die ihr Leben prägten. Aber sie kommen auch wieder zurück, finden sich – wenn die Verhältnisse besser sind – wieder ein in ihren *Parishes,* den Kirchsprengeln, wie die *Counties* hier heissen, treu ihrer eigenen Devise: *«Lâche pas la patate!»,* bleib am Ball, lass dich nicht unterkriegen!

Jazz, Blues und Hillybilly

New Orleans

Man überschreitet von Mississippi her die Grenze zu Louisiana und spürt es sofort – Louisiana ist anders als der übrige Süden. Die Vegetation ist üppiger, das Spanische Moos an den Eichen länger, endlos dehnen sich die flache Prärie, die Sümpfe, in den Strassengräben liegt mehr Unrat als im nördlichen Nachbarstaat, und die *Counties* heissen nicht mehr *Counties*, sondern *Parishes,* Kirchsprengel. Die Kirchen tragen in Louisiana Namen wie St. Anthony of Padua oder St. Michael mit «Lourdes Grotto», wie eine grosse Tafel verheisst. Im Giebeldreieck der weiss getünchten Holzkirchen stehen blaugewandete Madonnenfiguren. Am French Market in New Orleans, zwischen Vieux Carré und Mississippiufer, taucht man im «Café du Monde» in pariserisches Ambiente, schlürft französischen *Café au lait* und beisst in *Beignets,* das New Orleanssche Gegenstück zum *Croissant.* Im Garden District, dem vornehmen Villenviertel New Orleans', das man mit der St. Charles Avenue Strassenbahn erreicht, steht das berühmteste französische Restaurant der Stadt, das «Versailles».

Durch die Strassen des Vieux Carré zieht eine *Brass Band* und spielt einen Kreolenmarsch, langbeinige Schöne tänzeln hinterher – der ortsübliche Werbegag für ein neu eröffnetes Restaurant, einen Nachtklub, ein Strip-Lokal oder eine Boutique. In den Touristenlokalen des Vieux Carré spielen weisse und schwarze Bands hochglanzpolierten Dixieland und New Orleans Jazz. Im Frühjahr trifft sich alles, was in Jazz, Rythm and Blues und Country and Western-Music Rang und Namen hat, beim New Orleans Jazz & Heritage Festival. Vollends aus ihren Nähten platzt die Stadt am Mardi Gras, dem Karneval mittelmeerisch-karibischen Ursprungs, der auch in Mobile und Biloxi und – als ländlicher Mummenschanz – in den Prärien der *Cajuns* gefeiert wird. Am Dreikönigstag beginnt die Karnevalsaison und erreicht mit den Paraden am Mardi Gras ihren Höhepunkt. Sechzig Karnevalsgesellschaften, die *Krewes,* paradieren zu Jazz und heissen karibischen Rhythmen durch New Orleans' Strassen. Sie repräsentieren alle gesellschaftlichen Gruppierungen und Schichten der Stadt, von den weissen Vorstadtmittelständlern über die *Quarter-Snobs,* die exklusiven Bewohner des French-Quarter, bis zur schwarzen Bevölkerung und der alten französischsprachigen Nobelschicht, den Kreolen. Nach der Parade steigen Bälle, öffentliche und die geschlossenen der Kreolenaristokratie, die an diesem Tag ihre Debütantinnen einführt. In der Zeit des Mardi Gras sind die Hotels der Stadt ausgebucht, das Vieux Carré steht kopf, wie damals, als im nahegelegenen Superdome Muhammed Ali seinen Gegner Ali Spinks in der neunten oder zehnten Runde k.o. schlug. Zehntausende ertränkten ihre Freude oder ihren Frust nach dem Kampf in den Bars des Vieux Carré. Am Morgen nach solchen rauschenden Festen sammelt die Müllabfuhr tonnenweise Bierdosen in den ausgestorbenen Strassen ein. In der feuchten Tropenluft riecht es ein paar Tage lang säuerlich nach Vergorenem.

Die Legende des Jazz

Der Jazz sei in New Orleans geboren, behauptete Ferdinand «Jelly Roll» Morton, der legendäre Jazzpianist, 1938 in seiner Autobiographie und fügte damit den zahlreichen Mythen um den Süden einen neuen bei. Jazz ist in seinem Ursprung eine Vermischung von schwarzer und weisser Volksmusik und entstand im letzten

Jahrzehnt des 19. Jahrhunderts gleichzeitig in Städten wie Washington, Baltimore, Kansas City, New York, St. Louis und New Orleans. In der Hauptstadt Louisianas entwickelte sich die neue Musik allerdings in besonderer Weise. Im kosmopolitischen New Orleans mit seiner französisch-spanischen Vergangenheit mischten sich die verschiedensten Musikstile. Französische Marschmusik, Oper und Operette der French Opera im Vieux Carré, europäische Tanzmusik, Schlager aus der Tin Pan Alley in New York, karibische Volksmusik, der *Blues* der Schwarzen, französische Volkslieder der *Cajuns* verschmolzen mit der pfeffrigen, synkopierten Klaviermusik des Mississippitals, dem *Ragtime,* den Komponisten wie Scott Joplin um die Jahrhundertwende zu grosser Popularität gebracht hatten, und formten zwischen 1890 und 1910 einen unverwechselbaren lokalen Stil. Von 1915 an nannte man ihn Jazz.

Storyville

New Orleans, 1718 von Jean Baptiste Le Moyne, Sieur de Bienville, gegründet, mochte sich in seiner Anfangszeit nicht recht entwickeln. Die frühen Kolonisten kämpften in der Abgeschiedenheit des Mississippideltas gegen ständige Überflutungen, gegen Mückenplage und Tropenkrankheiten und waren dem französischen König eher eine Last als ein Gewinn. Um dem schleppenden Wachstum Louisianas nachzuhelfen, liess Ludwig XIV., der Sonnenkönig, Freudenmädchen aus den Pariser Besserungsanstalten an den Mississippi deportieren – Frauen für die Kolonisten. Diese zynische Siedlungspolitik löste New Orleans' Wachstumsprobleme zwar nicht, sie brachte aber – offiziell und staatlich sanktioniert – die Prostitution nach Louisiana. Die Spanier, die die marode Kolonie 1762 übernahmen, öffneten Louisiana für englische und amerikanische Siedler und leiteten damit den Aufschwung New Orleans' ein. Bordelle, Sex-Shows in allen, auch den bizarrsten Varianten gehörten fortan zum Vergnügungsangebot der Hafenstadt, ja sie wurden geradezu ihr Markenzeichen. Der schlechte Ruf der Stadt, Kriminalität, Verelendung und Alkoholismus wurden zum dauernden Ärgernis für die braven Bürger New Orleans'. 1897 brachte der Stadtrat Sidney Story endlich eine Vorlage durch, nach der die Prostitution nur in einem begrenzten Gebiet der Innenstadt offiziell erlaubt sein sollte. Der Bezirk wurde vom Volksmund spöttisch auf den Namen seines Gründers – Storyville – getauft, was den ehrbaren Stadtrat zeitlebens bitter kränkte.

In den Bordellen Storyvilles sei der Jazz entstanden, will es die Legende, die Schliessung des Bordellviertels 1917 habe die Jazzmusiker New Orleans' arbeitslos gemacht. Doch die Legende erzählt nur die halbe Wahrheit. In den über zweihundert Bordellen von Storyville wurde zur Unterhaltung der Gäste zwar Klaviermusik gespielt – gefragt waren aber eher Chopin, Mendelssohn, Opernarrangements als Ragtime. Die wenigsten Freudenhauspianisten wären überhaupt imstande gewesen, Ragtime zu spielen. Auch Jazzbands spielten in Storyville auf, der Posaunist Kid Ory, die Trompeter King Oliver, Freddie Keppard und Buddy Bolden. Louis Armstrong drückte sich als Halbwüchsiger durch die verruchten Etablissements. Für New Orleans' Musiker gab es jedoch auch ausserhalb Storyvilles nie flaue Zeiten. In Dutzenden von Nachtlokalen, Varietés, privaten Clubs, an Parties, Bällen, Begräbnissen und Hochzeiten spielten sie ihre Märsche, Mazurkas, Polkas, Walzer und –

wenn die Kundschaft es wünschte – die neue, synkopierte Musik, den Jazz.

Als Storyville 1917 auf Erlass des Marineministeriums, das um die Moral seiner Matrosen besorgt war, geschlossen wurde, brach die grosse Zeit des Jazz erst richtig an. Tourneen der weissen «Original Dixieland Jazz Band» durch Chicago, New York, London und die ersten Phonographaufnahmen machten Amerika jazzverrückt. Die «New Orleans Rhythm Kings» und Dutzende von anderen Bands trugen den Dixieland in die *Speakeasies,* die verbotenen Alkoholschenken der Prohibitionszeit. Jelly Roll Morton, King Oliver, Louis Armstrong brachten den New Orleans Jazz nach Chicago, Sidney Bechet, Klarinettist und Sopransaxophonist, steckte Europa mit dem Jazzbazillus an. Der Jazz löste sich vom Süden. Was eine aufregend exotische, aber letztlich kuriose musikalische Erfindung der Dixies gewesen war, verbreitetete sich in den zwanziger Jahren über die gesamten Vereinigten Staaten und mit den verrückten Modetänzen – Charleston, Tango, Lindy Hop, Suzie-Q – in Europa und wurde zu einem Stück unverwechselbarer amerikanisch-europäischer Kultur.

Preservation Hall

New Orleans Jazz und Dixieland, dessen «weisse» Variante, wird im Vieux Carré in Dutzenden von Musiklokalen gespielt – für Touristen. Die Getränke sind teuer, die Stühle rar, die Musik, makellos und technisch perfekt, ist oft bloss langweilige Routine. Auf den Trottoirs der Bourbon Street steppen immer noch die kleinen schwarzen Jungen; Schuhputzer tragen den Touristen Wetten an, die unmöglich zu gewinnen sind; die Schlepper vor den Strip-Lokalen reissen immer noch für einen Augenblick oder zwei die Türe auf und lassen die interessierte Kundschaft einen Blick auf die Bühne tun. Trotzdem ist im Vieux Carré nichts mehr beim alten. Wie die *Skyline* über der Neustadt futuristischer geworden ist, wurde das Vieux Carré hektischer, der Nepp rücksichtsloser. Vorbei die Zeiten, als man beim Eingang der «Preservation Hall» einen Dollar ins Körbchen legte und sich vor der Band der Veteranen auf den Fussboden setzte. Der Flügelhornbläser verteilte Kaugummi und Luftballons, und auf ging's. Die *Oldies,* die in der «Preservation Hall» aufspielen, haben den New Orleans Jazz in der *Second Line* gelernt, als Zuhörer, Mitmarschierer und – ungeladene – Mitspieler hinter Begräbniskapellen und bei Parademärschen. Sie haben Satchmo, Jelly Roll Morton und all die anderen Grossen noch *live* im Ohr. Sie spielen nicht mit der Rasanz und dem Glanz der *Showbands* in den Lokalen. Dafür mit um so mehr *Swing.* Aber Sweet Emma, die steinalte, lahme Pianistin, die nur mit einer Hand die Akkorde und den Takt schlug, ist jetzt tot. Vor dem Eingang der «Preservation Hall» staut sich jeden Abend eine fünzig Meter lange Menschenschlange und wird durchgeschleust – musikalische Massenabfütterung. Wer guten Jazz hören will in New Orleans, wird nicht unbedingt im Vieux Carré fündig, viel eher in einem der vielen Clubs, die überall in der Stadt verstreut sind.

Beale Street, Memphis, und der Blues

«I ain't gonna raise no more cotton
I'll tell you the reason why I say so
Well you know you don't get nothing for your cotton arm
And you'll sink so doggone low.

*Man! like raising a good cotton farm
is just like a lucky man shooting dice
Wait all the summer to make your cotton
When fall come your cotton still ain't no price.*

*Now! gotta be some changes made around here people!
And I'm not lyin' – that's a natural fact.
I'm gonna drop about one of these boll weevils to start rotting
And I don't care where we stop at.»*

«Ich pflanze keine Baumwolle mehr
Ich sage dir auch den Grund, warum ich das sage.
Du kriegst eben nichts für deine Plackerei mit der Baumwolle,
und du sinkst so gottverdammt tief.

Mann! eine gute Baumwollfarm auf die Beine zu stellen
ist wie Würfel spielen für einen Mann mit Glück.
Du schuftest den ganzen Sommer, um deine Baumwolle hochzubringen,
und wenn der Herbst kommt, hat deine Baumwolle keinen Preis.

Hier müssen ein paar Veränderungen her, Leute!
Und ich lüge nicht, das ist eine simple Wahrheit.
Ich werde einen von diesen Baumwollkäfern aussetzen, damit das Zeug zu verrotten beginnt,
Und es ist mir egal, wo das endet.»

Kurz und bündig bringt der Text des Cotton Crop Blues eines der Hauptthemen des Blues auf den Punkt: Arbeit und Arbeitsbedingungen der *Sharecropper,* der kleinen Baumwollfarmer im Mississippidelta, ihre Chancenlosigkeit, ihre Wut. In der ländlichen Abgeschiedenheit des Deltas und in den Ghettos der Bergbaustädte Alabamas entstand um 1890 eine Musik, die, anders als der städtische Jazz, nicht bloss Unterhaltung und Zerstreuung war, sondern ein Mittel, den harten Alltag zu bewältigen, in den die erste freie Generation der Schwarzen sich gestellt sah. Der Blues entstand in den *Juke Joints,* den ländlichen Treffpunkten der schwarzen Landarbeiter, in Kleinstädten, in schwarzen Minenstädten ohne äussere Einflüsse, ganz aus dem Material, das den Musikern zur Verfügung stand: aus der afrikanischen Volksmusik, den *Gospels* und *Spirituals*. Der Alltag war sein Thema, das Schicksal der Landarbeiter, die auf Arbeitssuche von Plantage zu Plantage zogen oder sich als Pächter auf kümmerlichen Farmen zu Tode schufteten. Krankheit, Tod, Naturkatastrophen, Verbrechen und Strafe, Alkohol und Drogen, Hexerei, Rassendiskriminierung wurden in den Blues-Texten dargestellt – und natürlich die Beziehungen der Geschlechter, die von den harten Lebensbedingungen geprägt waren.

Musikalisch stehen am Anfang des Blues die *Hollers,* melodische Zurufe, mit denen die Sklaven in afrikanischer Tradition ihre Schwerarbeit auf dem Feld, in Steinbrüchen und Minen oder das andere Geschlecht kommentierten. Die *Hollers* waren improvisierte Sprechgesänge ohne feste Struktur. Sie drückten das Augenblicksgefühl der Sänger aus und waren melodisch geprägt durch die *Blue Notes,* in unserer diatonischen Leiter die verminderte Terz und Septime, die zur afrikanischen Tonalität gehören. Die frühesten Blues waren nichts anderes als von Gitarre, Klavier oder Harmonika begleitete Hollers. Zu Beginn des 20. Jahrhunderts setzte sich jedoch das noch heute übliche zwölftaktige Blues-Schema durch, das die Melodie in eine geregelte Folge von Akkorden einbindet. Ob im Mississippital, in Georgia oder South Carolina, der frühe Blues wurde bei Parties, bei Picknicks, gegen Trinkgeld auf Gehsteigen, in Eisenbahnstationen, auf den Veranden der Country-Stores und bei Tanzanlässen gespielt und bald von reisenden professionellen Musikern in ihre Darbietungen und Shows übernommen.

Einer davon war W. C. Handy. Als er in Clarksville, Mississippi, mit seiner Truppe Tanzmusik spielte, forderte ihn das Publikum auf, anstelle von Schlagern und Ragtime die Musik zu spielen, die seine «angeborene» sei. Handy war ratlos. Das Publikum bat ihn, eine loklae Gruppe auftreten zu lassen. Handy willigte ein, und drei abgerissene junge Schwarze begannen zu spielen, «sich ständig wiederholende Klänge, die keinen klaren Anfang hatten und überhaupt nicht enden wollten. Das Geklimper wurde furchtbar monoton, und wie es so fort und fort ging, wurde es etwas von der Sorte, was man lange mit Zuckerrohrfeldern und Dammbaulagern in Verbindung gebracht hat. Ein Regen von Silberdollar ging um die sonderbar stampfenden Füsse der Spieler nieder», erzählt Handy in seiner Autobiographie, «und die Tänzerinnen und Tänzer wurden wild». Als Handy sah, dass zu Füssen der drei Jungen Blues-Musiker mehr Geld lag, als er bei dem ganzen Engagement verdiente, nahm er, wie er selbstironisch schreibt, «die Schönheit primitiver Musik wahr.» Er begann selbst Blues zu spielen und zu komponieren und hatte damit vor weissem und schwarzem Publikum soviel Erfolg, dass er es rasch zu Engagements an Memphis' berühmter Beale Street brachte.

Die Beale Street war mit Auburn in Atlanta oder Maxwell in Chicago die berühmteste und gefeiertste «schwarze» Strasse der Vereinigten Staaten. Rein schwarz war sie nie, und sie wurde nie ein Ghetto wie die schwarzen Quartiere in den Städten des Nordens. Italiener, Griechen, Juden, weisse Amerikaner, Chinesen lebten und arbeiteten an der Beale Street, die sich vom Mississippiufer eineinhalb Meilen nach Osten zieht. Schon vor dem Bürgerkrieg lebten hier Schwarze als Freie oder als Sklaven in den Baracken hinter den Häusern ihrer weissen Herren. Nach dem Krieg strömten Tausende von *Freedmen* in die Stadt und bauten an der Beale Street mit Banken, Versicherungsgesellschaften, Zeitungen, Schulen, Nachtklubs und politischen Organisationen eine blühende schwarze Gemeinde auf. An Wochenenden pulsierte hier überschäumendes Leben, Anziehungspunkt für Musiker und Unterhaltungskünstler. Beale Street wurde für zwei, drei Jahrzehnte eines der Zentren der afroamerikanischen Musik.

W.C. Handy und seine Band arbeiteten 1909 in der Wahlkampagne E.H. Crumps mit, der Bürgermeister von Memphis werden wollte. Eines von Crumps Wahlversprechen war, das überbordende Nachtleben der Beale Street auszumisten, was seinem Wahlhelfer Handy aus naheliegenden Gründen missfiel. Handy schrieb, um Crump eins auszuwischen, den «Memphis Blues»:

«Mister Crump won't 'low no easy rider here.
I don't care what Mister Crump don't 'low.
I'm gwine bar'l-house anyhow –
Mister Crump can go an' catch hisself some air.»

«Mister Crump will keinen Leichtfuss dulden hier.
Mich kümmert's nicht, was Mister Crump nicht dulden will.

Ich gehe sowieso in die Kneipe. Mister Crump kann gehen und ein bisschen Luft schnappen.»

Der «Memphis Blues» wurde ein Hit, Handy eine Berühmtheit und Crump Bürgermeister von Memphis. Der Blues hatte den Sprung von den Baumwollfeldern an die Hauptstrasse der afroamerikanischen Musik geschafft und war respektabel geworden.

Phonographaufnahmen mit Stars wie Ma Riney, Bessie Smith, Blind Lemmon Jefferson, Charley Patton, aber auch Tanzmusikkapellen, Vokalgruppen und Jazz-Bands verbreiteten den Blues und entwickelten ihn weiter. Nach dem Zweiten Weltkrieg brachten vor allem der Einfluss des Jazz und die elektrische Gitarre dem Blues einen neuen Sound. Aaron «T-Bone» Walker, Bobby «Blue» Bland und B. B. King, ein Mississippianer, der nach Memphis gezogen war, verschmolzen in den vierziger und fünfziger Jahren als Gitarristen und Sänger den rauhen ländlichen mit dem städtischen, jazz-beeinflussten Jump-Blues und schufen damit den Stil, der bis heute am populärsten geblieben ist: Rhythm and Blues. Blues in allen Ausprägungen wird heute überall in den Vereinigten Staaten gespielt, von der Ost- bis zur Westküste. Im Delta ist in ländlichen schwarzen Gemeinden selbst der alte *Folk Blues* in seiner ursprünglichsten Form noch zu hören.

Elvis – Star und traurige Wirklichkeit

Die Beale Street brachte eine Reihe grosser Musiker hervor, Tausende holten sich hier Anregung. In den fünfziger Jahren zog die Beale Street zunehmend weisse Musiker an, unter ihnen den jungen Elvis Presley. Elvis Aaron Presley wurde am 8. Januar 1935 in Tupelo, Mississippi, geboren. Sein Vater war Farmer, im Krieg Arbeiter in einer Rüstungsfabrik. Elvis, arm, streng religiös und nach südstaatlerischen Moralvorstellungen erzogen, fiel weder durch besondere Schulleistungen noch durch musikalische Begabung auf. Als er zehn war, schenkte ihm sein Vater Vernon eine Gitarre im Wert von 7.75 Dollar, was für seine Verhältnisse viel Geld war. *Hillybilly* wird Elvis auf dieser Gitarre gespielt haben, Volksmusik aus den Bergen Tennessees, Virginias, Kentuckys, die Musik seiner kleinstädtischen Umgebung. Seine Mutter Gladys, die er abgöttisch liebte, brachte ihn in Kontakt mit dem *Gospel-Song*. Nach dem Schulabschluss arbeitete Elvis als Platzanweiser in einem Kino in Memphis und als Lastwagenfahrer und trieb sich an der Beale Street herum. Seine Karriere begann bilderbuchhaft: Als er – für vier Dollar – eine Plattenaufnahme für seine vergötterte Mutter machte, fiel er dem Produzenten Sam Phillips auf. Phillips war dabei, ein Platten-Label mit dem Namen «Sun-Records» aufzubauen und suchte Talente. Er produzierte Elvis' erste richtige Platte mit den Songs «That's Alright, Mama» und «Blue Moon of Kentucky». Tausend Stück davon gingen in Memphis weg und lösten zuerst Befremden aus: Dieser Sänger sang zu weisser Country-Music schwarzen Blues in einer durch und durch schwarzen Weise.

Crossover heisst das Zauberwort, das Presley letztlich den grossen Erfolg brachte. Elvis mischte die Stile, Rock'n'Roll, den weissen «Abkömmling» des Rhythm and Blues, und *Hillybilly,* und schöpfte kräftig aus dem *Gospel,* den er zusammen mit Freunden während seiner ganzen Karriere leidenschaftlich in der Freizeit sang. Auf diese Weise schuf er den *Rockabilly,* die Musik für jedermann, für Weisse und für

Die Old Cemeteries von New Orleans mit ihrer französischen Grabarchitektur stellen eine steingewordene Chronik der grössten Stadt des Südens dar. Generäle und Politiker liegen hier neben Musikern, Lebedamen aus Storyville und gewöhnlichen Sterblichen. Auf dem St. Louis Cemetery I ist auch die Voodoo-Königin Marie Laveau begraben. Für Touristen sind die alten Friedhöfe, die Handtaschenräubern und Taschendieben gute Deckung bieten, allerdings ein unsicherer Ort. Am besten besucht man sie in Gruppen.

Schwarze, für Rock'n'Roll- und Country-Freunde. Sein zweiter Produzent, Tom Parker, machte aus dem regionalen Talent schliesslich den Weltstar. Parkers Erfolgsrezept war ebenso einfach wie neu: Er verhökerte seinen Schützling an die Filmindustrie. Nach Elvis erster Platte bei RCA Victor, «Heartbreak Hotel», und einer Reihe von Fernsehauftritten, brachte er ihn mit dem Film «Love Me Tender» auf die Leinwand. Die Songs des Films wurden als Singles herausgegeben, später – ein weiterer Vermarktungsschritt – als Album. Ein Star war geboren und ein Multimillionär.

Als Elvis noch lebte, setzte er sich oft auf eines seiner Pferde, ritt zum Tor seines Anwesens «Graceland» bei Memphis hinunter und plauderte mit den Fans, die sich dort Tag und Nacht aufhielten. Heute stellen die «Graceland»-Pilger ihren Wagen auf der anderen Seite des Elvis Presley Boulevard ab. Das Motel «Memory Lane Inn», neben dem Betriebs- und Schaltergebäude der Elvis Enterprises Inc., preist Oster-Spezialarrangements für 39.95 Dollar, einschliesslich 24 Stunden Elvis-Filme im Zimmer, an. Man reiht sich vor dem Billettschalter in die Schlange. 7.50 Dollar kostet die Besichtigung «Gracelands». Wer auch Elvis' Autosammlung oder sein Flugzeug «Lisa Marie» besichtigen will, zahlt Zuschlag. Ein Treuhandunternehmen aus Kansas City baute «Graceland» 1981 im Auftrag von Priscilla Beaulieu, Elvis' Witwe, als Museum und Touristenattraktion aus und erwirtschaftet bei jährlich einer halben Million Besuchern respektable Gewinne. Ein Bus bringt die Besucher über die Strasse und durch den Park vor den Eingang des Wohnhauses in imitiertem *Greek Revival*-Stil. Die Zeit der schluchzenden Fans, die an Elvis Grab zusammenbrachen, ist vorbei; viele der Besucher – Teenagers in den 1950er- und 1960er Jahren – sind mittleren Alters. Aber hier und dort wischt sich doch jemand verstohlen über die Augen, vor allem an Elvis' Grab hinter dem Haus mit der von seinem Vater verfassten Inschrift:

«Er hatte ein von Gott gegebenes Talent, das er mit der Welt teilte, und ohne Zweifel wurde er von so vielen gefeiert, weil er das Herz von jung und alt gleichermassen einnahm. Er wurde nicht nur als Unterhaltungskünstler gefeiert, sondern als grosser Vertreter des Humanitätsgedankens, der er durch seine Grosszügigkeit und seine freundlichen Gefühle für die Mitmenschen war. Er wurde eine lebende Legende zu seiner eigenen Zeit und verdiente den Respekt von Millionen. Gott sah, dass er Ruhe brauchte und rief ihn nach Hause, mit ihm zu sein. Wir vermissen Dich, Sohn.»

Was von aussen wie ein mächtiges Pflanzerhaus aussieht, wirkt von innen eng. Der Palast des «King of Rock'n'Roll» entpuppt sich als eine mittlere Villa. Im Fernsehzimmer des Untergeschosses eine Spiegeldecke, die Elvis einziehen liess, weil der niedrige Plafond drückte. Ein Spiegel auch vor dem Schlafzimmer, das man nicht betreten darf – ein Einwegspiegel, erklärt die Führerin, durch den Elvis das Treppenhaus überwachen konnte. Pillensüchtig, verfettet und von Verfolgungsängsten geplagt, verbrachte Presley in diesen Räumen die späten sechziger und die siebziger Jahre. Spuren überall seines einsamen Bemühens, sich zu betätigen, zu beschäftigen: ein Billardraum, Autos, Motorräder, Dreirad-*Buggies*, ein Schiessstand, ein Pferdestall, im Wohnraum der legendäre goldene Flügel, in der Bar drei Fernsehapparate in einer Reihe und schliesslich der Squash-Raum, den Presley in den letzten

Linke Seite: Die Atmosphäre der kreolischen Altstadt New Orleans' ist geprägt von der spanisch-französischen Architektur ihrer Strassenzüge. Besonders reizvoll sind die spanischen Schmiedeeisenarbeiten an den Balkonen und Veranden. Aus der Kolonialzeit blieben nur wenige Gebäude erhalten: 1788 und 1794 brannten grosse Teile des Vieux Carré nieder. Die meisten Häuser des alten New Orleans stammen aus dem 19. Jahrhundert.

Rechte Seite, oben: Strassenmusikanten gehören zum Stadtbild von New Orleans. Viele Musiker der Stadt am Mississippi führen eine Doppelexistenz: Nachts spielen sie in den Musiklokalen, tagsüber in den Strassen des Vieux Carré. Die Musik von Strassenbands ist oft spontaner, kreativer als der geschliffene, routiniert dargebotene New Orleans Jazz und Dixieland in den Lokalen. Guter Jazz wird weniger in den Restaurants der touristischen Altstadt als in den Jazz Clubs geboten, die über die ganze Stadt verstreut sind.

Rechte Seite, unten: Eine Busstation in New Orleans nach Feierabend. Nur wenige Touristen besuchen die Neustadt westlich der Canal Street. Der Vergnügungsrummel im French Quarter versperrt den Blick auf den Alltag der Bewohner New Orleans', der von sozialen Gegensätzen, harter Arbeit und einer ungewissen wirtschaftlichen Zukunft geprägt ist.

Folgende Doppelseite: Am Karneval, dem berühmten Mardi Gras, spielt New Orleans verrückt. Zu Jazz und heissen karibischen Rhythmen paradieren sechzig Karnevalsgesellschaften, die Krewes, durch die Strassen. Sie repräsentieren alle gesellschaftlichen Schichten der Stadt. Der Mardi Gras, der von europäischen, indianischen, karibischen und afrikanischen Einflüssen geprägt ist, wird auch in Mobile und in den Cajunprärien gefeiert.

Linke Seite: Elvis Presley ist wohl der populärste Südstaatler. Durch unzählige Platten und Filme rund um den Erdball bekannt, wurde er zur Symbolfigur des kleinen Mannes im Süden: Der «King of Rock'n'Roll» hatte den Aufstieg aus einfachsten Verhältnissen zum Weltruhm geschafft und starb den einsamen Tod der Grossen. Presleys Villa Graceland bei Memphis und sein Grab sind auch fünfzehn Jahre nach seinem Tod noch eine nationale Pilgerstätte.

Rechte Seite, oben links: Bis heute klingeln die Kassen von Elvis Presleys Erben und der Souvenirindustrie, die ihn vermarktet. Die Beale Street in Memphis lebt mit ihren Souvenirläden und Boutiquen von der glorreichen Vergangenheit, den vierziger und fünfziger Jahren, als sie das Zentrum der afroamerikanischen Musik war. Hier trat auch Elvis Presley, der «King of Rock'n'Roll», der Weisse mit der schwarzen Stimme, zum erstenmal auf.

Rechte Seite, oben rechts: Im Trophy Room, einem Nebengebäude von Graceland, sind Elvis Presleys Gitarren, seine Kostüme, seine goldenen Platten, Widmungen und Geschenke von Grössen des Show Business, Fotos, Briefe und persönliche Effekten ausgestellt.

Rechte Seite, unten: Juke-Box und Künstlerporträts erinnern in der Cafeteria der Sun-Studios in Memphis an die grosse Zeit des Rock'n'Roll. Die Sun-Studios produzierten Elvis Presleys erste Platte und gaben Rock- und Countrystars wie Lee Lewis und Jonny Cash Starthilfe für ihre steilen Karrieren.

Linke Seite, oben: Die Grand Ole' Opry in Nashvilles Opryland ist das Mekka der Country-Fans. Fünfzehn Millionen Dollar kostete das Musiktheater – es zieht jährlich gegen eine Million Besucher an. Roy Acuff (links), Jahrgang 1903, ist eine lebende Legende der Country-Music. Jeden Samstagabend versammeln sich die Fans in seiner Garderobe und hören die Geschichte vom Wirklichkeit gewordenen amerikanischen Traum, die Geschichte vom Fiddler Acuff, der es vom Hinterwäldlerjungen aus den Bergen zum Millionär brachte.

Unten: Die Musikstädte des Südens, Nashville und Memphis (Bild), vermarkten ihren Ruf und ihre Legende mit allen Mitteln. Vor allem in Nashville spielen die Platten- und die Gitarrenproduktion eine bedeutende wirtschaftliche Rolle.

Rechte Seite, oben links: Opryland bietet nicht nur Country-Konzerte in der Grand Ole' Opry, sondern auch Freiluft-Musicalaufführungen, Achterbahnen, Popcorn, Hotdogs und Wildwasserfahrten an. Musik ist im Land der unbegrenzten Show bloss der Vorwand für das totale Unterhaltungsspektakel.

Rechte Seite, oben rechts: Das Wachsmuseum gehört zur amerikanischen Kultur wie der Hamburger. Mit dem Wachsmuseum erhält man die Alten jung und die Toten lebendig und bewahrt auf diese Weise vor dem Vergessenwerden, was einmal die Welt bewegte – damit es als nostalgische Erinnerung auch weiterhin die Kassen klingeln macht. Dolly Parton, im Country Music Wax Museum Nashvilles zu Lebzeiten schon in Wachs gegossen und in verhältnismässiger Jugendfrische für die Nachwelt konserviert, ist eine der grossen Ladies der Country Music.

120

Gerne geben Ihnen untenstehende Kuoni-Filialen weitere Auskünfte

PLZ	Ort	Telefon
5001	Aarau Bahnhofstrasse 61	064/ 24 35 35
5401	Baden Badstrasse 7	056/ 22 51 33
4010	Basel Aeschenplatz	061/272 66 15
4001	Basel Gerbergasse 26	061/266 11 11
3011	Bern Bärenplatz 6 - 8	031/ 22 76 61
2500	Biel 3 Dufour 17/Collège	032/ 22 14 22
9470	Buchs SG Bahnhofstrasse 54	085/ 6 56 56
	ab 3. Februar 1993	081/756 56 56
8180	Bülach Marktgasse 11	01/ 860 30 50
3402	Burgdorf Grabenstrasse	034/ 23 21 21
1225	Chêne-Bourg 6-8, av. F.-A. Grison	022/ 349 82 23
7002	Chur Ottostrasse 6	081/ 22 74 22
8953	Dietikon Kirchstrasse 21	01/741 22 41
1024	Ecublens 6, av. d'Epenex	021/635 57 12
6020	Emmenbrücke Shopping Center Emmen	041/ 55 81 81
8500	Frauenfeld Zürcherstrasse 120	054/720 47 47
1701	Freiburg 13, av. de la Gare	037/ 81 11 01
	ab Mitte Sept.: Bd de Pérolles 12	
1201	Genf 8, rue Chantepoulet	022/738 48 44
1204	Genf 8, rue de la Confédération	022/ 311 42 25
1204	Genf 15, rue Pierre-Fatio	022/735 86 05
1215	Genf-Flughafen 10, route de l'Aéroport	022/798 88 77
8301	Glattzentrum Einkaufszentrum	01/ 830 14 11
9435	Heerbrugg Areal Leica	071/ 72 49 72
8810	Horgen Seestrasse 147 (ab 1.9.92: Dorfplatz 1)	01/ 725 26 27
3800	Interlaken Postplatz	036/ 22 13 32
2300	La Chaux-de-Fonds 76, av. Léopold-Robert	039/ 23 58 28
1002	Lausanne 1, Grand-Chêne	021/ 20 50 75
1003	Lausanne 11, rue Haldimand	021/ 20 24 11
4410	Liestal Rheinstrasse 7	061/921 55 15
6600	Locarno Viale Stazione	093/ 33 85 33
6901	Lugano Contrada di Sassello 5	091/ 23 47 77
6002	Luzern Grendel 10	041/ 50 11 33
3250	Lyss Marktplatz 9	032/ 84 66 22
8706	Meilen Dorfstrasse 94	01/923 05 55
2000	Neuenburg 8, rue de l'Hôpital	038/ 24 45 00
1260	Nyon 19, Grand-Rue	022/362 42 60
4600	Olten Froburgstrasse 4	062/ 34 11 00
1530	Payerne 19, rue de la Gare	037/ 61 54 57
8808	Pfäffikon SZ Seedamm-Center	055/ 48 37 22
8105	Regensdorf Zentrum	01/ 840 40 70
1020	Renens 16, av. de la Poste	021/635 15 61
4310	Rheinfelden Marktgasse 45	061/831 42 42
9400	Rorschach Hauptstrasse 53	071/ 41 55 61
9001	St. Gallen Kornhausstrasse 15	071/ 22 85 82
9000	St. Gallen Multi-Shop, Multergasse 26	071/ 23 22 33
8200	Schaffhausen Vordergasse 28, beim Tellbrunnen	053/ 24 29 15
8952	Schlieren Uitikonerstrasse 2	01/730 89 44
6438	Schwyz Mythen-Center	043/ 21 35 55
6210	Sursee Unterstadt	045/ 21 54 13
3601	Thun Bälliz 64	033/ 22 08 08
8610	Uster Uschter 77, Zürichstrasse 1	01/ 940 22 04
9240	Uzwil Fabrikstrasse 12	073/ 51 71 22
8304	Wallisellen Bahnhofstrasse 1	01/ 830 00 65
9500	Wil SG Obere Bahnhofstrasse 22	073/ 22 44 55
8401	Winterthur c/o Gebr. Sulzer, Zürcherstrasse 12	052/ 23 92 21
1401	Yverdon-les-Bains 7-9, rue du Milieu	024/ 21 47 21
6300	Zug Neugasse 19	042/ 21 42 22
8023	Zürich Bahnhofplatz 7	01/ 221 34 11
8024	Zürich Am Bellevue	01/ 256 12 00
8023	Zürich Löwenstrasse 66	01/ 211 34 44
8048	Zürich- Altstetten Altstetterstrasse 140	01/ 431 10 10
8027	Zürich-Enge Seestrasse 15	01/ 202 99 80
8037	Zürich Neue Hard 7	01/ 272 25 11
8050	Zürich-Oerlikon Edisonstr. 22 / Am Marktplatz	01/ 312 19 20
8003	Zürich-Wiedikon Birmensdorferstrasse 157	01/463 08 00
A-6900	Bregenz Montfortstrasse 9	05574/4 39 60
A-6850	Dornbirn Mossmahdstrasse 6, Passage	05572/2 20 23
F-38000	Grenoble 15, av. Alsace-Lorraine	076/ 87 83 42
F-69002	Lyon 14, rue de la Barre	07/842 57 51
F-68100	Mulhouse 1, av. de Lattre de Tassigny	089/45 16 16
F-67000	Strasbourg 36/38, rue du Vieux-Marché-aux Vins	088/32 86 85

- -

Teilnahme-Gutschein

Geben Sie diesen Gutschein bis **spätestens 30. April 1993** in einer Kuoni-Filiale ab. **Sie nehmen dann automatisch an der grossen Verlosung von 3 Gratis-Flügen in die USA teil!**

Name: _____ Vorname: _____

Adresse: _____

PLZ/Ort: _____

Es wird keine Korrespondenz geführt, die Gewinner werden schriftlich benachrichtigt. Eine Barauszahlung der Preise ist nicht möglich.

EINE WELT FÜR SICH.

USA live mit Kuoni!

Mit grosser Verlosung !!

Entdecken Sie das Land der unbegrenzten Möglichkeiten:

- Brauchen Sie nur den Flug, ein Mietauto oder ein Hotelzimmer?
- Möchten Sie im Zug oder Wohnmobil die Landschaft geniessen?
- Träumen Sie von einem Helikopterrundflug über dem Gran Canyon?
- Wünschen Sie die Eintrittskarte für Ihr Musical bereits in der Schweiz auf sicher zu haben?

**Kein Problem:
Sie stellen die Reise zusammen, wir übernehmen die Organisation!**

Ein **spezielles USA-Erlebnis** sind vorallem auch unsere **exklusiven**, zahlreichen begleiteten **Rundreisen**, alle mit eigener KUONI-Reiseleitung!

Holen Sie noch heute Ihren persönlichen USA-Katalog in einer Kuoni-Filiale.

Mit Abgabe des Gutscheins auf der Rückseite nehmen Sie automatisch an der **grossen Verlosung von 3 Gratis-Flügen in die USA** teil.

KUONI

EINE WELT FÜR SICH.

Das Reservat der Cherokee in North Carolina ist ein beliebtes Touristenziel. Häuptling Henry Lamber schlägt daraus Kapital und lässt sich im vollen Federschmuck zusammen mit Touristen ablichten. Dass weder Federschmuck noch Teepee (das Stangenzelt) zur Kultur der Cherokees gehören, kümmert ihn wenig. Im Gegenteil: Diese Symbole des Indianertums sind unverzichtbar fürs Geschäft. Und das Geschäft läuft. Chief Henry Lamber lässt so viele Bilder schiessen, dass ihm der Filmhersteller schon mehrere Flüge stiftete, einen davon nach Hawaii und zurück.

Lebensjahren bauen liess, um sich für seine Las-Vegas-Auftritte fit zu trimmen.

Auf dem Gang durch Presleys Haus und Park beginnt man zu verstehen, dass der «King of Rock'n'Roll» sich nicht als König gefühlt haben kann. Er war ein Armeleutekind aus dem Hinterland des Südens und ist es trotz seines immensen Reichtums geblieben. Sein Statussymbol war nicht das Herrenhaus, sondern das Auto. Rosaroter Cadillac – Traum des kleinen Mannes. Deshalb liebten ihn die Fans, deshalb wird er im Süden verehrt wie ein Heiliger: Er war einer der Ihren geblieben und verkörperte ihre Sehnsucht. Einsamkeit fliegt einen in Elvis' Räumen an. Hier versuchte einer herauszufinden, wer er wirklich war. Dass er der Rolle des Königs nicht gewachsen war, daran ging der Junge vom Land wohl zugrunde.

Country-Music, der Blues der Weissen

«Tootsie's Orchid Lounge» am Broadway, Nashville, steht als Adresse in jedem Reiseführer, ebenso Ernest Tubb's Plattenladen auf der gegenüberliegenden Strassenseite. Bei Tootsie gingen Leute wie Jonny Cash und Kris Kristofferson ein und aus. Deshalb möchte sich wohl jeder Country-Fan einmal an Tootsie's Bar setzen und ein «Coors» oder ein «Budweiser» aus der Dose schlürfen.

Die Wände sind mit vergilbten Visitenkarten und Fotos tapeziert. Neben dem Eingang traktiert ein Cowboy in Hut und Stiefeln eine akustische Gitarre, Western Songs gibt er zum besten. Ein halbes Dutzend alter Männer an den Tischen den Wänden entlang, eine Bierdose vor sich; in der Mitte des Raums, an einem kleinen Tisch, eine indianisch aussehende Frau im weissen Fransendress: Marie Greene, *Country-Drifter* (Country-Gammler), wie sie sich selbst nennt. Marie Greene steht auf und nimmt dem Cowboy die Gitarre aus der Hand. Marie Greene singt ein paar traurige Lieder vom Umherziehen auf endlosen Strassen und setzt sich wieder an ihren Tisch, signiert lächelnd Fotografien. Einer nach dem anderen kommen die alten Männer herbei und holen sich ihr Bild ab. Eine schäbige, traurige Szene, schäbig wie das Lokal, traurig wie Maries Laufbahn.

Tootsie ist schon lange tot. Die Live-Country-Music ist vom Broadway weggezogen. Ernest Tubb's legendärer Plattenladen ist nur noch ein verstaubter Schatten seiner selbst. Umsatz machen die Filialen im Opryland und im Westen der Stadt. Am Broadway haben sich Pornoläden und Prostitution breitgemacht. Und Tootsie's hat sich angepasst: Im Obergeschoss über der vergammelten Bar gibt es billige anzügliche Souvenirs zu kaufen. Und Marie kann nicht verbergen, dass sie nicht mehr die jüngste ist. *Country-Drifter.* Auf der Suche nach Engagements, nach einem Entdecker, nach Ruhm und Geld zieht sie von Club zu Club, gibt sich bei Tootsie's mit dem Applaus einer Handvoll alter Trinker zufrieden – abgeschlagen, ins Heer der Erfolglosen gedrängt, die trotzdem ihr Glück in Nashville wieder und wieder versuchen. Denn Jonny Cash, der «Mann in Schwarz», Amerikas lebende Legende, schaffte es wie Elvis – aus dem Nichts zu sagenhaftem Erfolg und Reichtum. Oder Loretta Lynn – eine Jugend in Armut und Hunger, heiratete mit dreizehn, hatte mit zwanzig vier Kinder, wurde Country-Sängerin und ein Star, weil sie, wie es in ihrem Museum heisst, «anders nicht konnte». Eine sagenhafte Laufbahn, gekrönt durch den Film «Coal Miner's Daughter», der hundert Millionen Dollar einspielte. Vorbilder, Idole, Traumgestalten. Doch nur wenige schaffen es, von 10000 vielleicht einer, im Hollywood der Country-Music Fuss zu fassen, wenigstens *eine* professionelle Single zu produzieren. Und sie sind alle weiss. Country-Music sei der Blues der Weissen, wurde behauptet, und da ist etwas Wahres daran. Gefühl drückt sie aus, doch ein ganz anderes als der schwarze Blues. Im Blues steht das Individuum im Mittelpunkt, der einzelne, ist von Liebe, Enttäuschung, Schwerarbeit und Rassentrennung die Rede; die Country-Music dagegen «hält die Familie hoch und den Glauben an Gott», wie Präsident Richard Nixon bei der Eröffnung der neuen «Grand Ole' Opry» ausrief. «Wir wissen alle, dass Country-Music die Liebe zu unserem Vaterland und den Patriotismus fördert.» Das kann man vom Blues nicht behaupten.

Die Grand Ole' Opry

Die Grand Ole' Opry ist keine Oper, sondern ein Radioprogramm, und zwar das älteste der Vereinigten Staaten. In den zwanziger Jahren startete die Versicherungsgesellschaft National Life and Accident in Nashville den Radiosender WSM als Werbemassnahme. Ein cleverer Präsentator, George D. Hay, klaute von einem Chicagoer Sender eine Erfolgsidee: die Samstagabend-Show «Barn Dance», bei der in Anlehnung an die samstäglichen Tanzveranstaltungen in Scheunen und Kneipen Volksmusik gesendet wurde. Hay verzichtete bei seinem Klau allerdings auf die üblichen Militärkapellen, Hawaiigruppen und Minstrelnummern und richtete die Sendung ganz auf die musikalischen Bedürfnisse der Landbevölkerung aus. Er hatte damit durchschlagenden Erfolg. Die Radiosendung, bald schon eine Live-Show, wurde nach kurzer Zeit landesweit gehört. 1927 kündigte Hay die Hillybilly-Show nach einer Sendung mit klassischer Musik mit den Worten an: «In der letzten Stunde haben wir Musik gehört, die von der *Grand Opera* (der grossen Oper) stammt – aber jetzt präsentieren wir die *Grand Ole' Opry!*» Ein Wortspiel – und schon war ein Markenzeichen geboren und ein neuer Star. Die Grand Ole' Opry wurde zur Taltentschmiede der *Country-Music*, zum Traumziel der Country-Sängerinnen und -Sänger.

1943 verlegte WSM die Show ins Ryman Auditorium, eine ehemalige Kirche an der Fifth Avenue Nashvilles. 1974 zügelte die Grand Ole' Opry, die es inzwischen zu einer der beliebtesten TV-Shows der Nation gebracht hatte, ins Opry House in Nashvilles Opryland, einem Vergnügungspark nach dem Vorbild Disneylands. Aus Hillybilly war das totale Spektakel geworden.

Die kommerzielle Entwicklung der Country-Music seit den fünfziger Jahren ist eine der eindrücklichsten Erfolgsstories des Südens und der ganzen Vereinigten Staaten - nicht zuletzt auf Kosten allerdings von *Hillybilly* selbst. Um in der Konkurrenz von Rock und Pop zu bestehen, glätteten die Produzenten den Country-Music-Sound, ersetzten die schrille Fiedel durch die schluchzende Geige, die jammernde *Steelguitar* durch elektrische Gitarren, und mixten *Hillybilly* so lange mit Schlagern, Pop-Songs und Softrock, bis er zum leicht zu schluckenden Sirup verdünnt war. Zeitweise distanzierten sich Nashvilles Plattenproduzenten gar vom Markenzeichen *«Country»*, um die städtischen «gehobenen» Käuferschichten nicht zu vergraulen, die *Hillybilly* als die Musik der *Rednecks,* der konservativen kleinbürgerlichen Schwarzenhasser, verachteten. Der Erfolg gab ihnen recht. Weit über 3000 Radiostationen in den Vereinigten Staaten und Kanada senden (fast) ausschliesslich Country-Music in allen ihren Spielarten: *Hillybilly, Cajun* und dessen schwarze, rockigere Version *Zydeco, Texmex, Western Swing*. Der Sprung über den Atlantik hat *Hillybilly* schon vor vierzig Jahren geschafft. In der Zwischenzeit verkörpert er für Millionen von Europäern Amerika schlechthin. Verlorenheit in der Weite des Kontinents und die Sehnsucht nach Geborgenheit in Tradition, Kirche, Familie. Es ist das Lebensgefühl des Südens, was Europas Country-Fans anrührt.

Südstaatengeschichten

Vom Winde verweht

Fox Theater in Atlanta im Dezember 1989. «Re-Premiere zum 50. Geburtstag von 'Gone with the Wind'» steht über dem Theatereingang. Auf dem Riesenplakat neigt sich Rhett Butler über die verzückte Scarlett O'Hara, wie er es schon seit 1939 tut, als der Film Millionen in die Kinos zog. Viertausend Zuschauer drängten sich zu der Festpremiere, die von der Coca-Cola-Company gesponsort worden war, im byzantinisch-orientalischen Saal des Fox'. In der anschliessenden Woche veranstaltete die Stadt Busfahrten zu Schlachtfeldern und Plantagenvillen; ein Scarlett- und Rhett-Ähnlichkeitswettbewerb ging im Hyatt Regency Hotel über die Galabühne; im Georgia International Convention and Trade Center fand ein Kostümball statt – weisse Schöne, *Southern Belles*, in seidenen Krinolinen, Kavaliere in graugoldenen Südstaatenuniformen, ein schwarzer Chor sang seelenvolle *Spirituals* dazu. Auf die Beine gestellt hatte das Nostalgiespektakel der Medienmogul Ted Turner, Besitzer des 24-Stunden-Nachrichtensenders CNN in Atlanta und Aufkäufer eines 1,4-Milliarden-Dollar-Pakets von Metro-Goldwyn-Mayer-Filmrechten. Miterworben hatte er «GWTW», wie «Gone With the Wind» der Einfachheit halber inzwischen heisst. Zum fünfzigjährigen Jubiläum ging das Südstaatenepos von Liebe, Krieg, Niedergang und triumphalem Wiederaufstieg nochmals um die Welt und spielte wieder Millionen ein – ein unverwüstlicher Renner, einer der grössten Erfolge der Filmgeschichte überhaupt.

Begonnen hatte alles eher zufällig. 1926 sah sich die Journalistin Margret Mitchell aus gesundheitlichen Gründen gezwungen, ihre Stelle beim Atlantaer «Journal Sunday Magazine» aufzugeben. Margret Mitchell, gerade so alt wie das junge Jahrhundert und aus einer alteingesessenen Atlantaer Familie stammend, verbrachte ihre Zeit fortan damit, ziemlich ziellos und unsystematisch Geschichten, Anekdoten, Episoden aufzuschreiben, die sie in ihrem Verwandten- und Bekanntenkreis über die Vorkriegszeit, den Bürgerkrieg und die nachfolgende Reconstruction gehört hatte. 1935 gab sie Teile des Textes einem Lektor des Verlags Macmillan zu lesen – widerstrebend, weil das Werk, das im Lauf der Jahre die Form eines Romans angenommen hatte, immer noch unvollständig war. Macmillan nahm den Text zu ihrer Überraschung sofort an, und Margret Mitchell verbrachte die folgenden Monate damit, Lücken zu füllen, historische Details zu ermitteln und die Form zu überarbeiten. 1936 erschien «Vom Winde verweht» und entpuppte sich vom ersten Tag an als Bestseller.

Natürlich interessierte sich Hollywood sofort für den Stoff. Das Buch sei von Studio zu Studio gereicht worden, erzählt die Legende, doch keiner der Produzenten habe sich getraut, das Werk in Angriff zu nehmen. Aufwand und finanzielles Risiko erschienen den Filmgesellschaften zu gross. Bis David O. Selznick, unter den Hollywood-Fürsten ein Einzelgänger, zupackte und Margret Mitchell die Filmrechte für 50 000 Dollar abkaufte. Selznick machte sich die Verfilmung des 1000-Seiten-Wälzers zur persönlichen Aufgabe. Das Drehbuch verfasste er zum grössten Teil selbst, nachdem Margret Mitchell, die für eine Romantisierung ihres Romans à la Hollywood nicht mitverantwortlich sein wollte, die Mitarbeit verweigert hatte. Und was die Autorin befürchtet hatte, geschah. Trotz einem Heer wissenschaftlicher Mitarbeiter machte Selznick aus der Vorlage eine «Mondschein-und-

Magnolien-Romanze», ganz nach dem Geschmack des grossen Publikums. Hinzuzufügen brauchte Selznick allerdings nichts. Mitchells Text brachte sie alle schon, die Mythen des Südens. Da gab es die aristokratischen Gentlemen und die koketten Schönen, die glücklichen Sklaven, die stolz auf ihre hübsche weisse Missy waren, die unerschütterlichen Neger-Mammies mit dem grossen Herzen, die schwatzhaft-dümmlichen schwarzen Zofen, die hinterlistigen *Freedmen,* die geldgierigen Yankees und die aufrechten, Gott, Ehre und die Heimat verteidigenden Southerners, die ruchlosen *Carpetbaggers* (nordstaatlerische Nachkriegsprofiteure), die verräterischen *Scalawags* (südstaatlerische Kollaborateure). Doch Selznick machte aus der bescheidenen Pflanzervilla «Tara» einen Palast. Rauschender die Bälle, glänzender die Empfänge, glühender die Leidenschaft, lodernder der Brand Atlantas in Selznicks Film. Er unterschlug die realistischen Züge des Erfolgsromans. Margret Mitchell hatte die Pflanzerklasse durchaus als das gezeichnet, was sie war: keine Geburtsaristokratie, sondern eine Gruppe von Selfmade-Men und rücksichtslosen Aufsteigern. Sie stellte dar, dass die weisse Gesellschaft des Vorkriegssüdens nicht bloss aus reichen Pflanzern, sondern zur Hauptsache aus chancenlosen armen Weissen bestand. Die Schrecken des Krieges beschönigte sie nicht, ebensowenig die Verlogenheit der südstaatlerischen Kriegspropaganda und der Sklavenhalterideologie.

«Vom Winde verweht», von Millionen als Liebesgeschichte gelesen und gesehen, erzählt aber auch die Geschichte eines grossen Überlebenswillens. Eine Frau wehrt sich mit Mut und Zähigkeit gegen den wirtschaftlichen Untergang und siegt, mehr noch, sie erfüllt den amerikanischen Traum vom Wiederaufstieg zu Reichtum und Macht. Hätte Selznick auch diese Botschaft der Romanze geopfert, so hätte sein Werk wahrscheinlich in einem Misserfolg geendet. Denn nichts waren die Menschen am Vorabend des Zweiten Weltkriegs, den Schrecken der Weltwirtschaftskrise kaum hinter sich, begieriger zu hören und zu sehen als die Bestätigung, dass der Mensch überleben kann; nichts waren sie mehr bereit zu glauben, als dass er es zu Macht und Reichtum bringt, wenn er die Anstrengung zu überleben bloss auf sich nimmt. Scarlett O'Haras Überlebenskampf wurde als der Überlebenskampf des Südens nach einer grossen Niederlage verstanden, und das, meinte ein Kritiker aus Philadelphia, müsse man wohl als eine Lehre sehen für die ganze Nation: «Sogar ein eingefleischter Yankee muss einen Rebellenschrei ausstossen für "Vom Winde verweht" – er kann und muss sich das leisten.»

Der Süden als Mikrokosmos

Lange vor Margret Mitchells und David O. Selznicks Erfolg war ein anderer, ein bitterer Schrei erschallt. In der New Yorker Zeitung «Evening Mail» hatte der Journalist H.L. Mencken im November 1917 den Essay «The Sahara of the Bozart» erscheinen lassen, in dem er den Süden als kulturell rückständig, schlimmer noch, als «künstlerisch, kulturell, intellektuell beinahe so steril wie die Wüste Sahara» bezeichnete. Nicht zu Unrecht, denn ausser heroisierenden historischen Romanen, idealisierenden Biographien der Bürgerkriegshelden und Plantagenromanzen hatte der Süden seit dem Bürgerkrieg nicht viel Literarisches hervorgebracht und unter dem Wenigen kaum etwas Bemerkenswertes. Als hätte Menckens böser Angriff eine Lawine ausgelöst, erschien in den folgenden zwei Jahrzehnten eine

Reihe von Werken, die die Literatur der Südstaaten an die Spitze der modernen Weltliteratur trug. Mencken hatte als Wüste, als literarische Einöde interpretiert, was eine Atempause gewesen war, ein tiefes Luftholen nach dem Schock des kulturellen, wirtschaftlichen und politischen Zusammenbruchs im Bürgerkrieg. Jetzt meldeten sich weisse und schwarze Autorinnen und Autoren zu Wort und stellten die Vergangenheit und die Gegenwart ihrer neu-alten Gesellschaft dar: William Faulkner, Thomas Wolfe, Katherine Anne Porter, Erskine Caldwell, Richard Wright, Robert Penn Warren, Eudora Welty, später Carson McCullers, Tennessee Williams, Flannery O'Connor und viele andere.

Mehr Ruhm als alle andern, aber bestimmt nicht am meisten Leser, gewann William Faulkner mit seinem literarischen Mikrokosmos, dem Yoknapatawpha-County, in dem er nicht nur seine engere Heimat, das Städtchen Oxford und das County Lafayette in Mississippi, abbildete, sondern den Süden überhaupt. Der Mensch im Widerstreit mit sich selbst, sei sein Thema, äusserte sich Faulker wiederholt zu den Motiven seines Schreibens. Und diesen Widerstreit beobachtete er an den Menschen seiner Umgebung: den Ehrenmann im Konflikt mit dem inneren Schuft, die Achtbarkeit mit der Schande, die Machtgier mit der Liebe, die Grösse mit der Niedrigkeit. Man liebte ihn nicht sonderlich in Oxford, wo er den grössten Teil seines Lebens verbrachte. Die wenigsten seiner Mitbürger lasen zwar seine Bücher, doch es hatte sich herumgesprochen, dass er sie in seinen Romanen auftreten liess. Ausserdem ging er oft über den Platz vor dem Gerichtsgebäude und sah durch die Leute hindurch, als wären sie Luft. Er stellte sein Land auch, ohne Pacht zu verlangen, schwarzen Familien zur Verfügung. Und er betrank sich häufig über alle Massen, nicht nur, wenn er Misserfolge erlitten hatte, auch als er erfuhr, dass ihm der Nobelpreis zugesprochen worden war.

Die Faulkners kamen aus Tennessee nach Mississippi. William Cuthberts Urgrossvater, 1825 geboren, wanderte nach Ripley, Mississippi ein. Er war ein *Frontier-Man,* Pionier, Jurist, Eisenbahnbauer, Pflanzer, Bankier, Unternehmer und Politiker in einem, Oberst im Bürgerkrieg und darüber hinaus Schriftsteller. 1880 veröffentlichte er einen Roman, «The White Rose of Memphis», der es auf über dreissig Auflagen brachte. Urgrossvater Faulkner war eine Figur, die selbst einem Südstaatenroman hätte entsprungen sein können, und genauso war sein Ende: romanhaft. Er wurde von seinem Partner, mit dem er sich wegen Ausbauplänen der Eisenbahnlinie überworfen hatte, am hellichten Tag auf dem Hauptplatz von Ripley erschossen. Oberst Faulkners Sohn John, der «junge Colonel Faulkner», trat in die Fusstapfen seines Vaters im Eisenbahngeschäft. Später zog er nach Oxford und brachte es dort zum Präsidenten der First National Bank. Sein Sohn Murray wiederum betrieb in Oxford ein Fuhrunternehmen, führte ein Eisenwarengeschäft und wurde 1918 schliesslich Administrator der Universität von Mississippi, der «Ole' Miss», in Oxford. William Cuthbert Faulkner, der letzte dieser Linie, der es zum «Shakespeare der Südstaaten» und zum Nobelpreisträger bringen sollte, war zu jenem Zeitpunkt einundzwanzig Jahre alt und entschlossen, ein Held zu werden. Im Juli 1918 meldete er sich zur Royal Air Force, vom Wunsch beseelt, es den Fliegerassen des Ersten Weltkrieges gleichzutun. Nach der Entlassung aus der Air Force stolzierte er in der Uniform des RAF-Piloten durch das ländliche

Oxford und machte seinem früheren Ruf als Dandy Ehre. «Count» nannte man ihn, Graf, in Anspielung an seine finanzielle Situation aber spöttisch auch «Count No-Count» – Graf ohne Geld. Faulkner arbeitete als Buchhändler in New York, als Universitätsposthalter an der «Ole' Miss», er zeichnete und schrieb Gedichte. Unter dem Einfluss von Sherwood Anderson begann er ernsthaft zu schreiben. Nach einer Europareise erschien 1926 sein erster Roman, «Soldier's Pay», ein Jahr später «Mosquitoes». Er arbeitete zu jener Zeit in Pascagoula in der Nähe von New Orleans. Seinen Lebensunterhalt verdiente er mit Gelegenheitsarbeit. Auch als Alkoholschmuggler soll er sich betätigt haben.

«'Soldier's Pay' und 'Mosquitoes'», äusserte sich Faulkner 1957 in einem Interview, «schrieb ich eigentlich um des Schreibens willen, aus reinem Vergnügen. Hinterher fand ich heraus, dass nicht nur jedem einzelnen Buch, sondern auch dem Gesamtwerk eine ganz bestimmte Textur zugrunde liegen muss, oder anders ausgedrückt: Die Gesamtleistung des Künstlers wird gesteigert, wenn sämtliche Arbeiten zusammenfassbar, wenn sie von gleicher Struktur sind.» Faulkner besann sich «auf die kleine Postmarke heimatlichen Bodens», auf die Figuren, die das Lafayette County und dessen Hauptort Oxford bevölkerten. «Mit 'Sartoris' kam mir die Erleuchtung, dass auch meine eigene Heimat so viel Stoff zum Schreiben hergibt, dass ich kaum lange genug leben würde, um alles ernten zu können, was es dort zu ernten gibt.» Aus seiner Familiengeschichte und den Geschichten seiner engsten Heimat begann er den Mikrokosmos seines fiktiven Yoknapatawpha County zu formen. In «Sartoris» und «Die Unbesiegten» («The Unvanquished») erzählte er die Geschichte seines Urgrossvaters und seines Grossvaters. Mit «Schall und Wahn» («The Sound and the Fury»), seinem vierten Roman, erreichte er die volle Meisterschaft seiner Erzählkunst, die an Joyce und Eliot anknüpfte und darüber hinausführte. Seine Romane wurden zwar verlegt, hatten aber kaum Erfolg. Er heiratete 1929 seine Jugendliebe Estelle Oldham Franklin und arbeitete für seinen Lebensunterhalt als Heizer in der «Ole' Miss». Auf einer umgekehrten Schubkarre soll er während der Nachtschicht in wenigen Wochen den Roman «Als ich im Sterben lag» («As I Lay Dying») geschrieben haben, die finstere Geschichte einer Familie von armen Weissen, die nach einer Odyssee in der Sommerhitze, durch Hochwasser, Feuersbrunst und andere Widerwärtigkeiten endlich den Wunsch ihrer toten Mutter erfüllen kann: sie auf dem sechzig Kilometer von ihrem Hof entfernten Friedhof von Jefferson, dem Hauptort des Yoknapatawpha-County, zu begraben. «As I Lay Dying» war einer jener Romane, die das Bild des *benighted*, des gottverlassenen Südens, der in Bigotterie, Selbstsucht, Dekadenz und Dumpfheit versinkt, in die Welt trug. Mit «Die Freistatt» («Sanctuary») doppelte Faulkner nach und erzielte endlich den Durchbruch. Der Roman war, wie Faulkner zeit seines Lebens behauptete, bewusst als literarischer Skandal konzipiert, eine groteske Geschichte um Vergewaltigung, Prostitution, Mord und Meineid, die Faulkner vor der Publikation überarbeiten musste, weil sein Verleger fürchtete, sie würde im sittenstrengen Süden beide – Herausgeber und Autor – ins Gefängnis bringen.

In Faulkners dreizehn Yoknapatawpha-Romanen und den zahlreichen Erzählungen, die hier spielen, sind Figuren, Handlungen, Ereignisse, Schauplätze aufeinander bezogen, ineinander verzahnt. Die Nebenfigur des einen ist die Hauptfigur des anderen Romans. Dunkle Episoden im einen Werk werden im anderen geklärt. Hier wird der Tod einer Figur mit einem Nebensatz abgetan, dort wird er geschildert, begründet. Faulkner erzählte die Chronik des Yoknapatawpha-County nicht in zeitlicher Reihenfolge, sondern griff von Werk zu Werk auf Zeitebenen, Figuren, Handlungsstränge zurück, die er in den früheren Romanen eingeführt hatte. Oder er schuf neue und verknüpfte sie mit dem bereits geschriebenen Werk. Zeitlich erstreckt sich die Yoknapatawpha-Chronik von den Ureinwohnern des Deltas zur frühesten Landnahme durch weisse Siedler, vom Aufbau des Plantagensüdens zum Bürgerkrieg, von der Rekonstruktion zum Zusammenbruch der traditionellen Südstaatengesellschaft und zur Übernahme der wirtschaftlichen und politischen Macht durch die von nordstaaterischem Geist erfüllten Aufsteiger, die Sippe der Snopes, denen Faulkner eine Trilogie widmete.

Trotz wachsender literarischer Anerkennung war Faulkner aus wirtschaftlichen Gründen immer wieder gezwungen, sich in teilweise ruinösen Verträgen als Drehbuchschreiber nach Hollywood zu verdingen. Erst der Nobelpreis 1950 machte diesem Zustand ein Ende. Faulkner, der sich als ungebildeter Mann, als Farmer verstanden und dargestellt und sich in der Öffentlichkeit zurückgehalten hatte, begann sich jetzt zu politischen, vor allem zu Rassenfragen zu äussern. Schon in den vierziger Jahren hatte er sich für die Rassenintegration eingesetzt. Doch er machte sich Feinde, indem er in seinem Werk, aber auch in nordstaaterischen Publikationen, um Verständnis für die Eigenart des Südens und seiner Gesellschaft warb. So rasch wie vom Norden verlangt, sei die Rassenintegration im Süden nicht zu bewerkstelligen. Für manche seiner weissen Mitbürger in Oxford galt Faulker als *Nigger-Lover,* viele Schwarze hielten ihn dagegen für einen rückwärtsgewandten Romantiker. Dass er den Nobelpreis in eine William-Faulkner- Stiftung zur Förderung der höheren Bildung Schwarzer fliessen liess, werteten sie nicht als ein Zeichen der Sympathie und der Solidarität, sondern der alten und verhassten weissen Bevormundung. «Meine eigene flüchtige Vorliebe für William Faulkner zerbrach jäh, als ich (...) merkte, dass er glaubt, die Weissen hätten die Pflicht, Schwarze politisch "auf Vordermann" zu bringen, da die Schwarzen nach seiner Auffassung "noch nicht weit genug" seien, um in einer demokratischen Gesellschaft angemessen zu funktionieren», schrieb 1970 die schwarze Schriftstellerin und Bürgerrechtlerin Alice Walker. Faulkners Verwurzelung im alten agrarischen Süden, seine Verteidigung traditioneller Werte wie «Mut, Ehre, Stolz, Hoffnung, Mitleid, Erbarmen und Opfer», seine Anprangerung eines moralisch gleichgültigen Materialismus, den er der modernen Industriegesellschaft unterstellte, stempelten ihn in den Augen mancher Bürgerrechtskämpfer zum Reaktionär. Dass schwarze Leser Faulkners Werk in dieser Weise werteten, macht nicht nur seine Rolle als Chronist einer Übergangszeit deutlich – es zeigt auch, wie fremd die schwarze und die weisse Gesellschaft des Südens einander waren und immer noch sind.

Im Juni 1962 erschien sein letzter Roman, «Die Spitzbuben» («The Reivers»), ein heiteres Werk, in dem nichts mehr vom Faulknerschen «Manichäismus», dem drastischen Hell-Dunkel, zu spüren war, das seine literarischen Anfänge geprägt hatte. Er vermöge nun doch «den Boden des Fasses» zu sehen, hatte Faulkner kurz zuvor auf die Frage geantwortet, ob er noch manches Werk zu schreiben gedenke. Wenn es leer sei, werde er «den Bleistift zerbrechen» und sich nur noch seinen Pferden und der Fuchsjagd widmen. «Ich glaube», hatte Faulkner in seiner Nobelpreisrede gesagt, «der Mensch wird nicht nur überleben, weil er eine unermüdliche Stimme hat, sondern weil er eine Seele, einen Geist hat, fähig zu Mitleid und Opfer und Ausdauer. Es ist die Aufgabe des Schriftstellers, über diese Dinge zu schreiben. Es ist sein Privileg, dem Menschen beim Ausharren zu helfen, indem er ihm das Herz erhebt. (...) Die Stimme des Dichters ist nicht nur ein Zeugnis vom Menschen, sie kann auch eine der Stützen und Pfeiler sein, die ihm helfen auszuharren und zu siegen.» Mit seiner Schaffenskraft, so schien es, ging auch sein Leben zu Ende. Er starb am 6. Juli 1962 nach einem Sturz vom Pferd und einer Phase heftigen Trinkens an Herzversagen.

Watson's Jim – ein Ebenbürtiger

Hannibal, Missouri. Mit einer Karte des Verkehrsvereins in der Hand strömen die Touristen von einem Ort der Handlung zum anderen. Vor dem hundertmal überstrichenen Lattenzaun hören sie im Geist Ben Rogers' «melodisches Heulen, dem ein tieftönendes Bim-bam-bam folgte», denn Ben Rogers stellte zur Zeit der Handlung einen Mississippidampfer dar. Bei Becky Thatchers Haus fühlen sie Todessehnsucht und Liebeskummer, denn zur Zeit der Handlung lag der Held der Geschichte dort nachts im Vorgarten und wollte aus Schmerz über die schnöde Welt sterben. Da ist das Schulhaus, die Kirche, in der die Sonntagsschule stattfand, Schauplatz einer unsterblichen Blamage: Auf die Frage nach den ersten zwei Jüngern antwortete der Held: «David und Goliath». Tom Sawyer heisst er, der unsterbliche Bengel. Hannibal, das Städtchen am Mississippi, wo seine Geschichte spielt, schlachtet seinen Ruhm geschäftstüchtig aus.

Mark Twain ist wohl der bekannteste amerikanische Autor überhaupt. Eigentlich hiess er Samuel Langhorne Clemens. Sein Schriftstellername stammt aus seiner Zeit als Mississippilotse: «Deep four, mark three, quarter less twain, half twain, mark twain!» tönte der monotone Singsang der Bootsleute, wenn sie in der Fahrrinne vor dem Dampfer die Tiefe massen. Mark Twain (zwei Faden Tiefe) wurde Clemens' Pseudonym. 1835 wurde Mark Twain geboren, mit vier Jahren kam er nach Hannibal, Missouri, als er zwölf war, starb sein Vater, ein Friedensrichter. Seine Mutter – literarisches Vorbild für Tom Sawyers Tante Polly – gab ihn als Lehrling in eine Druckerei. Nach dem Lehrabschluss arbeitete Twain als Setzer bei der Zeitung seines Bruders Orion. Doch seine Sterne standen schlecht. Eine streunende Kuh – so will es die Legende, die eine seiner eigenen Grotesken sein könnte – zerbiss die Einfärbewalze der Druckerei. Der Betrieb ging pleite, Twain wanderte nach New York aus. 1857 bis 1861 arbeitete er als Lotse auf dem Mississippi. Vor dem sinnlosen Gemetzel des Bürgerkrieges, über den er als Reporter berichtete, floh er mit seinem Bruder Orion in den Wilden Westen. Nach dem Krieg liess er sich in Connecticut nieder, wo er 1910 starb.

Kinderbuchautor, Humorist, Spassmacher, literarischer Clown sind die Etiketten, die Twain angehängt wurden. Die romantische Schilderung einer Jugend am Mississippi, sein Sinn für Situationskomik, seine Vorliebe für die Groteske brachten ihm den Ruf ein, der ihn in den letzten Jahren seines Lebens zu einem verbitterten Menschenverächter werden liess. Twains historische Romane, etwa «Jeanne d'Arc», wurden wenig beachtet, seine fundamentale Kritik an der Gesellschaft des Südens und am Materialismus des «American Dream» nicht gehört. Die Leserschaft lachte (und lacht noch heute) über die humoristische Oberfläche seiner Texte und wollte nicht wahrnehmen, dass sie die herrschende Ordnung radikal in Frage stellten. Lange vor der literarischen Renaissance der zwanziger Jahre unseres Jahrhunderts war Twain hinter der Maske des Witzboldes ein erbarmungsloser Realist und ein Moralist dazu. «Tom Sawyer konnte ich nie ausstehen: ein furchtbarer Angeber», sagte einmal William Faulkner. Huckleberry Finn dagegen zählte er zu seinen Lieblingsfiguren in der amerikanischen Literatur.

«Huckleberry Finns Abenteuer», oft zu Unrecht als blosse Fortsetzung von «Tom Sawyer» gesehen, erschien 1885 nach einer langen Reise Twains in den Süden. Auf dem Mississippi reisend, sah er die Herrenhäuser, die Magnolienbäume, den üppigen Dschungel in den Flussniederungen wieder. In den Strassen von New Orleans hörte er den halbvergessenen südstaatlerischen Tonfall, der sein «Ohr erfreute, wie er es früher getan hat. Wenn ein Südstaatler spricht, ist es wie Musik.» Doch Twain sah auch, dass New Orleans eine halb zerfallene, verlotterte Stadt war, in deren Strassen der Reisende im Dreck versank. Er sah, dass man sich im Süden immer noch duellierte, dass die Schwarzen fast zwanzig Jahre nach dem Bürgerkrieg rechtlos waren wie eh und je. In «Huckleberry Finns Abenteuer» arbeitete er seine Beobachtungen und seine Erinnerungen ein. Mit beissendem Spott, mit Sarkasmus stellte er Patriarchat, Blutfehde, Ehrsucht und sinnlosen Mut dar. Religiösen Fanatismus, Dummheit, den Lynchmob und dessen feigen Autoritätsglauben, Aberglaube, den unheilvollen Einfluss von Ritterromanen auf die Phantasie der ungebildeten Hinterwäldler – nichts liess Twain in diesem Roman aus, der immer noch als «Schelmengeschichte» gelesen wird.

Eine Schelmengeschichte ist er allerdings auch, aber der Hauptschelm, Huck Finn, der jugendliche Landstreicher und Vagabund, ist dabei die eigentlich moralische Figur. Huck verhilft dem Sklaven Watson's Jim zur Flucht und kommt sich, weil er ein Weisser ist, gemein und niedrig vor. An Hucks Verzweiflung zeigt Mark Twain die Verlogenheit und die Doppelmoral der frömmlerischen Südstaatengesellschaft in aller Deutlichkeit. «Da war doch die Sonntagsschule», wirft der von Gewissensbissen geplagte Huck sich vor, «da hättest du ja hingehen können, und wenn du das getan hättest, dann hätten sie dir dort beigebracht, dass Leute, die so handeln, wie du wegen des Niggers gehandelt hast, in die Hölle kommen.» Er beschliesst, dafür zu beten, dass er ein besserer Junge werde – doch er kann es nicht, und er weiss auch genau, warum die Worte nicht über seine Lippen kommen: «Deshalb nicht, weil's mit meinem Herzen nicht in Ordnung war. Eine Lüge kann man nicht beten, das stellte ich fest.» Vor die Entscheidung gestellt, ob er Jim ausliefern soll oder nicht, will Huck nämlich nichts einfallen, was ihn «gegen ihn verhärtete, sondern im Gegenteil: Mir fiel unsere Fahrt den Fluss runter ein, und ich sah Jim vor mir, wie er die ganze Zeit über gewesen war, tagsüber und nachts, manchmal bei Mondschein, manchmal bei Sturm, und wie wir weitergetrieben waren und geredet, gesungen und gelacht hatten. (...) Ich sah ihn vor mir, wie er meine Wache übernahm und wie er sich freute, als ich aus dem Nebel zurückkam, und lauter solche Sachen.» Huck entscheidet schliesslich gegen das Gesetz, und, trotz drohender Höllenstrafe, für das menschliche Gewissen. Mit Watson's Jim machte Twain zum erstenmal in einem grossen amerikanischen Roman einen Schwarzen zur ebenbürtigen Figur, mit Huck Finn schuf er den vom Rassenwahn erlösten Weissen, der sich nicht mehr durch das Vorurteil und die Grundsätze einer doppelten Moral verführen lässt, sondern nur seinem Herzen folgt, den Geboten der Freundschaft.

«Roots» – und noch mehr Magnolien

Die literarische Renaissance des Südens sei vorbei, meinen manche Literaturwissenschafter, eine besondere Südstaatenliteratur gebe es nicht mehr. Südstaatenautorinnen und -autoren schrieben nicht mehr über die kulturellen und gesellschaftlichen Besonderheiten ihrer Region, sondern über allgemeine soziale Probleme, persönliche Krisen – kurz über die Allerweltsthemen der modernen Literatur. Doch setzten sich in den späten sechziger, in den siebziger und achtziger Jahren immer mehr Autorinnen und Autoren mit «Heimat» in einem ganz anderen Sinn auseinander. Wie Richard Wright mit seinen Romanen, Essays und Studien zwanzig Jahre zuvor, löste der afroamerikanische Schriftsteller Alex Haley mit seinem Roman «Roots» bei schwarzen und weissen Amerikanerinnen und Amerikanern eine Grundwelle des Interesses aus – an der Herkunft, an der Abstammung, am Schicksal der schwarzen Sklaven, der Vorfahren der afroamerikanischen Bevölkerung. Autorinnen wie Margaret Walker, Alice Walker, Gwendolyn Brooks stellten ihre Situation als Schwarze und als Frauen dar, ein Zeichen schwarzer feministischer Emanzipation.

Nur in den Studios der Film- und der Fernsehindustrie gebärden sich die Produzenten, als hätte die moderne Gegenwart den Süden noch nicht erreicht. Serien wie «Fackeln im Sturm», «Louisiana» und viele andere wärmen immer wieder den Mythos der «Verlorenen Sache» auf, erzählen die Geschichte von Reichtum, Niedergang und glorreichem Wiederaufstieg in den weissen Herrenhäusern am Mississippi. Grossherzig der Herr, fröhlich die schwarzen Sklavenkinder, schön die weissen Damen, gütig die schwarzen Mammies. Sklaverei als romantischer Hintergrund für pikante Geschichten aus einer reichen Gesellschaft – die *Peculiar Institution* ist in einem weissen Endlos-Märchen zum Versatzstück geworden. Hollywoods ausbeuterische Gedankenlosigkeit hat die Geschichte der schwarzen Amerikanerinnen und Amerikaner kolonisiert.

Der dunkle Hintergrund

Die koloniale Gesellschaft

Die erste dauerhafte englische Siedlung in Nordamerika wurde 1607 in Virginia gegründet: Jamestown an der Chesapeake Bay. Entlang der Chesapeake Bay und in der Küstenebene der Carolinas entwickelte sich bald eine Gesellschaft reicher Tabak-, Indigo- und Reispflanzer. Von den nördlichen Kolonisten, etwa den puritanischen Pilgervätern, die mit der «Mayflower» 1620 in Massachusetts landeten, unterschieden sich die Siedler Virginias und der Carolinas durch ihre Motive. Beide Gruppen setzten sich zwar aus Angehörigen des Mittelstandes zusammen. Während die Besiedler Neuenglands in der Neuen Welt das neue Jerusalem erbauen wollten, suchten die südlichen Kolonisten aber den Garten Eden. Das Erbe des Calvinismus, das sie mit den Neuengländern teilten, vernachlässigten sie. Als «genügsam und fleissig» bezeichnete der Pflanzer und Schriftsteller William Byrd die Neuengländer; den Kolonisten Virginias, von denen er selbst einer war, bescheinigte er dagegen eine «sehr lockere und verschwendungssüchtige Moral».

An der Spitze der kolonialen Gesellschaft der Küstenregion standen die reichen Pflanzer, deren Vorbild die englische *Gentry*, der niedere Landadel, war. Der Mittelstand der südlichen Kolonien – Farmer, selbständige Handwerker, Händler – war mit der Pflanzerelite in vielfältiger Weise verwandt und verschwägert und teilte mit der Oberschicht die Vision des gesellschaftlichen Ziels: *Squires,* Landadelige nach englischem Muster, zu werden. Die weisse Unterschicht setzte sich aus angestellten Handwerkern, Pachtfarmern, Landarbeitern, Handlangern und *Indentured Servants* zusammen, jenen Besitzlosen, die die Kosten für die Überfahrt in die Neue Welt bei einem Arbeitgeber in den Kolonien in – meist siebenjähriger – Fronarbeit ableisten mussten. Auch die Klasse der *Poor Whites,* der armen Weissen, entwickelte sich früh in den südlichen Kolonien. Schon am Anfang des 18. Jahrhunderts wird von gescheiterten Menschen berichtet, von Analphabeten, die, von Krankheit und Hunger geschlagen, auf dem schlechtesten Land als Bauern zu überleben suchten.

Zuunterst auf der sozialen Stufenleiter standen allerdings die Schwarzen. 1619 brachte ein holländisches Schiff zwanzig Afrikaner als *Indentured Servants* nach Jamestown. Aus den «Dienern auf Zeit» wurden jedoch bald Sklaven. Im ersten *Slave Code* Virginias von 1705 werden sie als Eigentum ihrer Herren, als *Real Property,* ohne Aussicht auf Freiheit bezeichnet. Die schwarze Bevölkerung wuchs rasch und mit ihr der Reichtum der weissen Kolonialisten. Im «Garten Eden» ging fortan aber die Furcht vor Sklavenaufständen um. Die öffentliche Diskussion über Recht und Unrecht der Sklaverei, die schon bald einsetzte, schürte die Angst. Bald verteidigten die meisten Weissen die *Peculiar Institution* (die besondere Einrichtung), wie die Sklaverei später beschönigend genannt wurde, nicht mehr nur als ein wirtschaftliches System, sondern als die einzige und daher unverzichtbare Methode, die Oberhand über die Schwarzen zu behalten und die weisse Vormachtstellung zu sichern.

Die Frontier, Grenze zur Wildnis

Prägend für die Mentalität der frühen Kolonisten und des Südens überhaupt war das Erlebnis der *Frontier,* der Grenze zur Wildnis. Im späten 17. und frühen 18. Jahrhundert drangen die Siedler nach Westen vor. Landhungrige schottisch-irische und deutsche Siedler wanderten von Pennsylvania ins Piedmont ein und überquerten die Appalachen. Im späteren Tennessee und Kentucky, auf dem legendären «dunklen und blutigen Boden» der frühen Indianerkriege, errichteten sie ihre in den Ursprüngen keltische Kultur, die sich von der englischen der Pflanzerbarone unterschied. Der Kampf um das Überleben in der Wildnis – Helden dieses Lebensstils waren die berühmten *Frontiersmen* Daniel Boone und David Crockett – förderte Werte wie Individualismus, Treue zur Familie, nachbarschaftliche Solidarität, Verachtung und Unduldsamkeit gegenüber staatlichen Institutionen und Eingriffen. Die Fähigkeit zu harter Arbeit war hier überlebensnotwendig, ebenso die Bereitschaft, Gewalt anzuwenden und Gewaltanwendung als ein Mittel zu tolerieren, Eigenschaften, welche die südstaatlerische Mentalität bis in die jüngste Zeit prägen. Im Hinterland der *Frontier* entwickelte sich während der «Grossen Erweckung», einer Evangelisierungsbewegung Ende des 18. Jahrhunderts, die strenge evangelische Religiosität, die zum Merkmal der ganzen Region wurde. Die drei grossen Konfessionen, Presbyterianer, Baptisten und Methodisten, setzten sich machtvoll durch und mit ihnen die fundamental-evangelischen Grundsätze, die bis heute bestimmend sind in der Religiosität des Südens: die Bibel als einzige Quelle des Glaubens und der Glaubenspraxis, der direkte und persönliche Zugang zu Gott, die individuelle moralische Selbstverantwortung. Die Mehrzahl der Südstaatler lebte bis zum Bürgerkrieg unter den Bedingungen der *Frontier*. Sie bewohnte in isolierten Siedlungen einfache Blockhütten, überlebte als Selbstversorger, produzierte auf ihren kleinen Farmen allenfalls kleine Überschüsse für den Handel, den sie über die zahlreichen Flüsse der Region abwickelte.

Regionale Konflikte

In der Amerikanischen Revolution von 1775 bis 1783, dem Aufstand der dreizehn Kolonien gegen das Mutterland England, spielte der Süden eine entscheidende Rolle. Mit dem Kampf um die Unabhängigkeit brachen aber auch die ersten regionalen Konflikte zwischen den Regionen auf. Die Handelssperre gegen England, Irland und Westindien 1774 verletzte, wie später die Schutzzollpolitik der Union, die Exportinteressen des Südens. Im Konvent von Philadelphia 1787, der Versammlung der Gründerväter der Union, kamen gegenseitige Dominanzängste zum Ausdruck. Zu einem der strittigen Punkte wurde die Sklavenfrage: Sollte in dem neuen Staatswesen die Sklavenbevölkerung bei der Festlegung der Abgeordnetenzahl im Repräsentantenhaus mitgezählt werden oder nicht? Man einigte sich schliesslich auf einen Kompromiss: Drei Fünftel der schwarzen Bevölkerung wurden der weissen als Repräsentationsgrundlage zugerechnet. Über ein Verbot des Sklavenhandels war eine Einigung nicht möglich. South Carolina und Georgia weigerten sich, einen entsprechenden Artikel in der Verfassung zuzulassen.

Als der Süden nach der Erfindung der *Cotton Gin* immer stärker die Rolle des Rohstofflieferanten übernahm, begannen wirtschaftliche Konkflikte überhandzunehmen. Zwischen 1793 und 1820 stieg die Produktion von Rohbaumwolle um das Fünfzigfache. In den folgenden Jahrzehnten bildete die Baumwolle das Rückgrat der nationalen Wirtschaft. Rund die Hälfte des gesamten amerikanischen Exports machte sie aus

Am 16. Oktober 1859 überfiel der fanatische Abolitionist John Brown zusammen mit achtzehn Kameraden das Waffenarsenal von Harpers Ferry in West Virginia. Brown wollte mit diesem Angriff die Sklaven zum Aufstand anstacheln und sie aus den Beständen des Arsenals bewaffnen. Nach einem blutigen Gefecht wurden Brown und seine Kumpane von U.S. Marines überwältigt. Browns Hinrichtung in Charles Town, West Virginia, erwies sich für den Süden als psychologischer Fehler: Der militante Abolitionismus hatte in Brown von nun an einen Märtyrer.

und finanzierte einen grossen Teil der amerikanischen Importe. Die im ersten Drittel des 19. Jahrhunderts im Norden einsetzende Industrialisierung verschärfte das regionale Ungleichgewicht. Als Rohstoffproduzent war der Süden zunehmend auf den Import teurer Fertigwaren und Industrieprodukte aus dem Norden angewiesen.

Eine entscheidende Rolle in dem sich sofort verschärfenden Gegensatz zwischen den Regionen spielte die unterschiedlich verlaufende Städtebildung. Mit der Industrialisierung entwickelten sich die städtischen Zentren des Nordens nicht nur als Wirtschafts- und Produktionszentren, sondern auch als Bildungszentren. Städtische Denk- und Lebensweisen förderten den Unternehmergeist und bewirkten eine Liberalisierung des politischen und des religiösen Lebens. Die Städte des Südens dagegen blieben unter dem Einfluss der zahlenmässig kleinen, politisch und wirtschaftlich aber mächtigen Pflanzerklasse kleine Umschlags- und Handelsplätze für die landwirtschaftlichen Rohstoffe. Grossstädte wie im Norden entwickelten sich mit Ausnahme New Orleans' im Süden nicht. Industrialisierung kam für die Region nicht in Frage, weil sie mit ihrem Bedarf an Arbeitskräften die Landwirtschaft konkurrenziert hätte. Die Sklaven- und Plantagenwirtschaft aufzugeben – dafür gab es jedoch keinen Grund: Das System war auch für kleinere und mittlere Betriebe gewinnbringend. Die Städte des Südens und die herrschende Pflanzerklasse waren nicht dem Fortschritt, sondern der Vergangenheit verpflichtet. Öffentliche Einrichtungen wie das Bildungswesen förderten sie kaum. Mit ihrem auf Sklaverei gründenden Wirtschafts- und Gesellschaftssystem verteidigten sie Monokultur und Handarbeit – während der Norden zu wirtschaftlicher Diversifikation und rationeller Maschinenarbeit überging. Die Erhaltung einer in der übrigen Welt geächteten Institution – der Sklaverei – trieb den Süden überdies in die moralische Isolation. «Dixieland» begann sich schon zu Beginn des 19. Jahrhunderts als eine von allen Seiten in Frage gestellte und bedrohte Region zu fühlen und reagierte darauf mit heftigem Nationalismus.

Aber nicht nur der Süden fühlte sich unter Druck gesetzt. Der Norden sah sich der scheinbar unaufhaltsamen Ausbreitung der Sklaverei gegenüber. 1819 meldete sich das Territorium Missouri als sklavenhaltender Bundesstaat zur Aufnahme in die Union. Zweiundzwanzig Staaten umfasste die Union zu jenem Zeitpunkt, elf davon waren sklavenfrei. Die Aufnahme Missouris bedeutete die Störung dieses Gleichgewichts. 1820 kam nach heftigen Auseinandersetzung der «Missouri-Kompromiss» zustande: Gleichzeitig mit Missouri wurde Maine als nicht sklavenhaltender Staat aufgenommen, ausserdem legte der Kongressbeschluss fest, dass auf dem Gebiet des Louisiana-Purchase entstehende Staaten nördlich einer Linie von 36 Grad 30 Minuten sklavenfrei bleiben sollten. Der Konflikt zwischen Nord und Süd, der sich immer stärker in der Sklavenfrage zuspitzte, war damit fürs erste beigelegt. Mit der Aufnahme von Staaten, die ausserhalb des Gebiets des Louisiana Purchase lagen, musste er naturgemäss wieder aufbrechen.

Unter dem Einfluss von Präsident Jacksons Demokratisierung der amerikanischen Gesellschaft und frühsozialistischer und religiöser Ideen aus Europa erfasste in den dreissiger und vierziger Jahren eine soziale und moralische Reformbewegung die Vereinigten Staaten, die in alle Bereiche der Gesellschaft und des Staates griff.

Linke Seite, oben: Thomas Jefferson, Mitverfasser der Unabhängigkeitserklärung, dritter Präsident der Vereinigten Staaten und Gründer der Universität von Virginia, erbaute sich bei Charlottesville das Landgut Monticello. In Haus und Gartenanlagen des Anwesens drückt sich der Universalgelehrte und der nach «wissenschaftlichen» Methoden arbeitende Farmer Jefferson aus. Sie sind nach repräsentativen und funktionalen Gesichtspunkten gleichzeitig angelegt. Monticello gilt als eines der Hauptwerke amerikanischer Architektur.

Linke Seite, unten: In der historischen Michie Tavern, einem Gasthaus in der Nähe von Monticello, soll sich Thomas Jefferson auf dem Weg zu seinen Amtsgeschäften häufig aufgehalten haben.

Rechte Seite, oben: Der Bürgerkrieg von 1861–1865 ist im Bewusstsein der Südstaatler lebendig geblieben. Besuche auf Schlachtfeldern, Gedenkfeiern, die Nachstellung berühmter Gefechte halten die Erinnerung wach. In der Umgebung von Chattanooga, Tennessee, wurden verschiedene bedeutende Schlachten geschlagen: Chickamauga, Missionary Ridge und die berühmte «Schlacht über den Wolken» auf dem Lookout Mountain. Lookout Mountain ist ein beliebter Aussichtspunkt über dem Tennessee Valley. Eine Seilbahn führt von Chattanooga zur Gedenkstätte hinauf.

Rechte Seite, unten: Williamsburg, von 1699 bis 1780 Hauptstadt Virginias, ist eine «Living History Town». Die Altstadt der Kolonialzeit wurde unter grossem Aufwand restauriert. Achtundachtzig Gebäude stammen aus dem 18. und frühen 19. Jahrhundert, viele Häuser wurden im Stil des 18. Jahrhunderts neu aufgebaut. Die Führerinnen und Führer in den historischen Gebäuden, zum Beispiel im Gouverneurspalast, sind in die Trachten des 18. Jahrhunderts gekleidet.

Das Hay House in Macon, Georgia, ein Herrenhaus mit vierundzwanzig Zimmern im italienischen Renaissancestil, wurde 1855 von William B. Johnston als Stadtvilla gebaut. Seiner Zeit voraus war der Repräsentationsbau mit seinem Badezimmer, einem Lift und einer Ventilationsanlage. Die Legende besagt, dass in einem geheimen Zimmer des Hay House während des Bürgerkrieges ein Goldschatz der Konföderierten versteckt war.

Gesellschaften zur Verbesserung des Strafvollzugs, der Armenfürsorge, der Krankenpflege wurden gegründet, Siedlungsexperimente wie die Lebensgemeinschaft New Harmony in Indiana gewagt. Kirchen und Sekten entstanden, das Schul- und Erziehungswesen wurde ausgebaut. Grossen Einfluss gewann die Temperenzbewegung, die den Kampf gegen den Alkohol aufnahm und in einer Reihe von Staaten Alkoholverbote durchsetzte. In diesem Klima eines gesellschaftlichen Aufbruchs musste auch der Kampf gegen die Sklaverei besondere Bedeutung gewinnen. Der Abolitionismus, eine Bewegung zur Abschaffung der Sklaverei, erlebte in den frühen dreissiger Jahren einen starken Aufschwung, der in der Gründung der American Antislavery Society (Amerikanische Antisklaverei-Gesellschaft) gipfelte. Mit der «Underground Railroad» (Untergrundeisenbahn) organisierten die Abolitionisten ein weitverzweigtes Fluchtsystem für unfreie Schwarze aus dem Süden. Als der Propagandafeldzug, den sie entfesselten, nicht zum Ziel führte, überschwemmten sie den Kongress nach englischem Muster mit einer Flut von Antisklavereipetitionen, die 1836 ein Petitionsverbot nach sich zog. Unter dem Druck aus dem Norden verhärtete sich die Gegenposition des Südens, um so mehr, als schon der Sklavenaufstand von 1831 unter der Führung des religiös motivierten Nat Turner die Überzeugung der südstaatlerischen Gesellschaft gestärkt hatte, die Sklaverei sei die einzige Möglichkeit, die gefährlichen Schwarzen unter Kontrolle zu halten.

Der Kampf um die neuen Territorien

Stärker als der Abolitionismus spitzte jedoch die Ausdehnung der Vereinigten Staaten nach Westen den Konflikt zwischen Nord- und Südstaaten zu. Nach der Annexion von Texas trat Mexiko 1848 ein grosses Gebiet, das von den Rocky Mountains bis zum Pazifik reichte, an die Vereinigten Staaten ab. Die Gegner der Sklaverei brachten im Kongress sofort den Vorschlag ein, diese Gebiete für alle Zeiten sklavenfrei zu halten. Die Südstaaten dagegen erhoben Anspruch auf freien Zugang zu dem neuen Gebiet. «Frei» bedeutete in ihrer Lesart *mit der Peculiar Institution*. 1850 stellte Kalifornien das Gesuch, als sklavenfreier Staat in die Union aufgenommen zu werden. Wie bei der Missouri-Krise war damit der Weg frei für einen Kompromiss: Texas wurde die Sklavenhaltung zugebilligt, Kalifornien als sklavenfreier Staat aufgenommen. In den Territorien New Mexico und Utah sollten nach dem Grundsatz der *Popular Sovereignty* dereinst die Siedler selbst für oder gegen die Sklavenhaltung entscheiden. Als Zugeständnis an den Süden, der im Senat durch die Aufnahme Wisconsins in die Minderheit geraten war, verabschiedete der Kongress ein verschärftes *Fugitive Law* (Sklavenfluchtgesetz), das den Norden zur Rückführung entflohener Sklaven verpflichtete.

Stärker denn je waren die Menschen im Süden jetzt davon überzeugt, dass der Norden die Zerschlagung der Sklaverei im ganzen Land plane, dass eine Verschwörung gegen die südstaatlerische Wirtschafts- und Gesellschaftsordnung im Gange sei. Im Norden war man dagegen der Überzeugung, der Süden werde nicht eher ruhen, bis sich die Sklaverei und damit das System unfreier und unbezahlter Arbeit im ganzen Land durchgesetzt habe. 1854 unterbreitete Senator Stephan A. Douglas aus Illinois dem Kongress die Kansas-Nebraska-Vorlage, einen Vorschlag, demzufolge in diesen neu zu schaffenden Territorien nach dem Muster New Mexicos und Utahs die *Popular Sovereingty* anzuwenden sei. Die ansässige Bevölkerung sollte über die Zulassung der Sklaverei selbst entscheiden. Was als Massnahme zur raschen Besiedlung der neuen Gebiete gedacht war, entwickelte sich zum politischen Sprengstoff. Nach der Verabschiedung der Vorlage schickten Sklavereigegner und -befürworter möglichst viele Anhänger, darunter auch Angeheuerte und Fanatiker, in die neuen Territorien, und der Revolver wurde zum Hauptargument in der Sklavenfrage. Den bürgerkriegsähnlichen Auseinandersetzungen, die mehrere hundert Tote forderten, machte der Kongress 1856 durch die Entsendung von Bundestruppen ein Ende.

Schon 1840 hatten sich die Kirchen des Landes in Süd- und Nordkirchen gespalten. Nach den Kansas-Nebraska-Wirren begann als nächste überregionale Institution die Demokratische Partei zu zerfallen. Die alte, konservative Whig Party löste sich auf. An ihrer Stelle gewann eine neue Partei, die Republican Party, an Boden. Sie war im Norden entstanden und hatte von Anfang an Stellung gegen die Sklaverei in den Territorien bezogen. Ihr rascher Aufschwung bedeutete für den Süden eine schwere Bedrohung. Durch die Spaltung der demokratischen Partei in Süd- und Norddemokraten ausserstande gesetzt, regionale Anliegen auf nationaler Ebene durchzusetzen, liefen die Südstaaten Gefahr, unter die Herrschaft einer nordstaatlerischen Partei mit einem Antisklavereiprogramm zu geraten. 1858 trat der Republikaner Abraham Lincoln, ein damals 49jähriger Advokat aus Illinois, im Kampf um Stephan A. Douglas' Senatssitz zum erstenmal auf die politische Bühne. Lincoln war kein Abolitionist, er kämpfte jedoch gegen eine Ausbreitung der Sklaverei und setzte sich kompromisslos für die Einheit der Union ein. Die Spannung zwischen den Regionen stieg, als John Brown, ein abolitionistischer Fanatiker, 1859 einen bewaffneten Überfall auf das Zeughaus von Harper's Ferry in Virginia verübte, um einen Sklavenaufstand auszulösen. Der Süden sah in dem Überfall einen Angriff des Nordens, die nordstaatlerischen Abolitionisten feierten Brown nach dessen Hinrichtung als Märtyrer ihrer Sache.

Sezession und Bürgerkrieg

Als Abraham Lincoln 1860 zum Präsidentschaftskandidaten der Republikanischen Partei nominiert wurde, reagierte der Süden mit Sezessionsdrohungen; als er die Wahl schliesslich gewann, traten zuerst South Carolina und innert zweier Monate Mississippi, Florida, Alabama, Georgia, Louisiana und Texas aus der Union aus. Lincoln hatte im Kongress keine absolute Mehrheit erringen können, in die Verfassung der sklavenhaltenden Staaten einzugreifen hatte er keine Kompetenz. Die Südstaaten und ihre Gesellschaftsform waren nicht unmittelbar bedroht. Trotzdem gründeten sie im Februar 1861 in Montgomery, Alabama, die Confederate States of America (die Konföderierten Staaten von Amerika) – der Zeitpunkt schien den südstaatlerischen Falken gekommen, der wirtschaftlichen und politischen Macht des Nordens Taten entgegenzusetzen.

In seiner Antrittsrede versprach Präsident Lincoln, sich in die Sache der Sklaverei nicht einzumischen und den Bürgerkrieg nicht zu beginnen: «In euren Händen, meine unzufriedenen Mitbürger, und nicht in meinen, liegt die bedeutsame Sache eines Bürgerkrieges. Die Regierung wird euch nicht angreifen. Einen (bewaffneten) Konflikt könnt ihr nicht haben, ohne selbst die Aggressoren zu sein.» Für Lincoln war der Austritt der Südstaaten aus der Union ein verfassungswidriger Akt. Sein erstes Ziel, das er über die Abschaffung der Sklaverei stellte, war die Wiederherstellung der Union.

Der Krieg zwischen den beiden Staaten begann am 12. April 1861 mit der Beschiessung des von Unionstruppen besetzten Fort Sumter in der Bucht von Charleston. Lincoln hatte den südstaatlerischen Angriff durch geschicktes Taktieren herausgefordert. Beide Seiten mobilisierten nun ihre Streitkräfte. Lincoln verhängte über die südstaatlerischen Häfen die Blockade. Auf seine Aufforderung an die Einzelstaaten, 75 000 Freiwillige zu stellen, reagierten Virginia, Arkansas, Tennessee und North Carolina mit dem Austritt aus der Union. Der Westen Virginias trennte sich allerdings vom Mutterstaat und trat 1863 als selbständiger Staat der Union bei. Auch die Sklavenstaaten Delaware, Maryland, Kentucky und Missouri blieben als neutrale Grenzstaaten bei der Union.

Der Norden zählte bei Kriegsbeginn rund zwanzig Millionen Einwohner, die Konföderation zwischen neun und zehn Millionen, von denen rund vier Millionen Sklaven waren. Auch mit seiner Kapitalstärke, seiner Industrie, dem Eisenbahnnetz, der Schiffstonnage war der Norden dem Süden um ein Mehrfaches überlegen. Da beide Seiten an ein kurzes Kräftemessen glaubten, konnte die materielle Überlegenheit des Nordens den Süden jedoch von dem Waffengang nicht abhalten. Man glaubte im Süden, die motiviertere Armee, die fähigeren Armeeführer zu besitzen und rechnete damit, dass sich England und Frankreich auf die Seite der Südstaaten schlagen würden. Die erste grosse Schlacht des Krieges am Bull Run am 21. Juli 1861 endete für die Unionstruppen mit einer Niederlage. Alle folgenden Vorstösse gegen Richmond, die Hauptstadt der Konföderation, scheiterten. Die Sache der Union kam in den ersten Kriegsjahren nicht voran. Am 4. Juli 1863 eroberte die Unionsarmee unter General Ulysses S. Grant jedoch nach langen, vergeblichen Versuchen die Flussfestung Vicksburg und bekam damit den Mississippi in die Hand. Die Konföderation war jetzt in zwei Teile getrennt, die sich nicht mehr vereinigen konnten. Zur gleichen Zeit erlitten die Südstaatentruppen unter General Robert E. Lee bei Gettysburg in Pennsylvania eine vernichtende Niederlage. Vicksburg und Gettysburg brachten den Umschwung. Der Süden war geschlagen – zu Ende war der Krieg allerdings noch lange nicht. Grant übernahm 1864 selbst die Führung des Feldzugs im Osten. In einem verlustreichen Vorstoss gelangte er endlich vor Richmond. Gleichzeitig marschierte der Unionsgeneral William T. Sherman von Chattanooga aus gegen Atlanta. Atlanta fiel im September 1864. Sherman brannte die Stadt nieder, die als Nachschubbasis und Lazarett für die Konföderation gedient hatte, und trat seinen berüchtigten «Marsch zur See» an. Einen hundert Kilometer breiten Streifen zerstörter Felder, niedergebrannter Höfe und verwüsteter Städte hinterlassend, zog er nach Savannah und, nach dessen Fall, durch Georgia und die Carolinas nach Virginia. In der Zwischenzeit war Richmond gefallen. Lee zog sich, Grant auf den Fersen, die Reiterei Philip Sheridans in der Flanke, mit seiner Armee nach Westen zurück. Am 9. April 1865 kapitulierte er in Appomatox bei Lynchburg, Virginia.

Reconstruction und Jim Crow Laws

600 000 Soldaten waren im Krieg gefallen, davon 260 000 Südstaatler. Jeder dritte Haushalt im

Süden beklagte einen Toten. Weite Teile der Region lagen in Schutt und Asche. Landwirtschaftliche Investitionen im Wert von zwei Milliarden Dollar waren zerstört, Eisenbahnanlagen, Fabriken, *Cotton Gins,* Scheunen niedergerissen, das Bankwesen, die öffentliche Verwaltung zusammengebrochen. Die Bevölkerung hungerte. Nach dem Willen Lincolns sollten die Staaten der Konföderation rasch und ohne harte Bedingungen wieder in die Union aufgenommen werden. Schon während des Krieges hatte er eine Amnestie und die Anerkennung der Regierungen der abgefallenen Staaten in Aussicht gestellt, wenn die Sklaverei abgeschafft würde und ein Zehntel der Bürger eines Staates einen Treueeid auf die Union leistete. Lincolns Nachfolger, Präsident Andrew Johnson, übernahm nach Lincolns Ermordung (am 14. April 1865) dessen Politik und damit auch den Konflikt mit dem Kongress, der unter dem Einfluss radikaler Republikaner dem Süden gegenüber eine härtere Politik verfolgen wollte. Über die Verfassungszusätze hinaus, die die Sklaverei für gesetzwidrig erklärten, den Schwarzen die Staatsbürgerschaft und die Bürgerrechte gewährten und das volle Wahl- und Stimmrecht zusprachen, sollte mit dem Programm der *Congressional Reconstruction* die alte Führungsschicht der Südstaaten ausgeschaltet und die republikanische Vorherrschaft gesichert werden. Zwei Jahre nach Kriegsende verfügte der im Kampf gegen den Präsidenten erfolgreiche Kongress im *First Reconstruction Act* die militärische Besetzung des Südens. Unter der Aufsicht von Militärgouverneuren arbeiteten die Staatsregierungen, in denen jetzt auch Schwarze sassen, neue Verfassungen aus, von deren Ratifizierung die Wiederaufnahme in den Bund abhing. Diese Regierungen, zum Teil von Republikanern aus dem Norden, den *Carpetbaggers,* oder von ehemaligen Südstaaten-Whigs, den *Scalawags,* dominiert, setzten die politischen Ziele der Verfassungszusätze durch, waren in viele Fällen aber auch verantwortlich für Zwist, Rassenhass und Zerwürfnisse, weil sie ehemaligen Anhängern der Konföderation die politischen Rechte entzogen und sich Korruption und Vetternwirtschaft zu Schulden kommen liessen. Manche der republikanischen *Reconstruction*-Regierungen hatten in ihren Staaten keinen Rückhalt und überlebten nur dank der Bajonette der Besatzungsarmee.

In den siebziger Jahren erlahmte die Motivation des Nordens, den Süden auf den rechten Weg zu bringen. Immerhin waren die wichtigsten Ziele der *Reconstruction* erreicht: Die Sezessionsgelüste des Südens waren erloschen, seine Führer arbeiteten mit dem Norden zusammen, da sie für den Wiederaufbau ihrer Region nordstaatlerisches Kapital benötigten. Als 1875 die Demokraten die Mehrheit im Senat gewannen, ohne dass der Süden den alten regionalen Konflikt wiederaufleben liess, war der Weg frei, die Besatzungstruppen zurückzuziehen. 1877 verliess der letzte Unionssoldat den Süden. Allerdings hatte es die Misswirtschaft der republikanischen Regierungen den Angehörigen der alten süddemokratischen Machtclique ermöglicht, ihre einflussreichen Stellungen wieder einzunehmen. Schon vor dem offiziellen Ende der *Reconstruction* wurden fortschrittliche Gesetze, etwa im Erziehungs- und Bildungswesen, wieder aufgehoben. Schrittweise verdrängten die konservativen Kräfte die Schwarzen aus ihren Positionen und beschnitten ihre Rechte. Terrorisiert vom Ku Klux Klan, gegen den die Bundesregierung sich nicht durchsetzte, akzeptierten die Schwarzen ihre Rolle als Bürger zweiter Klasse. Bis zum Ende des Jahrhunderts erliessen die Staaten, unterstützt von der Bundesregierung, die «Jim Crow Laws», Gesetze, mit denen den Schwarzen die Ausübung der Bürgerrechte verunmöglicht wurde. 1896 entschied der Oberste Gerichtshof im Fall Plessy versus Ferguson, dass die Bundesstaaten das Recht hätten, die Rassentrennung in ihren Gesetzen zu verankern. *Separate but equal* (getrennt aber gleich) lautete fortan der heuchlerische Grundsatz, nach dem Schwarz und Weiss in allen Bereichen des öffentlichen Lebens getrennt wurden. Der moralische Kreuzzug des Nordens gegen den Süden war gescheitert. Er hatte die Sklaverei zwar besiegt, seine eigene moralische Maxime – die Gleichheit der Menschen und die Menschenrechte – jedoch verraten.

Die neue Sklaverei der kleinen Pächter

Die neu-alten demokratischen Führer des Südens, die auch als *Redeemer* (Erlöser) bezeichnet wurden, weil sie die Staaten von der radikal-republikanischen Herrschaft «erlöst» hätten, verfestigten das weisse Einparteiensystem: Wählbar waren im Süden ohne Risiko für Leib und Leben nur die Demokraten. Die neue Machtclique trieb auf der einen Seite zwar den Aufbau der Textilindustrie und des Eisenbahnnetzes voran, indem sie nordstaatlerisches Kapital in die Region zog, kappte auf der anderen Seite jedoch alle staatlichen Zuwendungen für öffentliche Einrichtungen. Schwarze und weisse Kleinfarmer blieben von den Landbesitzern, der alten Pflanzerklasse, als *Sharecroppers* abhängig. Das *Crop-Lien*-System (Verpfändung der kommenden Ernte gegen Lebensmittel und Werkzeuge) brachte Schwarze und arme Weisse gleichermassen in die Situation von Unfreien, beinahe Leibeigenen. Mit der People's Party kam in den neunziger Jahren eine politische Kraft auf, die die Vormacht der Demokraten brechen und das Los der weissen und schwarzen Kleinfarmer zu verbessern suchte. Doch die *Populists* setzten sich nicht durch. Trotzdem von Wirtschaftsleuten und Publizisten lautstark verkündeten *New South,* dem Süden der Prosperität, der Rassenversöhnung, des Fortschritts, blieben die alten Machtstrukturen bestehen. Bis zum Ersten Weltkrieg lebte die überwältigende Mehrheit der Südstaatler – ob weiss oder schwarz – in isolierten ländlichen Verhältnissen. Armut war das Hauptmerkmal der Region.

Der «gottverlassene» Süden

Der Erste Weltkrieg brach die Isolation der Region zum erstenmal auf. Die Armee richtete die meisten ihrer Trainingscamps im Süden ein und baute Marinestützpunkte. Die Nachfrage nach Baumwolle und anderen Landwirtschaftsprodukten stieg und brachte Geld in die Region. Die Bundesregierung baute Sprengstofffabriken und kurbelte damit den Aufbau der chemischen Industrie an. Auch die Industrie im Norden benötigte Arbeitskräfte. Bis 1920 wanderte eine Million Schwarzer in die nördlichen Industriestädte aus. Tausende von weissen und schwarzen Südstaatlern verliessen die Region als Soldaten, Tausende von Nordstaatlern fluteten in die Trainingscamps im Süden. Dieser erste inneramerikanische Massenexodus brachte neben einem neuen Wohlstand auch Unruhe und Rassenspannungen in den Süden. Die Zahl der Lynchmorde, die in den achtziger und neunziger Jahren einen einsamen Höhepunkt erreicht hatten, stieg wieder an. Nach dem Krieg zerfielen die Baumwollpreise, der Einbruch des *Boll Weevil*, des Baumwollrüsselkäfers, der den Baumwollanbau praktisch zum Erliegen brachte, machte der Hoffnung auf dauerhaften wirtschaftlichen Aufschwung ein rasches Ende. Trotz zunehmender Industrialisierung geriet die Wirtschaft der Region wieder in eine schlimme Talfahrt, und mit dem Börsenkrach 1929, der die Weltwirtschaftskrise einleitete, stand der Süden am Rand des Abgrunds. Das Bild des *benighted South*, des gottverlassenen, von Mangelkrankheiten, Hunger, Ku Klux Klan, *Lynchings* und einer fanatischen Religiosität geprägten Südens machte in der Nation die Runde. Erst als Präsident Franklin D. Roosevelt den Süden zum «ökonomischen Problem Nummer eins der Nation» erklärte und im Rahmen des *New Deal* eine Reihe weitgespannter wirtschaftlicher Reformprogramme lancierte, erhielt die Region eine wirkliche Chance. Das ehrgeizigste und grösste Entwicklungsprojekt der Vereinigten Staaten überhaupt, das Tennessee-Valley-Projekt, schuf die Grundlage für die Industrialisierung im Norden der Region. Durch eine Reihe von Landwirtschaftsgesetzen wurden die Anbauflächen verkleinert und die Produktivität der verbleibenden Farmen erhöht. Strassen- und Eisenbahnbau wurden vorangetrieben. Eine zweite Massenauswanderung nach den Städten und dem Norden setzte ein. In den folgenden Jahrzehnten liess der Bund mehr Gelder in den Süden fliessen, als er in Form von Steuern aus der Region einnahm.

Die Amerikanisierung des Südens

Bis in die dreissiger Jahre hatten die politischen und gesellschaftlichen Verhältnisse der Region mehr Ähnlichkeit mit dem alten Süden der Vorkriegszeit als mit dem übrigen Amerika. Erst der Zweite Weltkrieg löste im Süden jenen Wandel aus, der die Region der Nation anglich. Wiederum waren es massive militärische Investitionen des Bundes – Werftanlagen, Flugzeugwerke, Chemiefabriken, Flugbasen, Trainingszentren, Kommandozentralen –, die Arbeitsplätze schufen und Geld in die Region brachten. «Zum erstenmal seit dem Bürgerkrieg», schrieb das Magazin «Fortune», «kann jeder Südstaatler, der will, einen Job haben.» Die 1,2 Millionen neuen Industriearbeitsplätze fielen zur Hauptsache an Weisse, doch beschäftigten immer mehr Unternehmer in dem beispiellosen Wirtschaftsboom der Kriegsjahre schwarze Arbeiter und liessen sogar Gewerkschaften zu. Noch waren weisse und schwarze Arbeiter getrennt, noch kam es – wie 1943 in der Alabama Drydock Company in Mobile – zu Ausschreitungen weisser gegen schwarze Arbeiter. Doch mit den neuen wirtschaftlichen Möglichkeiten wuchs auch das Selbstbewusstsein der schwarzen Amerikaner. Der blanke Zynismus ihrer Rolle im europäischen Krieg, wo sie als entrechtete amerikanische Bürger gegen ein rassistisches Regime für Freiheit und Demokratie kämpften, schärfte ihr Bewusstsein für ihre entwürdigende Situation. Schon bald nach Ende des Krieges begann ihr Kampf gegen die Segregation (Rassentrennung) und für die Bürgerrechte. 1948 hob Präsident Harry S. Truman die Rassentrennung in der Armee auf und erklärte die Gleichstellung der Schwarzen zum nationalen Thema. Der Oberste Gerichtshof begann in einzelnen Fällen, Segregation für ungesetzlich zu erklären. Historische Bedeutung erlangte das Urteil Brown versus Board of Education 1954, das die Rassentrennung an den öffentlichen Schulen für verfassungswidrig erklärte. Die meisten Staaten versuchten die Integration der Schulen jedoch zu verhindern und leisteten massiven

Widerstand. Um den Bundesgerichtsentscheid durchzusetzen, entsandte Präsident Eisenhower 1956 Bundestruppen nach Little Rock, Arkansas, und verschaffte damit zum erstenmal schwarzen Schülern den Zutritt zu einer weissen Schule.

Die eigentliche Bürgerrechtsbewegung setzte mit dem Busstreik von Montgomery, Alabama, ein. Rosa Parks, eine schwarze Arbeiterin, war am 1. Dezember 1955 verhaftet worden, weil sie sich geweigert hatte, ihren Sitzplatz an einen Weissen abzutreten. Auf ihre Verhaftung erfolgte ein Boykott des städtischen Verkehrsnetzes, den Martin Luther King jr. organisierte. Trotz einem Bombenattentat auf Kings Haus und einer Reihe anderer Einschüchterungsversuche hielten die Bürgerrechtskämpfer den Boykott ein Jahr lang durch. Im Dezember 1956 gab die Stadtregierung nach und hob die Rassentrennung in öffentlichen Einrichtungen auf. King gründete 1957 die Southern Christian Leadership Conference (SCLC), um dem schwarzen Widerstand einen institutionellen Rahmen zu geben. Bis zu seiner Ermordung 1968 in Memphis unterstützte oder organisierte er die meisten wichtigen Bürgerrechtsaktivitäten im Süden. 1960 lösten vier schwarze Studenten mit einem Sitzstreik in einer Hamburgerbar in Greensboro, North Carolina, eine Welle von Sit-Ins in öffentlichen und privaten Einrichtungen aus, an der Tausende von schwarzen und weissen Studenten teilnahmen. Mit den *Freedom Rides*, organisierten Busreisen durch die Südstaaten, forderten die Schwarzen die Jim Crow Laws im öffentlichen Transportwesen heraus. Nach Kings von Gandhi inspiriertem Vorbild liessen sie sich widerstandslos verhaften. In zahlreichen Städten organisierten die Bürgerrechtler Protestversammlungen und Demonstrationen. Die weisse Vormacht reagierte in vielen Fällen mit brutaler Gewalt. Wiederum ging das Bild eines gewalttätigen Südens um die Welt. Einer brutal aufgelösten Demonstration in Birmingham liess King 1963 den Marsch auf Washington folgen. 200 000 Menschen zogen mit ihm vor das Weisse Haus, darunter 60 000 Weisse. Präsident John F. Kennedy reagierte auf den Marsch mit neuen Bürgerrechtsgesetzen, die jede Rassendiskriminierung im Dienstleistungswesen und in der Verwendung von Bundessubventionen verboten. Der Marsch von Selma nach Montgomery, Alabama, im ersten Anlauf von der Polizei mit Tränengas und Knüppeleinsatz aufgehalten, bildete den Abschluss der Bürgerrechtsbewegung. Präsident Lyndon B. Johnson peitschte in den darauffolgenden Wochen die Voting Rights Acts durch, die die Abschaffung aller einschränkenden Bestimmungen bei der Ausübung des Wahl- und Stimmrechts verfügten.

Die Bürgerrechtsgesetze von 1964 und 1965 zerstörten die gesetzliche Grundlage des alten Kastensystems im Süden und machten ihn innerhalb der Nation gewissermassen gesellschaftsfähig. In einer Periode des Wachstums stiegen Einkommen und Lebensstandard. Die Landwirtschaft wurde diversifiziert, *Agribusiness* löste die Kleinfarm ab. Mechanisierung und Modernisierung brachten das Ende des *Sharecropping*-Systems und der damit verbundenen Abhängigkeiten. Die Landflucht setzte sich fort. Die Industrie löste die Landwirtschaft an der Spitze der regionalen Wirtschaft ab. Erstmals lebten im Süden mehr Menschen in städtischen Agglomerationen als auf der Farm.

Auch das Landschaftsbild hat sich durch diesen Wandel verändert. Weite Anbauflächen von Baumwolle sind heute wieder zu Wald- und

Buschland geworden und gleichen stärker dem unbesiedelten Süden der Kolonialzeit als vor achtzig Jahren. Die Kolonnen der Baumwollpflückerinnen und -pflücker sind von den Feldern verschwunden – Maschinen verrichten ihre Arbeit. Die von Kudzu überwachsenen Hütten der Sharecropper zerfallen. Die Städte der Region gleichen mehr und mehr den Städten des Nordens. Strassen, Autobahnen, Fluglinien, Eisenbahnlinien verbinden die Region eng mit der übrigen Nation und beschleunigen die «Amerikanisierung» des Südens. Noch sind nicht alle Probleme gelöst. Schwarz und Weiss geniessen zwar die gleichen Rechte, leben aber nach wie vor getrennt. Armut, Arbeitslosigkeit und all die Folgeprobleme sozialer Chanchenlosigkeit wie Kriminalität und Drogensucht sind unter Schwarzen weit mehr verbreitet als unter Weissen. Der Süden hat sein Wachstum seit 1970 durch Ausbeutung seiner Bodenschätze – Öl, Kohle, Gas – erkauft und kämpft heute mit Umweltproblemen. Die Löhne der Arbeitnehmer liegen immer noch weit hinter denen des Nordens zurück. Allzuviele Unternehmungen, die sich in der Region niederliessen, sind Filialen von Nordstaatenfirmen – das Kapital stammt immer noch von den *Yankees.* Von dem wirtschaftlichen Aufschwung profitierten hauptsächlich Texas, Florida, Georgia, North Carolina und dort die städtischen Zentren. In manchen Regionen Mississippis, Alabamas, Arkansas', der Appalachen und unter den schwarzen Landbewohnern herrscht immer noch Armut. Das Bild vom prosperierenden *Sunbelt* ist ein neuer Mythos des Südens – Wirklichkeit, Traum und trügerische Hoffnung in einem.

Die gemeinsame Bürde: Rassenbeziehungen im amerikanischen Süden

Von David R. Goldfield

Da waren zwei Rassen, eine schwarze und eine weisse. Sie teilten eine gemeinsame Geschichte, sie hatten zusammen Niederlage und Unterdrückung erlitten, jede auf ihre eigene Weise; sie hatten den dumpfen Schmerz der Armut und der Entwurzelung durch den wirtschaftlichen Wandel ertragen; sie waren gestolpert und in Literatur, Gesundheitswesen und Technologie hinter dem übrigen Amerika zurückgeblieben. Sie teilten das Land – das von Baumwolle und Tabak ausgelaugte, zerfurchte und zerklüftete, von Abflussgräben durchzogene und von Gestrüpp überwucherte Land, die rot blutende, rohe Erde, das Land der fliessenden Ströme, der nebligen Vormittage und der unbeschreiblichen Düfte, der blossen Füsse im frischen Schlamm, der Regenbogenfrühlingszeit, der weissen Sommer und der grauen Winter. Sie teilten den Glauben, dass Gott sie als die modernen Hebräer auserwählt habe, um sie in das gelobte Land besserer Zeiten zu führen, wenn nicht hier und jetzt, so doch sicher nach und nach. Sie besassen eine persönliche Beziehung zu Gott; sie verehrten Gott in einem familiären Umgangston, denn Er war so gegenwärtig wie die Schuld, die auf der bevorstehenden Ernte lastete. Und sie teilten den Charme der Unterhaltung, der Umgangsformen und der gesellschaftlichen Konvention, die Achtung vor den Älteren und vor allem vor den Toten, und beide gaben die Familientraditionen mündlich weiter, durch das Wort oder das Lied: Die Vergangenheit sollte *erinnert* werden und nicht gelernt.

In dieser Region der Ironien war es der Ironien höchste, dass die beiden Rassen während Jahrhunderten Seite an Seite gelebt hatten und einander überhaupt nicht kannten. Die Sünde des Rassenstolzes war zwischen sie gekommen und hatte einen so tiefen Abgrund geschaffen, dass nur wenige die Hoffnung auf Versöhnung aufrechterhielten. Die Erlösung kam unerwartet, als die verunglimpfte Rasse den eisernen Schleier lüftete und die reichen Gemeinsamkeiten von Schwarz und Weiss enthüllte.

Haben die Südstaatler die Sünde des Rassenstolzes erfolgreich überwunden? Wie bei vielen anderen Dingen im Süden ist die Antwort: «Je nachdem.» Das unmittelbare Ziel der Bürgerrechtsbewegung war es, die demütigende Situation der Rassentrennung zu beenden. Segregation war nicht nur ein Kunstgriff, die Rassen von ihrer gemeinsamen Kultur zu trennen – sie prägte der einen den unauslöschlichen Stempel der Minderwertigkeit auf. Heute leben die Südstaatler beider Rassen in einer stärker rassengemischten Umgebung denn je in der Geschichte des Südens. Schulen, Parks, Restaurants, Theater und Hotels sind offen für beide Rassen. Wenn Schwarzen der Zutritt hier verwehrt wird, führt dies zu Schlagzeilen und zu einer allgemeinen öffentlichen Verurteilung. Im September 1989 weigerte sich ein Restaurantbesitzer in North Augusta, South Carolina, schwarze Gäste zu bedienen. Der Staat entzog ihm daraufhin die Lizenz für den Alkoholausschank, und die Bundesregierung erhob Anklage, obwohl der solchermassen gezüchtigte Wirt erklärte, er habe seine «Nur-für-Weisse-Politik» fallengelassen.

Es war beruhigend zu sehen, dass «das System» zur Ausrottung der Diskriminierung tatsächlich funktonierte. Der Zwischenfall erhellte aber auch die Tatsache, dass die «Ent-Segregierung» öffentlicher Einrichtungen im Süden noch nicht restlos vollzogen ist, besonders in den zahlreichen kleineren Gemeinden der Region. Schwarze

Natchez, die alte Hafenstadt am Mississippi, nahe der Grenze zu Louisiana, ist berühmt für seine Herrenhäuser. Mit dem Bau des achteckigen Longwood wurde 1859 begonnen. Der Ausbruch des Bürgerkrieges unterbrach die Bauarbeiten. Longwood ist bis heute unvollendet geblieben. Es befindet sich immer noch im Familienbesitz des Erbauers.

wissen zu erzählen, dass es Restaurants und Bars gibt, die sie besser nicht betreten oder in denen sie genau wissen, wohin sie sich zu setzen haben. In Saluda, South Carolina, essen Schwarze in einem Downtown-Restaurant durch eine hölzerne Trennwand von den weissen Gästen getrennt. In Terrel County, Georgia, wissen Schwarze, dass sie bei Sonnenuntergang von den Strassen zu verschwinden haben, und es ist ihnen genau bekannt, welche Toiletten sie im Gerichtsgebäude benützen dürfen. Die Bürgerrechtsbewegung hat diese Gebiete nicht erreicht, und die Rassenbeziehungen sind in einer Zeitkrümmung steckengeblieben. Unter dem Gewicht negativer Publizität werden aber auch diese Bastionen der zweirassigen Gesellschaft zerfallen.

Ernster und weiter verbreitet ist das Abbröckeln der Integration im öffentlichen Bildungswesen. Die öffentlichen Schulen des Südens sind zwar die am meisten integrierten des Landes, ein erstaunliches Phänomen, wenn man berücksichtigt, dass sie noch vor dreissig Jahren strikt rassengetrennt waren. Doch der Stolz darauf verliert seine Bedeutung, wenn man erfährt, dass die Schulen ausserhalb der Region schon beinahe so stark segregiert sind wie die Südstaatenschulen in den fünfziger Jahren. Die Flucht der Weissen in die Vororte, der Niedergang der städtischen Schulsysteme und die Zunahme der städtischen schwarzen Bevölkerung haben im ganzen Land eine neue Generation von rassengetrennten und ungleichen Schulen hervorgebracht[1]. Einige südstaatlerische Schulbezirke wie Norfolk und Little Rock kämpfen um das Rassengleichgewicht, indem sie gewisse Schulen wieder segregieren. Damit verkleinern sie die Zahl der schwarzen Schüler in anderen Schulen und begrenzen so die Flucht der Weissen. Die wenigen Systeme, die Stadt- und County-Schulen[2] zusammenschliessen, wie etwa Charlotte, North Carolina, «bussen»[3] Schulkinder, um ausgewogene Klassen zu bekommen. Doch im ganzen ist dies eine Schlacht, die verlorengeht.

1947 wurde das Gesuch des Schwarzen Harry Briggs aus Clarendon, South Carolina, für einen Schulbus für schwarze Schüler zurückgewiesen. Briggs reichte Klage ein, und zusammen mit einigen anderen führte sein Fall zu dem historischen Brown versus Board of Education-Urteil, das 1954 der Rassentrennung in den Schulen ein Ende setzte. Doch geht man heute zur Scott's Branch High School im Clarendon County hinunter, so trifft man rund um die Schule heruntergekommene Hütten und verfallene Wohnwagen. Die Schule selbst wird immer wieder von Scott's Branch (einem Flussarm) überschwemmt. Ein Blick auf die fünfhundertneunzig Schüler zeigt, dass sie alle schwarz sind und so arm, dass fast jeder die Voraussetzungen für freie Verpflegung erfüllt. Bei einem nationalen standardisierten Sprach- und Mathematik-Examen erzielte die zehnte Klasse der Schule einen Durchschnitt von sechs Punkten auf einer

---

[1] Die wohlhabendere weisse Bevölkerung zog in den sechziger und siebziger Jahren in die Vorstädte. Den weissen Vorstadtschulen steht mehr Geld zur Verfügung als den Schulen der ärmeren schwarzen Innenstadtbevölkerung. Die schwarzen Schulen sind ausserdem mit grösseren sozialen Problemen belastet, was sich negativ auf ihre Qualität auswirkt. Ausnahmen – etwa kirchliche schwarze Internatsschulen, die wegen ihrer guten Leistungen auch von Weissen besucht werden – bestätigen die Regel. Viele Weisse haben das öffentliche Schulsystem ganz aufgegeben und schicken ihre Kinder in Privatschulen.
[2] Die öffentlichen Schulen werden im Süden hauptsächlich von den Counties, den Verwaltungsbezirken, getragen.
[3] Um die Integration der öffentlichen Schulen durchzusetzen, wurden und werden in den USA Schulkinder in Schulbussen von schwarzen Quatieren in weisse und von weissen in schwarze gefahren. Das System bekam die Bezeichnung «busing» - «bussen».

Linke Seite, oben: Oak Alley an der Great River Road ist ein Beispiel dafür, dass die Prunkarchitektur der Pflanzervillen nicht nur repräsentativen Zwecken diente. Die von Säulen getragene umlaufende Veranda erlaubte es, auch bei tropischen Wolkenbrüchen die Fenster offenzuhalten. Gekühlt wurde in den heissen Sommern nicht nur mit Durchzug, sondern auch mit Eiskübeln auf dem Tisch: Sklaven betrieben mit Kurbeln Deckenventilatoren, die den weissen Herren die kühle Luft zuwehten. Das Bild ist vom Standort der ehemaligen Sklavenquartiere aus aufgenommen.

Linke Seite, unten: Manche der historischen Herrenhäuser werden als Bed-and-Breakfast-Pensionen betrieben. Im Park des grössten Herrenhauses überhaupt, des Nottoway, unweit Oak Alley in Louisiana, wird den Touristen ein Sonntags-Brunch angeboten. Dafür reisen sie in Cars von New Orleans und Baton Rouge an.

Rechte Seite, oben: Bescheidener als die Fassade vermuten lässt, ist das Innere von Oak Alley. Die ehemaligen Besitzer haben Villa und Park in eine Stiftung umgewandelt, deren Zweck es ist, das Anwesen als historisches Denkmal für die Nachwelt zu erhalten.

Rechte Seite, unten: Der achteckige Grundriss von Longwood führt zu kreisrunden Räumen im Innern des Baus. Das mächtige Gebäude ist von einer Kuppel überwölbt. Wie die meisten grossen Herrenhäuser ist Longwood nicht bewohnt, sondern dient als Museum und Denkmal einer ebenso grossen wie tragischen Epoche.

Folgende Doppelseite:
Über den östlichsten Kamm des Appalachengebirges führen die Panoramastrassen Skyline Drive und Blue Ridge Parkway 920 Kilometer durch endlose Laub-, Misch- und Nadelwälder. Der Blue Ridge Parkway endet beim Great Smoky Mountains National Park an der Grenze von North Carolina und Tennessee.

Rechts: Der Mississippidampfer mit seinem Heckrad erinnert an die alten Tage auf dem grossen Fluss, die Mark Twain hinreissend beschrieben hat. Der dampfbetriebene Sternwheeler mit dem flachen Boden transportierte auf dem unberechenbaren Strom Güter und Menschen, bis er von der Eisenbahn abgelöst wurde. Rundfahrten auf historischen Mississippidampfern im Hafen von New Orleans gehören zu den beliebtesten Touristenattraktionen. Wer die Kosten eines Luxushotels nicht scheut, kann sich in mehrtägiger Fahrt aber bis St. Louis fahren lassen, historische Ambiance mit Candlelight Dinners und Gambling (Glücksspiel) inbegriffen.

Unten: Beaufort an der Atlantikküste besitzt noch ganz die Atmosphäre der verschlafenen Kleinstadt des Südens. Lockere Überbauung, üppig wuchernde Vegetation, ein ländlich-gemächlicher Rhythmus prägten die Städte des agrarischen Südens bis weit in unser Jahrhundert hinein und setzten sie in scharfen Gegensatz zu den dicht überbauten, grauen und hektischen Industriestädten des Nordens.

Rechte Seite, oben: Frühling in North Carolina. Neben dem blühenden Dogwood (Hartriegel), einem Wahrzeichen des Südens, steht das kleinste Postbüro der Nation, das Post Office von Barco. Es besteht aus einem einzigen Raum – und der amerikanischen Fahne, welche die Präsenz des Bundes markiert. Der Südstaatenflagge ist es verwehrt, an den Fahnenstangen des Bundes zu flattern.

Sonnenaufgang bei Beaufort, South Carolina. Ein Reiher lauert auf Beute in einem seichten Flussarm. Mit dem wirtschaftlichen Aufschwung des Sunbelt kamen Tausende von stadtmüden Nordstaatlern in den Süden. Was sie suchten, waren niedrige Lebenskosten und Bodenpreise, freundliche Städte und unverdorbene Natur. Sie fanden, was sie suchten. Doch der Aufschwung hatte seinen Preis. Die Region kämpft heute mit grossen Umweltproblemen.

Skala von neunundneunzig – der nationale Durchschnitt liegt bei fünfzig.

Wo Schulen erfolgreich ent-segregiert wurden, wie zum Beispiel in Charlotte, ist die Integration schwer zu fassen. Da gibt es weisse und schwarze Schülerklubs. Einige Schulen führen getrennte Schülerbälle durch. In der Cafeteria sitzen Schwarze gewöhnlich bei Schwarzen und Weisse bei Weissen. Und in den Klassen mit akademischer Begabung sind die Gesichter in der überwältigenden Mehrzahl weiss. Fern vom öffentlichen Bereich greift die Segregation tiefer. Private Klubs sind auch in grösseren Städten oft rassengetrennt. Die Klubreglemente schweigen sich normalerweise über Rassenbeschränkungen zwar aus, doch der Brauch verbietet es, dass Schwarze als Mitglieder aufgenommen werden. Die Klubmitglieder argumentieren, dass es ihre Angelegenheit sei, mit wem sie sozialen Umgang pflegen wollen, und ausserdem seien das keine rassistischen Regungen, sondern bloss eine persönliche Vorliebe für bestimmte Gefährten. Doch immer in der Geschichte des Südens haben einflussreiche Männer in diesen Klubs Geschäfte abgewickelt, Beziehungen gefestigt und Anstellungen vermittelt. Die Schwarzen von diesen Aktivitäten auszuschliessen, bedeutet, ihre Aufstiegschancen in einer vergesellschafteten Welt zu verkleinern.

Bei den Wahlrechten steht es besser. Nur wenig mehr als zwanzig Prozent der schwarzen Bevölkerung des Südens waren vor 1965 als Wähler registriert, davon lebten fünfundachtzig Prozent in Städten. Das Stimm- und Wahlrechtsgesetz von 1965 veränderte die politische Landschaft des Südens. Heute nehmen über 3500 Schwarze Wahlämter ein, die höchste Zahl in der Nation. Schwarze Bürgermeister regieren Birmingham, New Orleans, Richmond, Atlanta und Little Rock. 1989 wurde der Demokrat Doug Wilder, der Enkel eines Sklaven, erster schwarzer Gouverneur der Nation, ein Erfolg, der noch bemerkenswerter wird durch die Tatsache, dass Virginia der «republikanischste» Staat im Süden war und einen verhältnismässig kleinen Prozentsatz an schwarzen Wählern aufweist. Schliesslich waren die Schwarzen auch erfolgreich in der Anwendung jener Bestimmungen des Wahlrechtsgesetzes, die ihnen eine faire Eingrenzung der Wahldistrikte und faire Wahlverfahren garantieren. Auch wenn keine schwarzen Kandidaten im Rennen sind, besitzen die Schwarzen oft eine starke Stimme im politischen Prozess.

Es war ein langer Weg von der Zeit vor 1965, als wenige Schwarze ausserhalb der Städte wählen konnten und keiner ein öffentliches Amt innehatte, bis zur heutigen Situation. In jenen Tagen beherrschte die Demokratische Partei die Politik des Südens und wehrte interne und externe Herausforderungen unter Berufung auf die weisse Vormachtstellung erfolgreich ab. In einem ironisch anmutenden Wechsel erlebte die Demokratische Partei nach 1965 einen grossen Zustrom von schwarzen südstaatlerischen Wählern, in erster Linie weil diese Wähler die nationale Demokratische Partei mit der Bürgerrechtsgesetzgebung der sechziger Jahre in Verbindung brachten[4]. Die Republikaner hatten sich oft gegen jene Massnahmen gestellt. Heute kann kaum ein weisser Politiker der Demokraten eine Wahl ohne schwarze Stimmen gewinnen. Doch die Übertra-

[4] Sowohl John F. Kennedy als auch sein Nachfolger Lyndon B. Johnson, die beiden Präsidenten, die die Bürgerrechtsgesetze im Kongress durchbrachten, waren Demokraten gewesen (s. auch Kleines Lexikon der Südstaaten)

gung schwarzer politischer Macht in eine Politik, die auf schwarze Interessen ausgerichtet ist, war schwierig. Die grosse Mehrheit der gewählten schwarzen Amtsträger regieren kleine, arme, vorwiegend schwarze Amtsbezirke, denen das Steueraufkommen fehlt, um die öffentlichen Dienste auszubauen. Der Rückzug der Reagan-Regierung aus städtischen Programmen unterbrach die Bundes-*Pipeline*, von der viele dieser Gemeinden abhängig waren. Sogar in grösseren Amtsbezirken wie Atlanta und Birmingham hatten die schwarzen Regierungen Schwierigkeiten, die schwarzen Quartiere mit einer guten Versorgung auszustatten, da diese Stadtregionen schon allzuweit hinter der übrigen Stadt zurücklagen. Aufholen war und ist ein teures Unternehmen.

Schwarze Regierungen waren erfolgreicher im Vollzug von Förderungsprogrammen zur Erweiterung der Beschäftigungsmöglichkeiten für die schwarze Stadtbevölkerung. Unter der Leitung des schwarzen Bürgermeisters von Richmond, Roy West, und seiner Parteigänger im Stadtrat führte die Stadt 1983 ein aggressives Unterstützungsprogramm ein, das die öffentliche Hand verpflichtet, dreissig Prozent der öffentlichen Aufträge an Firmen im Besitz von Minderheiten zu vergeben. Vor 1983 gingen 0,67 Prozent der öffentlichen Aufträge Richmonds an Minderheitenunternehmungen. 1986 war der Anteil auf nahezu vierzig Prozent emporgeschnellt. Von Schwarzen geführte Verwaltungen verstärkten die schwarze Beteiligung an der Bürokratie der Städte. Während Maynard Jacksons erster Amtszeit von 1973 bis 1977 in Atlanta stieg der Anteil der von Schwarzen gehaltenen Positionen in der Stadtregierung und -verwaltung von neunzehn auf zweiundvierzig Prozent. Doch diese Programme halfen vor allem der schwarzen Mittelschicht. Die Zahl der Schwarzen unter der Armutsgrenze ist im städtischen Süden während der achtziger Jahre gewachsen, und die Ungleichheiten zwischen Weissen und Schwarzen sind bei Einkommen und Beschäftigung so gross wie eh und je. In Houston, Texas, verdient eine durchschnittliche schwarze Familie rund sechzig Prozent des Einkommens einer weissen. Die Arbeitslosenrate der schwarzen ist dreimal höher als die der weissen Amerikanerinnen und Amerikaner. In Atlanta behaupten sich bei Einkommen und Arbeitslosigkeit trotz Förderungsprogrammen etwa die selben Ungleichheiten.

In der politischen Wirklichkeit des Südens – vor allem in den Städten – können Schwarze zwar die öffentliche Politik kontrollieren oder nachhaltig beeinflussen, die Kontrolle über die städtische Wirtschaft liegt aber immer noch in der Hand der Weissen, und die gewählten schwarzen Amtsträger müssen im Bewusstsein dieser Tatsache regieren. Der Politologe Mack Jones aus Atlanta formulierte den Sachverhalt einfach: «Die Wirtschaft ist von weissen Interessen kontrolliert, und gewählte schwarze Regierungsmitglieder brauchen die Unterstützung durch eben diese weissen Elemente, um die bestehenden öffentlichen Dienste aufrechtzuerhalten.» In demselben Mass wie die öffentlichen Gelder schwinden, nimmt die Bedeutung lokaler Banken und anderer grosser Unternehmen zu. Dies soll nicht heissen, dass die schwarzen Regierungen die Befehle der Downtown-Eliten ausführen, doch es bedeutet, dass die wirtschaftliche Entwicklung – und besonders die Entwicklung der Downtowns – hohe Priorität besitzt in der City Hall (im Sitz der Stadtregierung).

Die Natur der politischen Abläufe im heutigen Amerika vermindert darüber hinaus den Einfluss der schwarzen Wählerschaft. Politik ist eine Frage der Ressourcen. Doch schwarze Politiker verfügen über wenige Mittel, noch weniger ihre schwarzen Wähler. Medien, Finanzierung, wirtschaftliche Führung, Beratungen und Expertisen für die Durchführung von politischen Kampagnen werden von Weissen dominiert. Dies will nicht sagen, dass die Weissen schwarzen Interessen feindlich oder gleichgültig gegenüberstehen – trotzdem kann es aber bedeuten, dass sie für die Bedürfnisse der armen schwarzen Wähler weniger Einfühlung aufbringen und sie weniger wahrnehmen.

Abgesehen von den fehlenden Mitteln, verkleinert die steigende Konkurrenzfähigkeit der Republikanischen Partei auf Gemeinde- und Staatsebene die Wirkung der schwarzen politischen Macht. Für weisse Kandidaten der Demokratischen Partei ist die Wahl ein richtiggehender Balanceakt: Ihre hauptsächlichen Wähler sind Schwarze und Weisse aus der Unterschicht, zwei Gruppen, die sehr wenig gemeinsam haben. Die gesetzgebenden Behörden der Staaten schickten sich nach der Volkszählung von 1990 ausserdem an, die Wahlbezirke neu einzuteilen. Es ist wahrscheinlich, dass dabei mehr Bezirke mit mehrheitlich schwarzer Bevölkerung geschaffen werden. Diese Isolierung der schwarzen Wähler kann den Fortschritt, den die steigende Zahl Schwarzer in den Staatsparlamenten bedeutet, jedoch untergraben. In der Annahme, hier ohnehin einen Sieg zu erringen, werden Führer der Demokratischen Partei solche Bezirke links liegen lassen, die Republikaner werden sie aufgeben, um sich darauf zu konzentrieren, attraktive neue Bezirke mit *weisser* Mehrheit zu gewinnen. Alle diese Faktoren zusammen begünstigen eine Politik, die niedrige Steuern sichert, die wirtschaftliche Entwicklung fördert und nur bescheidene soziale Leistungen bereitstellt.

Die politischen Trends für die Zukunft sind keine guten Vorzeichen für die schwarze politische Macht. Mit der Zunahme von ethnischen Gruppen wie Asiaten und Lateinamerikanern wurde die Lokalpolitik mehr und mehr pluralistisch. In Houston beispielsweise leben heute nach Schätzungen 100 000 Salvadorianer. Die meisten sind nicht gemeldet, doch werden sie innerhalb der nächsten fünf Jahre das Wahlrecht erhalten. In Atlanta leben beträchtliche Gruppen von Vietnamesen, Koreanern, Kambodschanern und Laoten, die von Schwarzen, Juden und anderen Gruppen angegangen werden, um politische Koalitionen zu bilden. Über 75 000 Hispanics (spanisch sprechende, oft illegale Einwanderer aus Mittel- und Südamerika, vor allem aus Mexiko) lebten 1987 in der *Metropolitan Area* von Atlanta. Wenn pluralistische Politik im Süden in derselben Weise spielt wie anderswo, wird Politik, die auf eine einzelne Rasse ausgerichtet ist, kaum viel Unterstützung erhalten.

Wir befinden uns in der Nachreform-Ära städtischer Politik, wie der Politologe John J. Harrigan bemerkt hat. Südstaatlerische Staats- und Gemeinderegierungen befassen sich in erster Linie damit, öffentlich-private Partnerschaften zu schmieden, grosse Bauprojekte auszuführen und die bestehenden Steuervorteile aufrechtzuerhalten. Eigentlich wird die Gemeinde- und Stadtregierung im Süden – traditionellerweise nicht sehr stark – noch zunehmend schwächer. Die Aufteilung der Macht unter Ämtern, Behörden, Spezialbezirken, Bürgergruppen, City-Managern und Stadträten hat die Exekutivgewalt ausgehöhlt. Das führt dazu, dass gewöhnlich kein einzelnes Regierungsorgan allein über ein wichtiges Problem entscheiden kann.

Damit soll nicht gesagt sein, die öffentliche Politik habe die schwarze Unterschicht aufgegeben. Schwarze Mittelschichtführer betonen, dass ein breitgefächerter politischer Themenkatalog unter dem Gesichtspunkt der sozialen *Klassen* eher zu einer politischen Übereinstimmung führen könnte als ein enggefasster unter dem Gesichtspunkt der Interessen der *Rassen*. Diese Politiker befürworten eine Politik der Unterstützungsaktionen und der Wirtschaftsentwicklungsinitiativen. Schwarze Amtsträger bestreiten allerdings, dass solche Strategien den Schwarzen mit niedrigem Einkommen schliesslich zum Vorteil gereichen. Die Regierung unter Atlantas schwarzem Bürgermeister Andrew Young von 1981 bis 1989 erhöhte die Verträge mit Minderheitenunternehmen auf fünfunddreissig Prozent des gesamten städtischen Auftragsvolumens. Diese Mittel, erklärte Young, «schäumen über, um die Hungrigen zu nähren, die Nackten zu kleiden und die Kranken zu heilen.» Einer der schwarzen Gegner Youngs, der Pfarrer Hosea Williams, bezweifelte allerdings diese «Tröpfchentheorie» des Bürgermeisters und stellte die Frage, wie der Bürgermeister die schwarzen Probleme der schwarzen Innenstadt Atlantas behandeln wolle, die auf der nationalen Rangliste der Armut an zweiter Stelle hinter Newark steht. Young und seine Kollegen antworteten mit dem Argument, eine blühende Stadt werde eher eine gerechte Stadt sein. Curtis B. Gans, Direktor des auf die Schwarzen ausgerichteten Komitees für das Studium der amerikanischen Wählerschaft, fasste diese Überlegungen 1985 zusammen, indem er schrieb, Schwarze müssten eher eine *economic-class agenda* als eine *black agenda* haben[5]. Er räumte ein, dass «das Ende des Rassismus keinen bedeutenden Wechsel für die schwarze Unterschicht nach sich zieht». Das Kunststück ist es, Programme auszudenken, die auf die jeweils gleichen Probleme der langfristig Armen beider Rassen antworten. Doch es fällt schwer, zu sehen, wie eine Ausweitung des sozialpolitischen Themenkatalogs die Zustimmung der Politker beider Rassen erleichtern oder den Glauben erschüttern sollte, wirtschaftliche Entwicklung an sich sei die beste Sozialpolitik. Es muss angenommen werden, dass die weisse Mittelschicht die Sozialpolitik so lange eher zu unterstützen bereit ist, als das Wort «schwarz» nicht damit verknüpft ist, wenn die Abneigung der Weissen dabei auch weniger der Rasse als der Art der Politik gilt.

Die Grenzen der schwarzen politischen Macht widerspiegeln die noch grösseren Beschränkungen der schwarzen wirtschaftlichen Macht im Süden. Martin Luther King jr. sagte 1965 voraus: «Wenn die Neger wählen könnten, (...) gäbe es keine bedrückende Armut mehr.» Diese Hoffnung hat sich als trügerisch erwiesen. Die schwarze Armut dauert in den Städten fort und ist gewachsen, in ländlichen Gegenden ist sie besonders himmelschreiend. Die dienstleistungsorientierte Wirtschaft des grossstädtischen Südens wächst auf zwei verschiedenen Ebenen. Zuerst sind da die sogenannten Wissensfunktionen: höhere Ausbildung, Rechts-, Finanz - und Treuhandleistungen, Datenverarbeitung, Administration und Verwaltung. Aus diesen Funktionen entstehen hochqualifizierte, hochbezahlte Posi-

---

[5] anstatt einer schwarzen eher eine Themen- und Traktandenliste nach den Gesichtspunkten der Wirtschaftsklasse

tionen, die ausserhalb der Reichweite der meisten schwarzen Stadtbewohner liegen. Die andere Beschäftigungsstufe in der Dienstleistungswirtschaft schliesst meist niedrig bezahlte Jobs ohne Entwicklungsmöglichkeiten ein, wie Hamburgerwenden, Gebäudereinigen, Autowaschen. Viele der freien Stellen liegen in den neu entstehenden Vorstädten der *Metropolitan Areas*[6] und sind deshalb für die schwarzen Innenstadtbewohner nicht erreichbar. Die mittelständische Bevölkerung und die wirtschaftliche Basis, die sie darstellt, verlassen die Südstaatenstädte, wie sie die Städte in anderen Regionen verlassen haben. Zwischen 1960 und 1975 zum Beispiel, als der Anteil der City Atlantas an der Gesamtbeschäftigung der *Metropolitan Area* von zwanzig auf zwölf Prozent fiel, musste die Stadt einen absoluten Verlust von 2000 Stellen hinnehmen. 1960 wies die Kernstadt Atlantas neunzig Prozent des Büroraums der *Metropolitan Area* auf. 1980 war dieser Anteil auf zweiundvierzig Prozent gesunken – rund um die City lagen nun hundert Industrieparks. Die Schwarzen zogen kaum in die vorstädtischen Verwaltungsbezirke. Da waren die Transportprobleme, da war die Diskriminierung auf dem Wohnungsmarkt. Und die Liegenschaftspreise lagen jenseits der Möglichkeiten der meisten Schwarzen. Die Vororte zonten Bauland für den Wohnungsbau in einer Weise aus, die Siedlungen für Familien mit niedrigem Einkommen und den Bau von Mehrfamilienhäusern verhinderte.

Die wirtschaftliche Lage der Schwarzen im ländlichen Süden ist noch beträchtlich schlechter. Mehr als vierundvierzig Prozent aller auf dem Land lebenden Schwarzen sind arm – bei den schwarzen Innenstadtbewohnern sind es weniger als ein Drittel. Medizinische Versorgung, soziale Einrichtungen und Arbeitsmöglichkeiten sind im ländlichen Süden minimal, und die Rassendiskriminierung ist hier grösser. Die Schwarzen leben in den ärmsten *Counties* des Südens konzentriert. Die Mittel der Gemeinde- und *County*-Regierungen sind deshalb überbeansprucht. In einem ländlichen Staat wie Mississippi leben vier von zehn Schwarzen unter der Armutsgrenze – bei den Weissen ist es einer von zehn. In Tunica, in der von vielen Schwarzen bewohnten Deltaregion, besteht die typische schwarze Behausung aus einer Zwei- bis Vierzimmerholzhütte mit einem Blechdach und Karton oder Plastikfolie anstelle von Fensterscheiben. Nur vierzehn Prozent der schwarzen Erwachsenen der Stadt haben einen *High-School*-Abschluss[7], die meisten leben von der Wohlfahrt[8]. Ein besonders elendes Viertel, Sugar Ditch Alley, hat seinen Namen von einem eine halbe Meile langen Graben hinter den Hütten bekommen, in dem die Bewohner Abfälle und Müll ablagern. Die Bilanz des Elends im ländlichen Süden ist ernüchternd: Mehr als achtundfünfzig Prozent der auf dem Lande wohnenden schwarzen Frauen sind arm; sechsundsiebzig Prozent der Kinder sind arm; den schwarzen Kindern unter sechs Jahren, von denen beinahe achtzig Prozent in Armut leben, geht es am allerschlechtesten.

Die Wirtschaft des *Sunbelt* hat nicht nur Spaltungen zwischen städtischen und ländlichen Gebieten, sondern auch innerhalb der Gemeinde der Schwarzen geschaffen. Unterstützungsprogramme, Öffnungen im politischen Prozess und

---

[6] Agglomerationen mit einer Kernstadt und Vorortsgemeinden in den umliegenden *Counties*. Die *Metropolitan Areas* sind im allgemeinen durch öffentliche Verkehrsmittel schlecht erschlossen.

[7] Abschluss der zwölfjährigen Schulzeit des amerikanischen Grundschulsystems
[8] 1990 erhielt eine vierköpfige Familie 120 Dollar im Monat.

die gedeihende Wirtschaft in den *Metropolitan Areas* halfen mit, dass der schwarze Mittelstand im Süden wachsen konnte. «Die unwiderrufliche Errungenschaft der Bürgerrechtsbewegung ist es, dass der schwarze Mittelstand sich stark ausgebreitet hat», schrieb 1980 Leslie Dunbar vom Southern Regional Council. Die Politologen Earl und Merle Black schätzten, dass 1980 nahezu dreissig Prozent der südstaatlerischen schwarzen Arbeitskräfte in Mittelstandsbeschäftigungen angestellt seien, über vierzig Prozent in Metropolitan Areas, verglichen mit vier Prozent im Jahr 1940. Schwarze Führungspositionen im öffentlichen Bereich, in den Medien, im Erziehungswesen und zunehmend auch in der gesellschaftlich verflochtenen privaten Welt sind Tatsachen des städtischen Lebens im Süden der neunziger Jahre. Trotzdem – die «Tröpfchentheorie» funktioniert nicht, die Lücke zwischen der schwarzen Mittelschicht und der schwarzen Unterschicht wird grösser, und zwar in wirtschaftlicher und in psychologischer Hinsicht. Ungeachtet ihres Einkommens oder ihrer Beschäftigung teilten alle Schwarzen vor 1960 das Stigma der Rassentrennung. Jetzt, da die offene Segregation verschwunden ist, ist vor allem für den Mittelstand eine gemeinsame Erfahrung abgebrochen. Die Beschreibung des Verhaltens des schwarzen Mittelstandes, die der Journalist Orde Coombs 1978 gab, trifft noch besser auf die Gegenwart zu: «Was konnten wir ihnen (den armen Schwarzen) jetzt wirklich sagen, ausser einem gemurmelten "Wie geht's, Bruder?", wenn wir vorbeieilten, um den Zug zu erwischen, der uns zu einer nächsten Verabredung bringen sollte, zu einer nächsten Konferenz, zu einer nächsten Stufe auf unserer wahnwitzigen Treppe des sozialen Aufstiegs? Unsere Augen würden ihnen Mitleid schenken, unsere Handflächen würden sich gegen sie öffnen und schnell wieder schliessen. Und wenn wir es auch hassten, darüber zu reden, wir wussten, dass wir uns an ihnen vorbei, über sie hinaus bewegt hatten, für immer.»

Die wachsende Entfremdung unter den Schwarzen, die Fortdauer der schwarzen Armut und die Grenzen der schwarzen politischen Macht, verbunden mit der Unzerstörbarkeit der Rassentrennung in bestimmten Bereichen der Gesellschaft, zeigen, dass der Pfad zur Gleichheit der Rassen im Süden mit Martin Luther Kings Worten «kein breiter Highway» ist. Listet man aber die sich zäh haltenden Sünden des Rassenvorurteils auf, so ist es wichtig zu bedenken, dass die Wahrnehmung des Südens durch die Schwarzen selbst sich wandelt, dieser Region, die rassische Unterdrückung noch vor einer Generation hervorgebracht hat. Der stärkste Beweis dafür ist die Umkehrung der schwarzen Auswanderung aus dem Süden, die mehr als ein Jahrhundert gedauert hat. In den siebziger und verstärkt in den achtziger Jahren erlebte der Süden eine Netto-Einwanderung von Schwarzen. Mehr als ein Drittel dieser Einwanderer hatte keine familiären Verbindungen zum Süden und kam in erster Linie wegen der sich bietenden wirtschaftlichen Möglichkeiten. Taylor Wilson, ein schwarzer Elektriker aus Chicago, erklärte seinen Umzug in den Süden so: «Ich gehe in den Süden aus denselben Gründen, die meinen Vater aus Mississippi hierher gebracht haben. Er war auf der Suche nach einem besseren Leben.» Ein schwarzer Journalist, der nach Atlanta gezogen war, verteidigte seine Bevorzugung des Südens mit der Bemerkung, dass «der Norden sich immer noch um Dinge schlägt, die der Süden schon zustande gebracht hat.(...) Ich möchte meine Kinder *hier* aufziehen.»

Die gemeinsamen Elemente der schwarz-weissen Kultur – Höflichkeit, Sinn für Vergangenheit und engere Heimat, Religion – spielen so zusammen, dass sie im Süden die Verbesserung der Rassenbeziehungen fördern. Schwarze Südstaatler können ihrer tiefempfundene Liebe für das Land Ausdruck geben, in dem ihre Vorfahren – wie die der Weissen – aus den Zypressenbäumen, durch die Sümpfe, von den Wäldern, die einmal Baumwollfelder waren, zu ihnen sprechen. Die religiöse «Mundart» ist Schwarzen und Weissen in dieser überwältigend protestantischen Region gleichermassen vertraut. Schwarze und Weisse identifizieren sich mit Leiden, Sünde, Schuld und Erlösung in derselben Weise. Apokalypse und Errettung schienen in dieser Region, wo Armut, Niederlage, Analphabetismus und die weisse Vormachtstellung schwere historische Lasten darstellten, stets gleichermassen nah bei der Hand zu sein. Die Bürgerrechtsbewegung gab schwarzen und weissen Südstaatlern die Gelegenheit, zusammenzuarbeiten und die Bürde der Vergangenheit zu tragen.

Vor Jahrzehnten schon stellte William Faulkner durch die Figur des Rechtsanwalts Gavin Stevens in «Griff in den Staub» eine Vision vor: «Wir – er (der Schwarze) und wir (die Weissen) – sollten uns verbünden (Faulkner verwendet hier das Verb «to confederate») (...) Dann würden wir die Oberhand gewinnen; zusammen würden wir die Vereinigten Staaten beherrschen; wir würden eine nicht nur uneinnehmbare Front darstellen, sondern eine, die nicht einmal bedroht werden kann von einer Masse von Leuten, die nichts mehr gemeinsam haben, ausser einer rasenden Gier nach Geld und einer fundamentalen Angst vor dem nationalen Scheitern, die sie voreinander hinter einem lauten Lippenbekenntnis für eine Flagge verbergen.» Jenes Jahrtausend ist natürlich noch nicht angebrochen. Aber im Süden steht es weit eher in Aussicht als anderswo in Amerika. Bob Hall, Herausgeber des «Southern Exposure Magazine» und mehr geneigt, auf die Unzulänglichkeiten der Region hinzuweisen, als blind ihre Eigenschaften zu preisen, bringt es auf den Punkt: «Nichts ist unvermischt im Süden, doch die Möglichkeiten, die der Süden uns bietet, sind viel besser als die Möglichkeiten an manchen anderen Orten. Weil die Möglichkeiten an anderen Orten eliminiert, mit den Wurzeln ausgerissen worden sind.»

Die Südstaatler kämpften wie die alten Hebräer untereinander und verwickelten sich in einen Willenskampf gegen ihren Gott; doch wie die alten Israeliten schmiedeten sie aus dem Konflikt selbst ein Land der Verheissung, und der Süden kann immer noch jenes rettende Land sein, das vorhergesagt war, als die ersten Siedler seiner unvergleichlichen, verheissungsvollen Schönheit begegneten.

Kleines Lexikon der Südstaaten

A

Abolitionismus. (von engl. abolition = Abschaffung). Ab 1820 formierte sich in den USA organisierter Widerstand gegen die → Sklaverei, der sich während der Präsidentschaft Andrew → Jacksons verstärkte. Am 1. Januar 1831 erschien in Boston erstmals die Zeitschrift «The Liberator». Damit trat der militante nordstaaterische Abolitionismus in den publizistischen Kampf um die Abschaffung der Sklaverei ein. Die Polarisierung von Nord und Süd verschärfte sich dramatisch, geschürt noch durch den Roman → «Onkel Toms Hütte» von Harriet Beecher Stowe, der als Reaktion auf die verschärften Sklavenrückführungsgesetze (Fugitive Laws) von 1850 entstanden war. Mit der Gründung der American Antislavery Society 1833 schufen die Abolitionisten eine zentrale Organisation für ihren politischen und moralischen Kampf, der 1861 schliesslich in den Bürgerkrieg mündete.

Alabama. 4 100 000 Einwohner, 133 000 Quadratkilometer Fläche, Hauptstadt: Montgomery; grösste Stadt: Birmingham. Schwerindustrie im Norden, NASA-Zentrum in Huntsville. Landwirtschaft im Süden und im → «Black Belt», dem ehemaligen Zentrum des → Baumwollanbaus im alten Süden.

Appalachia. Die Appalachen, ein Mittelgebirge, ziehen sich parallel zur Atlantikküste von Neufundland in Kanada bis nach Alabama. Sie bilden das Hinterland des Südens, die Hills, aus denen die Hinterwäldler oder → Hillybillies stammen. In den Appalachen liegt auch der grösste Nationalpark des Südens, der → Great Smoky Mountains National Park. Die höchste Erhebung der Appalachen und zugleich höchster Punkt der Vereinigten Staaten östlich des → Mississippi ist der Mount Mitchell (2037 m).

Arkansas. 2 400 000 Einwohner, 140 000 Quadratkilometer Fläche, Hauptstadt: Little Rock. Agrarstaat: → Reis, → Sojabohnen, → Baumwolle. Grösster Geflügelproduzent der Nation. Holzwirtschaft im Süden. In den Ozarks (Gebirge im Nordwesten) zunehmend Rentnersiedlungen, Hot Springs bekannter Bade- und Kurort mit heissen Quellen. Im Tal des Arkansas River Leicht- und High-Tech-Industrie.

Armstrong, Louis «Satchmo» 1900–1971. Am Nationalfeiertag, dem 4. Juli, in → New Orleans geboren, wurde Louis Armstrong zum berühmtesten Jazzmusiker aller Zeiten. Duke Ellington nannte ihn «die Verkörperung des → Jazz». Armstrong nahm den frühen Jazz als Kind in den Strassen und Kneipen New Orleans' in sich auf. Im Coloured Waif's House, einem Waisenhaus, wo er 1913 und 1914 lebte, erhielt er Musikunterricht. 1918 spielte er bereits in Kid Orys Jazzband und gründete dann seine eigenen Bands, die Hot Five und die Hot Seven. Durch Plattenaufnahmen und Tourneen wurde Armstrong bald international bekannt. In den vierziger Jahren war er bereits ein internationaler Star. Armstrongs Spielweise – er spielte als erster «hot» – wurde stilbildend für den Jazz.

Louis «Satchmo» Armstrong

Atlanta. Die Hauptstadt → Georgias zählt 450 000 Einwohner, ihre Agglomeration 2,5 Millionen. Atlanta ist neben Dallas, Texas, der wichtigste Verkehrsknotenpunkt des Südens. Es besitzt den zweitgrössten Flughafen der Welt, ein hypermodernes städtisches Schnellbahnsystem und gilt als die Handelsstadt mit der glänzendsten Zukunft in Amerika. Atlanta ist der Geburts- und Wirkungsort von Martin Luther → King jr. Sein Geburtshaus, sein «Zentrum für Gewaltfreien Sozialen Wandel», sein Grab im Schwarzenviertel «Sweet Auburn» sind Anziehungspunkte für Tausende von schwarzen Amerikanern. 1996 ist Atlanta Austragungsort der Olympischen Sommerspiele.

B

Baton Rouge. Die Hauptstadt → Louisianas mit 250 000 Einwohnern, steht im Schatten von → New Orleans, der grössten Stadt des Südens. Baton Rouge, im Zentrum der einst reichsten Pflanzerregion der Südstaaten, beherbergt mit der Southern University die grösste schwarze Universität der Vereinigten Staaten. Die Stadt ist Sitz vieler Chemieunternehmungen des «Chemiekorridors», wie die Ansammlung von Werken zwischen Baton Rouge und New Orleans entlang dem → Mississippi genannt wird.

Baumwolle, im 17. Jahrhundert auf die Sea Islands eingeführt, fristete bis zur Erfindung der → Cotton Gin, der Baumwollentkernungsanlage, als Landwirtschaftprodukt ein eher kümmerliches Dasein. Die Cotton Gin machte die Baumwolle wirtschaftlich interessant und schuf die Voraussetzung, dass sie sich zum alles beherrschenden Produkt der Region entwickeln konnte. Vom Beginn des 19. Jahrhunderts an drang der Baumwollanbau und mit ihm das Plantagensystem und die → Sklaverei innert weniger Jahrzehnte von North Carolina bis zum Mississippi vor. Baumwolle erwies sich aber als fragwürdiges Geschenk für den Süden. Sie lieferte die Region der Herrschaft einer konservativen Pflanzerklasse aus, Monokultur und → Row Cropping zerstörten die Böden, das Plantagensystem verhinderte den Aufbau einer heimischen Industrie und die Entwicklung der Städte. Der → Boll Weevil und die Weltwirtschaftskrise machten dem Baumwollanbau im Süden ein Ende und ermöglichten den Übergang zu einer diversifizierten Wirtschaft.

Bayous sind Flussläufe, die frei durch das → Mississippidelta mäandrieren. Man findet Bayous entgegen landläufiger Meinung nicht nur in → Louisiana, sondern auch in Arkansas. Das Wort stammt aus der Sprache der Choctaw-Indianer und bedeutet «fliessendes Wasser» oder «Bach». Bevor in den Sümpfen Süd-Louisianas Strassen gebaut wurden, waren die Bayous in weiten Landstrichen die einzigen Verkehrsverbindungen. Diesen Wasserstrassen entlang entstanden auch die Siedlungen und Dörfer der → Cajuns.

Atlanta, Georgia, Skyline von Norden

Beale Street. Zusammen mit der Auburn Street in → Atlanta war die Beale Street in → Memphis bis in die Jahre nach dem Zweiten Weltkrieg die «reichste Negerstrasse der Welt». Hier bauten die befreiten → Sklaven Geschäfte, Schulen, Versicherungen und Vergnügungslokale auf und brachten es innerhalb ihrer Gemeinde zu beachtlichem Wohlstand. Beale Street mit ihren Bars und Nightclubs entwickelte sich zum Zentrum der afroamerikanischen Musik und brachte eine Reihe grosser Jazzmusiker hervor. Auch Elvis → Presley trat hier zum erstenmal vor eine grössere Öffentlichkeit.

Bibelgürtel. Bible Belt oder Bibelgürtel ist die spöttische Bezeichnung für den frommen Süden.

Black Belt. Reiches Landwirtschaftsgebiet im mittleren → Alabama, im nordöstlichen → Mississippi und im südwestlichen → Tennessee. Von 1820 bis ins frühe 20. Jahrhundert wurde hier vor allem → Baumwolle angepflanzt. Durch das → Row Cropping der Baumwollplantagen wurden die fruchtbaren schwarzen Böden stark erodiert.

Blue Ridge. Parkway und Skyline Drive. Über eine Strecke von 920 Kilometern führen die beiden Panoramastrassen dem östlichsten → Appalachenkamm entlang von → Virginia nach → North Carolina. Als Nationalparks betrieben, bieten sie weitgehend unberührte Natur. Unterkunft und Information sind wie in allen amerikanischen Nationalparks perfekt organisiert. Beste Reisezeit ist Frühjahr und Herbst wegen der Blüte bzw. der Verfärbung der Laubwälder.

Blues ist die Musik der Schwarzen, die aus den «Hollers», den Arbeitsliedern der → Sklaven und → Sharecroppers auf den Feldern und in den Bergwerken des Südens entstand. Der Blues thematisiert den Alltag der hart arbeitenden schwarzen Frauen und Männer. Das Einzelschicksal steht beim Blues im Mittelpunkt; das Individuum mit seinen Freuden, Leiden, Hoffnungen, Enttäuschungen. Liebe, Hass, Sucht und Gewalt sind Bluesthemen.

Boll Weevil. Der Baumwollrüsselkäfer verbreitete sich ab 1892 von Mexiko über Texas und schliesslich über den ganzen Baumwollgürtel. 1920 hatte er sein Vernichtungswerk getan: Die Hälfte der Baumwollernten war zerstört, der Süden stand vor dem Ruin. Der Boll Weevil beschleunigte den Wandel der Südstaatenlandwirtschaft von der Monokultur zur Diversifizierung, indem er die verarmten Baumwollfarmer ganz einfach zwang, auf andere Landwirtschaftsprodukte auszuweichen. Wichtigste Alternativen zur → Baumwolle waren → Sojabohnen und → Erdnüsse. Der Vernichtungszug des Boll Weevil löste aber auch eine Massenabwanderung schwarzer und weisser Farmer in die Städte und in den Norden aus.

Booster. Städtische Booster waren Wirtschaftsführer und Politiker, die eine Kampagne für ein bestimmtes wirtschaftliches oder politisches Ziel führten und versuchten, die Stadtbevölkerung dafür zu gewinnen. An der Spitze von Stadtregierungen «managten» sie Städte wie Grossunternehmungen, immer das Ziel von Wirtschaftswachstum, Stadtentwicklung und politischer Stabilität vor Augen. Einer der bekanntesten Booster war der Herausgeber der Atlantaer Zeitung «Constitution», Henry W. → Grady.

Brass Band. Blech-Blasmusik des → New Orleans → Jazz, die bei Paraden, Märschen, Geschäftseröffnungen und am

Brass Band am Mardi Gras

→ Mardi Gras durch die Strassen zieht.

Bürgerkrieg (Sezessionskrieg). Der Amerikanische Bürgerkrieg 1861–1865, oft als Befreiungskrieg für die amerikanischen Sklaven bezeichnet, wurde von der → Union unter Präsident → Lincoln in erster Linie zur Wiederherstellung des amerikanischen Staatenbundes geführt. War die Sklavenbefreiung auch nicht das ursprüngliche Kriegsziel der Union, so bildete die Sklavenfrage doch einen der zentralen Gründe, die zum Krieg führten. Kulturelle und wirtschaftliche Gegensätze zwischen Norden und Süden zeigten sich schon zu Beginn der amerikanischen Unabhängigkeit. Im Grund traten im Bürgerkrieg zwei unvereinbare Wirtschafts- und Gesellschaftssysteme gegeneinander an: der zunehmend städtisch geprägte, industrialisierte Norden gegen den ländlichen, von feudal-agrarischen Werten bestimmten Süden. Beide Regionen glaubten, ihre Werte und ihre jeweilige Wirtschaftsform gegen den Übergriff der anderen verteidigen zu müssen. Der Norden fühlte sich durch das Vordringen der unbezahlten Sklavenarbeit ebenso bedroht wie der Süden durch die Industrialisierung und den Aufschwung der Gewerkschaften. Im Krieg selbst errang die → Konföderation anfänglich eine Reihe von Siegen, die u.a. auf das Übergewicht der Südstaatler im Offizierskorps der U.S. Army zurückzuführen waren. Langfristig hatte der Süden jedoch keine Chance; die Überlegenheit des Nordens an Menschen und Material war zu gross.

Bürgerrechtsbewegung. Wirtschaftliche und politische Entwicklungen lösten nach dem Zweiten Weltkrieg eine Emanzipationsbewegung unter den schwarzen Amerikanern aus, die bald von der Bundesregierung aufgenommen und unterstützt wurde. Unter der Führung von Martin Luther → King jr. Southern Christian Leadership Conference setzten die Afroamerikaner bis 1965 in gewaltlosen, am Widerstand Ghandis orientierten Aktionen ihre Rechte durch.

Busing. Um die Rassentrennung in den Schulen aufzuheben, verfügten die amerikanischen Behörden, dass weisse und schwarze Schulkinder ausgetauscht, d.h. von weissen in schwarze Schulen und umgekehrt gebracht würden. Busing ist eine der umstrittensten Massnahmen zur Ent-Segregation der amerikanischen Gesellschaft. Es stiess und stösst noch heute auf Widerstand bei Weissen und Schwarzen.

C

Cajuns. Cajuns werden die französischsprachigen Bewohner Süd-Louisianas im Dreieck Houma-Alexandria-Beaumont, Texas, genannt. Als vertriebene französischen Kolonisten aus Nova Scotia, Canada, bildeten sie in der Isolation des Marschlandes am Golf eine eigenständige Kultur heraus, die so vital war, dass sie sowohl → Kreolen als auch später einwandernde Spanier, Deutsche, Italiener assimilierte.

Carpetbagger. Bezeichnung für nordstaaterlische Politiker und Abenteurer, die während der Zeit der → Reconstruction im Süden wirtschaftliche Macht und – mit Hilfe der schwarzen Wählerschaft – politische Ämter erwarben. Der Begriff kommt von der Carpetbag, der Reisetasche aus Stoff, die die Abenteurer aus dem Norden als einziges Gepäck mitbrachten. Carpetbagger wurde zum Schimpfwort für jeden Nordstaatler, der im Süden Geschäfte machte oder sich – aus idealistischen Gründen – für das Fortkommen der Schwarzen einsetzte.

Cash, Jonny. Jonny Cash, am 26. Februar 1932 in Kingsland, → Arkansas, geboren, ist der grosse Star der → Country Music. Wie viele Grössen des Show-Business stammt Cash aus bescheidenen Verhältnissen. Sein Vater, ein Halbindianer, betrieb am → Mississippi eine → Baumwollfarm. Cash kam – wie Elvis → Presley – durch seine Mutter in Kontakt mit → Gospelsongs, Folk- und Country Music. Wie Presley

Blue Ridge Parkway: Looking Glass Rock

167

Charleston, South Carolina, Villen bei White Point Gardens

machte auch er seine ersten Aufnahmen in den Sun-Studios in → Memphis. Cashs Übername ist «Der Mann in Schwarz» – Farbe trage er erst wieder, soll er gesagt haben, wenn Ungerechtigkeit und Not aus der Welt verschwunden seien.

Catfish. Wels, ein Wildfisch, der in den Vereinigten Staaten in vielerlei Arten vorkommt, wird im Süden als Speisefisch im grossen Stil gezüchtet.

Charleston. Die «Perle am Atlantik», wie Charleston lange hiess, wurde im 17. Jahrhundert von englischen Kolonisten gegründet. Charleston, bis zum Bürgerkrieg eine blühende Handelsstadt und grösster Sklavenmarkt der Vereinigten Staaten, sank in der Nachkriegszeit zum Provinznest ab und erholte sich erst wieder, als die Marine im Zweiten Weltkrieg in seinem Hafen Werftanlagen errichtete. Heute ist Charleston mit seiner historischen Innenstadt eine der grossen Touristenattraktionen des Südens.

CNN ist die Fernsehstation Ted Turners in → Atlanta, die rund um die Uhr Nachrichten ausstrahlt.

Cotton Gin. Die Baumwollentkernungsanlage machte die → Baumwolle zum «King Cotton», zum alles beherrschenden König der Südstaaten. 1793 von Eli Whitney erfunden, mechanisierte sie die mühsame Arbeit, die Baumwollsamen aus dem Filz der Faserknäuel zu entfernen. Heute sind im Süden noch rund 2000 Cotton Gins in Betrieb - um die Jahrhundertwende waren es 30 000. Trotzdem ist die Cotton Gin eine Landmarke des Südens geblieben.

Country Music. Sammelbegriff für die populäre amerikanische Musik, die von der Volksmusik des Südens und der Musik der Cowboys des Westens abstammt, Zentrum der Country Music ist → Nashville, Tennessee.

Country Store. Keine Institution beeinflusste das tägliche Leben der Landbewohner im Süden mehr als die Gemischtwarenläden an den Kreuzungen der Landstrassen. Nach dem Bürgerkrieg waren die freien schwarzen Farmer auf die Händler angewiesen, die sich in der Region niederzulassen begannen. Da die → Freedmen wie auch die weissen Kleinfarmer weder über Bargeld verfügten noch Bankkredite bekommen konnten, verpfändeten sie ihre Ernte an den Händler. Zinsen bis 40 % und Couponhefte, die nur im Laden des ausgebenden Händlers gültig waren, brachten die schwarzen und weissen Kleinbauern in vollständige Abhängigkeit vom Händler.

Cracker. Cracker ist die - häufig von Schwarzen verwendete – abschätzige Bezeichnung für den armen Weissen, der in einer zerfallenden Hütte in ländlicher Umgebung lebt. Cracker bedeutet im Sprachgebrauch der Schwarzen: rassistisch, intolerant, in einer engen Religiosität befangen, verbohrt.

Crop-Lien-System. Crop-Lien-System bezeichnet die Verpfändung der kommenden Ernte an den Händler, der den Farmer mit Lebensmitteln, Saatgut und Werkzeug versorgt (→ Country Store). Das System - durch Staatsgesetze sanktioniert und geregelt – führte zu Verschuldung und zu totaler Abhängigkeit der Pächter im Süden. Weisse und schwarze Farmer waren davon gleichermassen betroffen. Es wurde nach dem Zweiten Weltkrieg abgeschafft.

D

Democratic Party (Demokratische Partei). Die Demokratische Partei spaltete sich in den 1850er Jahren im Konflikt um die → Sklaverei in die Nord- und die Süddemokraten auf und verlor damit die beherrschende Stellung, die sie seit der Amtszeit Andrew → Jacksons innegehabt hatte. → Lincolns → Republikaner übernahmen mit seiner Wahl zum Präsidenten die Macht. Der Süden hatte fortan keine Möglichkeit mehr, politische Anliegen auf nationaler Ebene durchzubringen. Weil im Süden die Republikaner nach der Beendigung der → Reconstruction als Partei der → Yankees nicht mehr wählbar waren, entwickelte sich hier ein Einparteiensystem. Mit → «Jim Crow Laws» hielten die Süd-Demokraten die schwarzen Wähler von den Wahlurnen fern. Erst die Wahl Franklin D. Roosevelts zum Präsidenten brachte die Demokraten auf nationaler Ebene wieder an die Macht. Nach einer achtjährigen Unterbrechung durch den Republikaner Dwight Eisenhower setzten die demokratischen Präsidenten John F. Kennedy und Lyndon B. Johnson in den sechziger Jahren die Bürgerrechte durch, die den Schwarzen den Zugang zur Wahlurne sicherten. Diese demokratische Politik auf Bundesebene verschaffte der Partei Zulauf von schwarzen Wählern im Süden. Gleichzeitig öffnete sie die Region für die Republikanische Partei, die sich – als politische Opposition – in manchen Fällen gegen die Bürgerrechtsgesetzgebung aussprach. Das Einparteiensystem des Südens löste sich Ende der sechziger Jahre auf.

Dixie. Das Lied «Dixie's Land» wurde von einem Nordstaatler aus Ohio geschrieben und hatte als «Plantation Song and Dance» zuerst am Broadway von New York Erfolg. Später wurde es von den Soldaten der → Konföderation übernommen. Ausgestattet mit zum Teil neuen Versen und in einem schnelleren Tempo gesungen, avancierte es zur Schlachthymne der Konföderierten.

Dixieland → Mason-and-Dixon-Line.

E

Erdnuss. Die Erdnuss wurde von → Sklaven nach Amerika gebracht. Seit 1915 wird sie als Landwirtschaftsprodukt angepflanzt. Grösster Erdnussproduzent des Südens ist Georgia, dessen Erdnussindustrie jährlich 2,5 Milliarden Dollar umsetzt.

Erdöl wird im Süden seit 1860 gefördert. Erst die Entdeckung der Ölfelder von Texas 1894 machte den Süden jedoch zur führenden Region der amerikanischen Ölindustrie. Der Ölboom der Jahrhundertwende leitete in Texas, → Lousiana und → Arkansas eine Phase der Industrialisierung ein, die sich nach dem Zweiten Weltkrieg fortsetzte. In den Hafenstädten am Golf von Mexiko und am unteren → Mississippi entstand neben Raffinerien eine mächtige Verarbeitungsindustrie. Berühmt ist vor allem der «Chemiekorridor», ein Konglomerat von Chemiewerken zwischen → Baton Rouge und → New Orleans. Der Ölboom führte im Mississippidelta jedoch auch zu massiven ökologischen Problemen. Der Niedergang der Ölindustrie als Folge der zerfallenden Weltmarktpreise Mitte der achtziger Jahre führte die Region – vor allem Louisiana, das unter den ölfördernden Staaten an zweiter Stelle steht – in eine Wirtschaftskrise, die noch nicht überwunden ist.

F

Faulkner, William 1897–1962. Der «Shakespeare der Südstaaten», wie Faulkner genannt wurde, zählt zu den grossen Autoren des 20. Jahrhunderts. Sein Werk spielt mit Ausnahme von fünf Romanen im Yoknapatawpha County, einem fiktiven

William Faulkner (um 1955)

Landkreis im Staat → Mississippi mit der Bezirkshauptstadt Jefferson, dem Abbild von Faulkners Heimatstadt → Oxford. Faulkners Werk bildet im Yoknapatawpha County nicht nur Mississippi ab, sondern den Süden überhaupt, und stellt darüber hinaus den Menschen an der Schwelle zum Industriezeitalter dar. 1950 erhielt Faulkner den Nobelpreis.

Freedmen. Freedmen wurden nach dem Bürgerkrieg die befreiten → Sklaven genannt.

Great Smoky Mountains National Park: Codes Cove

G

Georgia. 6 124 000 Einwohner, 151 000 Quadratkilometer Fläche, Hauptstadt: → Atlanta. Als «Drehscheibe des Südostens» ausgebautes Verkehrs- und Transportnetz, Fertigungs-, Halbleiter-, Holz- und Textilindustrie. Landwirtschaft: Tabak. Viertgrösster Erdnussproduzent der Welt. Hinter → Arkansas zweitgrösster Geflügelproduzent der USA.

Gospel Music. Wer kennt nicht die Gospel-Songs Mahalia Jacksons! Der Gospel-Song entstand Ende des letzten Jahrhunderts aus verschiedenen Wurzeln: Kirchenliedern, → Blues, → Ragtime. Diese religiöse Musik des Südens wird von weissen und schwarzen Frauen und Männern gesungen, von Solisten, von Quartetten und Chören und gehört als ein fester Bestandteil zum religiösen Leben der Region.

Grady, Henry W. 1850–1889. Der Herausgeber der Atlantaer Zeitung «Constitution» war einer der eifrigsten Verkünder des → New South. Das Ziel, das Grady mit seiner Politik der Versöhnung verfolgte, war der wirtschaftliche Wiederaufbau der Region.

Grant, Ulysses S. 1822–1885. Der Oberbefehlshaber der Unionsarmee wurde 1868 Präsident der Vereinigten Staaten und erwies sich als einer der unfähigsten der ganzen amerikanischen Geschichte. Der Führungslosigkeit seiner achtjährigen Präsidentschaft ist es nicht unwesentlich zuzuschreiben, dass sich in der Zeit der → Reconstruction die republikanischen → Carpetbagger-Regierungen durch Korruption und Willkür in Misskredit brachten und die konservative (demokratische) Pflanzerelite ihre alten Machtpositionen zurückeroberte.

Great Smoky Mountains National Park. Der Great Smoky Mountains National Park umschliesst rund 200 000 Hektaren unberührtes Bergland an der Grenze von → North Carolina und → Tennessee. Ausgedehnte Laub- und Nadelwälder beherbergen Hirsch und Bär. Auf einem Wegnetz von beinahe 1300 km kann man wandern oder reiten. Am schönsten ist der Park im Herbst, wenn sich das Laub der Wälder färbt.

H

Hillybilly. «Ein Hillybilly ist ein freier, uneingeengter weisser Bürger von → Alabama, der in den Hügeln lebt, keine Möglichkeit hat, von irgendetwas ein Aufhebens zu machen, der sich anzieht wie ein Mülleimer, spricht, wie es ihm gefällt, Whisky trinkt, wenn er welchen bekommen kann, und seinen Revolver abschiesst, wenn die Lust danach ihn packt», schrieb das «New York Journal» am 23. April 1900 und setzte damit den Begriff Hillybilly als Bezeichnung für den Südstaatler-Hinterwäldler in die Welt.

I

Indianer. Dezimiert durch Kolonial- und Stammeskriege und durch eingeschleppte Krankheiten wie Masern und Windpocken, gaben die Indianer der Südstaaten im frühen 19. Jahrhundert unter dem Druck der weissen Mission ihre traditionelle Lebensweise auf. 1820 gründeten die Cherokees, Chickasaws, Choctaws und Creeks unter der Führung von Mischlingen die Civilized Tribes, die zivilisierten Stämme. Sie bekehrten sich zum Christentum, bauten Schulen und wählten Stammesregierungen nach amerikanischem Muster. Um als zivilisiert zu gelten und von der Union für vollwertig genommen zu werden, führten sie die weisse Plantagenwirtschaft und damit die → Sklaverei ein. Dies schützte sie allerdings nicht vor dem Landhunger der Weissen. Während der Präsidentschaft Andrew → Jacksons wurden die Zivilisierten Stämme gezwungen, ihr Land zu verlassen. 1838 trieben U.S.-Truppen 15 000 Cherokees in Sammellagern zusammen und schickten sie mitten in einem harten Winter auf einen Tausend-Meilen-Fussmarsch nach Oklahoma. Ihr Weg, auf dem Tausende an Erschöpfung, Kälte und Hunger starben, ist unter der Bezeichnung Trail of Tears, Pfad der Tränen, in die Geschichte eingegangen. Nach dem Zweiten Weltkrieg übernahmen die in der Region verbliebenen Indianer unter verbesserten wirtschaftlichen Verhältnissen den American Way of Life. Sie knüpften aber auch wieder an ihre überlieferte Kultur an, die sie heute geschäftstüchtig auswerten: Ihre Reservate – vor allem das der Cherokee in North Carolina – sind zu beliebten Touristenattraktionen geworden.

Indigo. Aus Indigo, einer Pflanze, die 1739 in die Carolinas eingeführt wurde, gewannen die Kolonisten der Südstaaten einen blauen Farbstoff für die englische Textilmanufaktur. Der Unabhängigkeitskrieg und chemische Farben machten der Indigoproduktion ein Ende.

J

Jackson, Andrew 1767–1845. Andrew Jackson, der 7. Präsident der Vereinigten Staaten, gelangte 1828 ins Amt und wurde 1832 wiedergewählt. In der «Jacksonian Democracy» trieb Jackson die Demokratisierung der amerikanischen Gesellschaft voran und führte die → Demokratische Partei an die Macht.

Jazz. Die Legende will es, dass der Jazz in → Storyville, dem Bordellviertel von → New Orleans, entstanden sei. In Wirklichkeit bildeten sich in vielen Städten des Südens aus der Musik ihrer verschiedenen Volksgruppen Mischungen, die im Lauf der Jahrzehnte Eigenständigkeit gewannen. Der lokale Stil der New Orleansschen Unterhaltungs- und Tanzmusik zeichnete sich durch besondere Vitalität und Ausstrahlung aus. Von 1910 an nannte man diese Musik Jazz.

Jefferson, Thomas 1743–1826. Der dritte Präsident der Vereinigten Staaten, ein Virginier, war führend bei der Verfassung der amerikanischen Unabhängigkeitserklärung. Er gründete die Universität von → Virginia in Charlotteville. In seine Amtszeit fällt der → Louisiana-Purchase, der Erwerb der französischen Gebiete von Napoleon I., der der Ausdehnung der USA nach Westen den entscheidenden Anstoss gab.

Jim Crow. Jim Crow (Krähe) ist eine der abschätzigen Bezeichnungen der Weissen für die Schwarzen. Mit Jim Crow Laws werden Gesetze bezeichnet, die von den Südstaaten nach der → Reconstruction erlassen wurden, um die Schwarzen von der Ausübung der Bürgerrechte fernzuhalten und die White Supremacy, die weisse Vormachtstellung, zu verteidigen. Ab Ende des 19. Jahrhunderts bezeichnete Jim Crow auch die Gesetze, die von den Staaten zur Rassentrennung im öffentlichen Bereich erlassen wurden.

Joplin, Scott 1868–1917. Als «König des → Ragtime» legte Scott Joplin den Grundstein des Jazz.

K

King, B.B. Der 1925 geborene B.B. King ist einer der berühmtesten Bluesmusiker der Vereinigten Staaten. Er gilt als einer der Väter des → Rhythm and Blues. Internationale Karriere machte er in den sechziger Jahren, als ihn die Rolling Stones zu ihrem musikalischen Idol erhoben.

King, Martin Luther jr. 1929 – 1968. Der Pastor Martin Luther King trat in den sechziger Jahren als der wichtigste Führer der Bürgerrechtsbewegung hervor. Er gründete die

Martin Luther King (um 1964)

Christian Leadership Conference für die Gleichberechtigung der Afroamerikaner, organisierte den Busboykott von Montgomery, den «Marsch auf Washington» und eine Reihe anderer Demonstrationen und Aktionen, die die Regierung schliesslich zum Erlass der Bürgerrechtsgesetze zwangen. King war in → Atlanta aufgewachsen, wo er auch als Pfarrer arbeitete. 1964 erhielt er den Friedensnobelpreis. Sein Grab in Atlanta – er fiel 1968 einem Attentat zum Opfer – zieht jährlich Tausende von schwarzen Amerikanern an.

Knoxville. Mit 173 000 Einwohnern zählt Knoxville zu den grossen Städten → Tennessees. Die Stadt am Tennessee River ist Sitz der → TVA, der Tennessee River Valley Authority, einer Bundesbehörde, die die gigantischen Stau-, Entwässerungs- und Energieanlagen des Tennessee River Valley kontrolliert.

Konföderation. Am 4. Februar 1861 gründeten die Staaten → Georgia, → South Carolina, → Alabama, → Mississippi, → Louisiana, Florida und Texas in Montgomery, Alabama, die Confederate States of America, die Konföderation, der später noch → Virginia, → Arkansas, → North Carolina und → Tennessee beitraten. Nicht alle sklavenhaltenden Staaten traten der Konföderation bei. Missouri, Kentucky, Maryland und Delaware blieben in der Union oder verhielten sich neutral. West Virginia trennte sich von Virginia und wurde 1863 in die Union aufgenommen. Die Konföderation bildete neben der verbleibenden → Union bis zum Ende des Bürgerkrieges 1865 einen zweiten nordamerikanischen Staat und wurde von England als kriegsführende Macht anerkannt. Der Sitz der Konföderationsregierung war Richmond, Virginia, erster und einziger Präsident war Jefferson Davis (1808–1889).

Kreolen. Kreole war ursprünglich die von Spaniern und Portugiesen eingeführte Bezeichnung für europäische Kolonisten, die in der Neuen Welt geboren worden waren. Als nach der romanischsprachigen die englisch- und deutschsprachige Einwanderung einsetzte, bekam der Begriff Kreole die Bedeutung von einheimisch. Er bezeichnete – aus der Sicht der angelsächsischen Neuankömmlinge – ganz einfach die romanischsprachigen Vorgänger und alle Dinge und Produkte, die aus → Louisiana stammten. Im Sprachgebrauch der Louisianer differenzierte sich der Begriff dann bald nach der Hautfarbe der Menschen – Creole für Weisse; Creole de couleur für Mischlinge; Creole Negro für Schwarze.

Ku Klux Klan. Im Mai 1866 gründeten in Pulaski, → Tennessee, sechs ehemalige Konföderierte einen Geheimbund. Was ursprünglich als Jux gedacht war – die Geheimbündler wollten sich gegenseitig und ihren Nachbarn Streiche spielen –, entwickelte sich rasch zu einer Terrororganisation, die sich gegen Schwarze und ihre weissen Sympathisanten richtete. Ziel der Organisation war es, die politische, wirtschaftliche und gesellschaftliche Vormachtstellung der Weissen, die hierarchische Struktur der Südstaatengesellschaft mit dem weissen Mann an der Spitze, zu sichern. Die Klan-Leute griffen Schwarze unter allen möglichen Vorwänden an. Geteert und gefedert oder gelyncht wurden die Opfer wegen «Unverschämtheit», weil sie republikanisch statt demokratisch wählten, weil sie eine gute Ernte einbrachten, weil sie einen gewissen Wohlstand erwarben, wegen angeblicher Vergewaltigung weisser Frauen oder weil sie in irgendeiner Weise die Color Line übertraten, jene durch Gesetze und Gewohnheiten gezogene Linie, welche die Rassen trennte. Der Klan hatte anfänglich grossen Zulauf, verlor wegen seiner Gewaltexzesse jedoch bald Mitglieder und löste sich 1871 nach dem Erlass entsprechender Bundesgesetze auf. Der Regisseur D.W. Griffith verhalf 1915 mit «Birth of a Nation» nicht nur dem Film als Medium zum Durchbruch, sondern dem Ku Klux Klan zu einer glanzvollen Auferstehung. Griffith stellte den Klan in seinem Film als Retter der Nation dar, der die beiden Regionen – Süden und Norden – zur Versöhnung führte, indem er die Schwarzen und ihre weissen Handlanger (sie hatten – wie er es darstellte – nach → Lincolns Ermordung im Süden die Macht übernommen) in ihre Schranken wies. Der Film verschaffte dem von William J. Simmons im gleichen Jahr in → Georgia reorganisierten Geheimbund Zulauf, diesmal aber nicht nur aus dem verhetzten Nachkriegssüden, sondern aus der ganzen Nation. Zwei Millionen Amerikaner erklärten den Beitritt. Die Gewaltexzesse, diesmal auch gegen Katholiken, Juden und Iren gerichtet, brachten dem Klan nach der Mitte der zwanziger Jahre wiederum den Niedergang. Während der Bürgerrechtsbewegung der sechziger Jahre waren die Kapuzenmänner wieder unterwegs, wieder zündeten sie vor den Häusern ihrer Opfer als Warnung hölzerne Kreuze an. In dieser letzten Schlacht vor der endgültigen politischen Gleichstellung der Schwarzen verschärften sie den Terror mit Mordanschlägen, Sprengstoffattentaten und Bombenwürfen. Seit 1965 ist der Klan zu einer kleinen Gruppe von politischen Sonderlingen geschrumpft, hat von seiner Virulenz jedoch nichts eingebüsst: Bei den Senatswahlen in → Louisiana gewann im Herbst 1991 der 41jährige David Duke, ein ehemals führendes Klan-Mitglied, mit einer rassistischen Kampagne 40% der Stimmen.

L

Lee, Robert E. 1807–1870. Der Oberkommandierende der Konföderierten Armee, ein gebürtiger Virginier, war gegen die Sezession des Südens. → Lincoln bot ihm den Oberbefehl der Unionsarmee an, Lee stellte sich in nationalistischer Loyalität aber der → Konföderation zur Verfügung. Dafür wird er in der Region noch heute wie ein Heiliger verehrt.

Lincoln, Abraham 1809–1865. Abraham Lincoln, ein Anwalt aus Illinois, der aus einfachsten Verhältnissen stammte, erlebte seinen politischen Aufstieg in der 1856 gegründeten → Republikanischen Partei, die die alte Whig-Partei ablöste. Die Wahl

Abraham Lincoln (um 1865)

zum 16. Präsidenten der Vereinigten Staaten gewann er nur mit relativer Mehrheit: Die → Demokraten, in Süd- und Norddemokraten gespalten, konnten keinen gemeinsamen Gegenkandidaten nominieren. Seine Wahl 1860 löste die Sezession der Südstaaten aus. Lincoln war Sklavereigegner, aber kein → Abolitionist. Erst am 1. Januar 1863 proklamierte er die Sklaven in den von der → Konföderation kontrollierten Gebieten als frei. In den Norden besetzten Gebieten und in den neutralen Frontstaaten blieben die Schwarzen bis zum Ende des Krieges in Unfreiheit. Lincoln sicherte sich damit die Unterstützung der radikalen Republikaner und der → Abolitionisten und brachte die öffentliche Meinung Europas auf seine Seite. Lincoln, der eine Politik der Versöhnung mit dem geschlagenen Süden durchzusetzen gewillt war, wurde am 14. April 1865 von einem politischen Fanatiker ermordet.

Louisiana. 4 450 000 Einwohner, 112 000 Quadratkilometer Fläche, Hauptstadt → Baton Rouge; grösste Stadt → New Orleans. → Erdöl-Staat. Chemische Industrie im Chemie-Korridor am → Mississippi zwischen Baton Rouge und New Orleans. Zweitgrösster → Reisproduzent des Landes, → Baumwolle, → Zuckerrohr. An der Golfküste und im Atchafalaya-Becken Fischfang, Langusten und Crevetten.

Louisiana-Purchase. 1803 kauften die Vereinigten Staaten unter Präsident Andrew → Jackson von Napoleon I. alle französischen Gebiete westlich des → Mississippi für 15 Millionen Dollar. Die Vereinigten Staaten dehnten sich damit im Westen bis zu den Rocky Mountains und zur kanadischen Grenze aus.

Lynching. Lynching, die Selbstjustiz des Mobs, nahm in den Jahren des → Bürgerkriegs und der → Reconstruction sprunghaft zu und erreichte in den zwei Jahrzehnten von 1880 bis 1900 seinen Höhepunkt. «Lynchen», rechtfertigten Anhänger der Selbstjustiz ihre Praktik, «ist die Sicherheitsgarantie der weissen Frau vor Vergewaltigung durch Nigger.» Obwohl nur ein Drittel der schwarzen Lynchopfer der Vergewaltigung überhaupt beschuldigt waren, wurde Vergewaltigung als Begründung und Rechtfertigung für die Lynch-«Gesetze» immer an erster Stelle angeführt. Die weitaus meisten Lynchopfer – Schwarze und Weisse – waren des Mordes beschuldigt. Gelyncht wurde aber auch, wer die Vormachtstellung der weissen Rasse gefährdete. In den Jahren nach der Reconstruction waren dies nicht nur Schwarze, sondern ebensoviele Weisse, Männer, die sich gegen die Entrechtung der Schwarzen stellten.

Schwarze, nach 1890 nahezu drei Viertel aller Lynchopfer, wurden wegen Brandstiftung, Einbruch, Tätlichkeit gegenüber einer weissen Person, Hühnerdiebstahl gehängt und erschossen. Der Lynchmob setzte sich nicht, wie das Klischee es will, ausschliesslich aus armen Weissen oder → Rednecks zusammen. Auch Weisse der Mittel- und Oberschicht nahmen an Lynchings teil, in manchen Fällen setzten sich Lynchmobs sogar aus Angehörigen beider Rassen zusammen.

M

Mardi Gras. Der «fette Dienstag» ist der Karneval der Städte → New Orleans und Mobile, der von europäischen, indianischen, karibischen und afrikanischen Einflüssen geprägt ist. Seine Umzüge und Bälle ziehen jeweils Tausende von Touristen in die Stacit. Der Mardi Gras wird als ländlicher Mummenschanz auch in den Prärien des → Cajun-Country gefeiert.

Mason-and-Dixon-Line. Als sich 1765 die Familien Penn und Calvert nicht über den Grenzverlauf zwischen ihren Ländereien einigen konnten, beauftragten sie die Astronomen Charles Mason und Jeremiah Dixon, eine neutrale, objektive Grenze zu ziehen. Sie taten es und trennten Pennsylvania und Maryland auf 360° 43' 17,6" nördlicher Breite. Die Mason-Dixon-Line wurde später zur Grenze zwischen sklavenhaltenden und freien Staaten, Dixieland zum Spitznamen für den rückständigen Süden. Der Name übertrug sich auch auf die weisse Version des New Orleans → Jazz, der um die Jahrhundertwende in den Strassen und Kneipen der Hafenstadt am → Mississippi entstand.

Memphis. Mit 650 000 Einwohnern ist Memphis die grösste Stadt Tennessees. Memphis ist Sitz der Baumwollbörse der Region und einer der grössten Mississippihäfen. Berühmt ist Memphis' → Beale Street, zusammen mit der Auburn Street in Atlanta einstmals «reichste Negerstrasse der Welt».

Mississippi River. Der Mississippi ist mit 4100 km der längste Strom der Vereinigten Staaten. Er entwässert ein Gebiet, das mit über drei Millionen Quadratkilometern rund fünfundsiebzigmal so gross ist wie die Schweiz. Sein Delta schiebt er jährlich bis zu einem Kilometer in den Golf von Mexiko vor. Bis zum Aufkommen der Eisenbahn war der Mississippi die wichtigste Verkehrsader Amerikas. Mit dem Aufkommen der Eisenbahn sank die auf dem Grand Ole' River transportierte Gütermenge bis zur Jahrhundertwende auf zehn Prozent. Erst der Dieselmotor machte die grosse Wasserstrasse für den Gütertransport wieder attraktiv. In sogenannten Tows, Schubverbänden mit bis zu vierzig motorlosen Kähnen, werden heute Massengüter wie → Reis, Weizen, Kohle, Chemikalien auf dem Mississippi transportiert.

Mississippi (State). 2 670 000 Einwohner, 123 000 Quadratkilometer Fläche, Hauptstadt: Jackson. Mississippi ist der Inbegriff des «tiefen», des rückständigen agrarischen Südens. Grösster → Baumwollproduzent östlich des Mississippi. An erster Stelle der landwirtschaftlichen Produktion steht die Forstwirtschaft. Grösster → Catfish-Produzent der Nation.

Mitchell, Margaret 1900–1949. Margaret Mitchell, eine Journalistin des Atlantaer «Journal Sunday Magazine», begann Erzählungen zu schreiben, als sie

Nashville, Tennessee: Wildwasserfahrt in Opryland

ihren Job aus gesundheitlichen Gründen aufgeben musste. Ihre Kurzgeschichten fanden keinen Anklang. Deshalb begann sie Material zur Geschichte → Atlantas vor und während des Bürgerkriegs und in den Rekonstruktionsjahren zu sammeln und zu einem Roman zu verarbeiten. Das Werk kam unter dem Titel «Gone With the Wind» («Vom Winde verweht») am 30. Juni 1936 bei Macmillan

Margaret Mitchell (um 1937)

heraus und war vom ersten Tag an ein Bestseller. Die Verfilmung - Premiere war am 15. Dezember 1939 in Atlanta – machte aus der Liebesgeschichte der Scarlett O'Hara, einer Mondschein-und-Magnolien-Romanze mit realistischen Zügen, einen Welthit. Offen blieb in Margaret Mitchells Liebesgeschichte die Frage: Bekommt Scarlett den widerspenstigen Rhett Butler nicht irgendwann doch noch? Die Fortsetzung des Romans, 1991 unter dem Titel «Scarlett» aus der Feder von Alexandra Ripley erschienen, gibt die Antwort. «Scarlett» soll 1993 auch als Fernsehserie zu sehen sein. Eine Produzentengruppe hat für die Verfilmungsrechte acht Millionen Dollar bezahlt.

Morton, Ferdinand «Jelly Roll» 1885–1941. Jelly Roll Morton, der von sich behauptete, er habe den → Jazz erfunden, war einer der ersten und bekanntesten New-Orleans-Jazzmusiker. Als → Kreole geboren, brachte er es schon mit fünfzehn Jahren zum führenden → Ragtime-Pianisten von → New Orleans. Später führten ihn Tourneen nach St. Louis, Los Angeles, San Francisco und New York. Von 1920 an wandte sich Jelly Roll vom Ragtime ab und dem Jazz zu.

Myrtle Beach. Vergnügungsparks aller Art gehören für die Amerikaner zu den beliebtesten touristischen Attraktionen. Myrtle Beach, der Fun-Park an North Carolinas weissem Strand, ist zusammen mit Six Flags over Georgia bei → Atlanta und → Opryland bei Nashville der bekannteste der Region.

N

Nashville. Die Hauptstadt von → Tennessee zählt 475 000 Einwohner. Sie ist das Zentrum der → Country Music und mit der Music Hall of Fame (dem Museum der Country Music) und dem Vergnügungspark → Opryland eine der grössten Attraktionen des Südens. Nashville, Sitz einer ganzen Reihe von Sektenhauptquartieren, ist Zentrum der Druckindustrie der Region und trägt wegen der Flut von religiösen Schriften und Bibeln, mit der es das Land überschwemmte, den Spitznamen «Schnalle am Bibelgürtel». Die Stadt wird wegen ihrer Universitäten auch «Athen des Südens» genannt. Stilgerecht steht im Centenial Park eine Kopie des Athener Parthenon.

Natchez Trace. Der Natchez Trace ist ein alter → Indianerpfad, der vom Siedlungsgebiet der Natchez-Indianer am Unterlauf des → Mississippi nordwärts durch dichtes Busch- und Waldland zu den wildreichen Jagdgründen des Cumberland River Valley führte. Die Euro-

Memphis, Tennessee: Mississippibrücke

päer, die Ende des 17. Jahrhunderts in das Gebiet am Mississippi eindrangen, benützten den Pfad und bauten an seinem nördlichen und südlichen Ende die Handelsposten → Nashville und Natchez. Der Natchez Trace ist heute ein Nationalpark. Der Natchez Trace Parkway – ein südliches Gegenstück zum Blue Ridge Parkway – führt von Nashville nach Natchez durch unberührte Natur und ist eines der grossen landschaftlichen Erlebnisse des Südens.

New Deal ist die Bezeichnung für Präsident Franklin D. Roosevelts nationales Programm zur Überwindung der Weltwirtschaftskrise, die mit dem Börsenkrach von 1929 ausbrach.

New Orleans. Die grösste Stadt des Südens mit ihren 560 000 Einwohnern ist das Traumziel vieler Amerikareisender. Berühmt ist vor allem das → Vieux Carré (French Quarter), die spanisch-französische Altstadt, mit ihren Musik- und Stripteaselokalen, Bars, Nightclubs und Restaurants, in dem um die Jahrhundertwende der New Orleans → Jazz entstand. Die mehrheitlich katholische Stadt am → Mississippi mit ihrer kosmopolitischen Bevölkerung besitzt mit dem Superdome jedoch auch eine der grössten gedeckten Sportanlagen der Welt. Das moderne New Orleans stellt den zweitgrössten Hafen der Vereinigten Staaten dar. Die Handelsstadt ist Zentrum der Ölindustrie → Louisianas. Eine ihrer grössten Einkommensquellen ist der Tourismus.

New South. Unternehmer und Politiker riefen nach → Bürgerkrieg und → Reconstruction den «Neuen Süden» aus, den Süden des Wohlstands und der Rassenversöhnung. Ihre lautstarke Beteuerung, die Region habe sich gewandelt, habe den Hass gegenüber den → Yankees und den nun freien Schwarzen abgelegt, zielte darauf ab, nordstaatlerisches Kapital für die Industrialisierung der Region zu gewinnen.

North Carolina. 690 000 Einwohner, 123 000 Quadratkilometer Fläche, Hauptstadt: Raleigh; grösste Stadt: Charlotte. → Tabak- und → Textilindustrie. Mit dem Research Triangle Park eines der wichtigsten Forschungszentren der USA im Bereich der Biotechnologie und Mikroelektronik.

O

Okeefenokee National Park. An der Grenze zu Florida in → Georgia gelegen, umfasst der Okeefenokee National Park riesige Zypressensümpfe, die auf geführten Touren befahren werden können. Er ist berühmt für seine reiche Fauna und Flora.

Oliver, King 1885–1938. Joseph «King» Oliver, geboren in → New Orleans, war als Trompeter und Bandleader eine der zentralen Figuren in der Entstehungsgeschichte des → Jazz.

Onkel Toms Hütte. Uncle Toms Cabin, von der Nordstaatlerin Harriet Beecher Stowe als Reaktion auf die Sklavenrückführungsgesetze von 1850 geschrieben, ist einer der Romane mit der grössten Wirkung der Literaturgeschichte. Beecher Stowe schrieb ihn nicht für ein südstaatlerisches, sondern ein nationales Publikum, dem sie heuchlerische Gleichgültigkeit gegenüber der → Sklaverei vorwarf. Der Roman, als Fortsetzungsroman publiziert, gab der → abolitionistischen Bewegung gewaltigen Auftrieb.

Im Okeefenokee National Park, Georgia

Opryland. Opryland in → Nashville, → Tennessee, ist ein Vergnügungspark im Stil Disneylands mit Musik-Shows, Achterbahn, Clowns und Wildwasserfahrten. Es beherbergt seit 1974 die neue Grand Ole' Opry, die «Scala» der Country Music.

Oxford, Mississippi. Oxford ist mit seinen rund 10 000 Einwohnern eine typische Kleinstadt des tiefen Südens. Sie ist Sitz der «Ole' Miss», der Staatsuniversität von → Mississippi, und Wirkungsort des Schriftstellers und Nobelpreisträgers William → Faulkner.

P

Peculiar Institution. Die «besondere Einrichtung». Südstaatlerische Umschreibung für die → Sklaverei.

Piedmont. Das Piedmont ist das hügelige Vorland der → Appalachen, der Übergang vom Gebirge zur grossen Küstenebene. Entlang der Fall Line, einer deutlichen Geländestufe, entwickelte sich wegen der Wasserkraft im frühen 19. Jahrhundert die → Textilindustrie.

Preservation Hall. Die Preservation Hall im → Vieux Carré von → New Orleans wurde 1960 auf private Initiative gegründet, um den klassischen New-Orleans- → Jazz vor dem Vergessenwerden zu retten. Schwarze Musiker, Veteranen aus der Vorkriegszeit, spielen hier zusammen und geben ihr musikalisches Erbe an jüngere weiter.

Presley, Elvis Aaron 1935–1977. Elvis Presley ist weltweit wohl der bekannteste Südstaatler überhaupt. Als → Rock'n'Roll-Sänger und Schauspieler machte er eine internationale Karriere ohne Beispiel. Presley, von kleinbürgerlicher Herkunft, wurde für Millionen zum Symbol des «American Dream», des Traums vom kometenhaften Aufstieg aus dem Nichts zu Reichtum, Grösse und Ruhm. Seine Villa «Graceland» in → Memphis ist eine der meistbesuchten Pilgerstätten des Südens und der ganzen Nation.

R

Ragtime. Nach dem Bürgerkrieg entstand im → Mississippital aus einer Mischung schwarzer und weisser Volksmusikstile eine synkopierte Klaviermusik, die um 1890 Ragtime genannt wurde. Der Ragtime, durch Komponisten wie Scott → Joplin zu Popularität gebracht, bildete die Grundlage für den instrumentalen → Jazz.

Reconstruction. Die «Wiederherstellung» des Südens nach

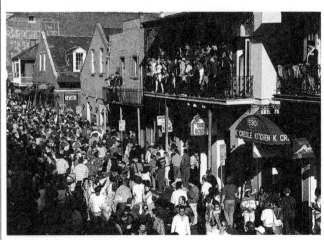

New Orleans: Bourbon Street, Mittelpunkt des French Quarter

dem Bürgerkrieg dauerte von 1865 bis 1877. Die ersten zwei Jahre der Präsidential Reconstruction waren von der versöhnlichen Politik → Lincolns geprägt. Unter der Amtsführung seines Nachfolgers Andrew Johnson blieben allerdings die alten Machthaber des Südens in Amt und Würden. Entgegen dem Willen des Präsidenten beschloss der Kongress 1867 unter dem Einfluss radikaler → Republikaner eine härtere Politik gegenüber der unterlegenen Region. Mit der Congressional Reconstruction wurde der Süden militärisch besetzt und in fünf Militärbezirke aufgeteilt. Die Herrschaft der konservativen Süddemokraten sollte zugunsten der Republikaner gebrochen werden. Die Reconstruction endete im ganzen gesehen als Misserfolg. Die republikanischen Regierungen besassen wenig Rückhalt in der südstaatlerischen Bevölkerung. Die Schmach der Besatzung verstärkte die nationalistische Gesinnung der weissen Bevölkerung. Die Beteiligung Schwarzer an der Regierung, verbunden mit der politischen Entrechtung der Anhänger der → Konföderation (in manchen Staaten wurde ihnen das Wahlrecht entzogen), förderte den Rassenhass und die Kluft zwischen Süden und Norden. In den Reconstruction-Regierungen machten sich auch Korruption und Misswirtschaft breit. Nach dem Abzug der → Unionstruppen konnte die alte Machtelite deshalb rasch wieder übernehmen. Soziale Errungenschaften und fortschrittliche Gesetze der Reconstruction wurden im Lauf der folgenden Jahre beseitigt, die Schwarzen politisch entrechtet und zu Bürgern zweiter Klasse gemacht.

Redneck. Als Redneck wird der primitive Südstaatler bezeichnet, der Angehörige der Unterschicht, der – obwohl im 20. Jahrhundert lebend – noch an den Freiheiten der Frontier festhält. Das Klischee stellt ihn folgendermassen dar: Er hat keine Manieren und macht sich seine Gesetze selbst. Er fährt einen vierradangetriebenen Kleinlaster, geht zur Jagd oder zum Fischen, wäscht sich selten, ist ein halber Analphabet, lebt von allerhand Handwerk, ist politisch reaktionär und rassistisch, d.h. er ist zutiefst davon überzeugt, dass Schwarze den Weissen unterlegen sind. Er liebt brutale Unterhaltung wie Hahnen- und Hundekämpfe und hört natürlich nichts als → Country Music.

Reis. Reis bildete die Grundlage für den Reichtum der Pflanzer in den Carolinas. Wie der Reis in die Vereinigten Staaten kam, ist nicht geklärt. Einiges spricht dafür, dass Sklaven von der afrikanischen Westküste, die auch «Reisküste» genannt wurde, Saatgut nach Amerika brachten. Sie brachten aus ihren Heimatländern auch die Technik des Reisanbaus und der Reisverarbeitung mit. → Sklaven aus den Reisländern erzielten auf den Sklavenmärkten deshalb sehr hohe Preise. Nach dem → Bürgerkrieg brach die Reisproduktion in den Carolinas zusammen. Farmer in den Prärien → Louisianas, später in der Grossen Prärie von → Arkansas, nahmen die Produktion um 1890 auf und mechanisierten den Reisanbau von Anfang an mit modernsten Mitteln. Heute ist Arkansas vor Louisiana der grösste Reisproduzent der Vereinigten Staaten.

Republican Party (Republikanische Partei). Die Partei Abraham → Lincolns löste vor dem Bürgerkrieg die zerfallende Whig-Party (die konservative Partei der Händler, Fabrikanten und Pflanzer) als zweite politische Kraft neben den Demokraten ab und beherrschte die politische Szene der Vereinigten Staaten bis 1932. Gewählt wurde sie von Finanz- und Wirtschaftskreisen, Farmern, Arbeitern und nordstaatlerischen Schwarzen. Im Süden hatte die Republikanische Partei als die Partei der siegreichen → Yankees bis in die jüngste Zeit keinen Rückhalt. Hier wäre sie die Partei der Schwarzen gewesen, die jedoch ihrer Bürgerrechte beraubt waren. Mit der Weltwirtschaftskrise verloren die Republikaner die Präsidentschaft an den Demokraten Franklin D. Roosevelt, der eine neue Vorherrschaft der → Demokratischen Partei einleitete.

Rhythm and Blues. R & B ist eine populäre Form des → Blues, der in den fünfziger Jahren mit der elektrischen Gitarre aufkam. Er basiert auf der zwölftaktigen Standard-Bluesformel und zeichnet sich durch einen akzentuierten Rhythmus aus.

Richmond. Die Hauptstadt von → Virginia ist mit 220 000 Einwohnern eine der grössten Städte der Region. Während des → Bürgerkrieges war Richmond Hauptstadt der → Konföderation.

Rock'n'Roll. Die Südstaatler Elvis → Presley, Jerry Lee Lewis, Buddy Holly, Fats Domino, Little Richard und der Kalifornier Chuck Berry, die Heroen des Rock'n'Roll, trugen ihre Musik, einen Abkömmling des → Rhythm and Blues, von → Memphis und → Nashville in die Vereinigten Staaten und nach Europa und legten damit den Grundstein für die moderne Unterhaltungsmusik der jüngeren Generationen.

Row Cropping. → Baumwolle und Mais wurden und werden in Reihen angepflanzt. Diese Reihen (rows) fördern die Bodenerosion durch Niederschläge, die im Süden zum grossen Teil als Starkregen fallen. Auch der Tabakanbau fördert die Bodenerosion, da die Tabakpflanze – wie Baumwolle und Mais – die Ackerböden, im Gegensatz zum dicht wachsenden Weizen, Hafer usw., nicht deckt.

S

Scalawag. Der Scalawag ist das südstaatlerische Gegenstück zum → Carpetbagger und bezeichnete auf abfällige Weise jeden, der während der → Reconstruction mit den → Yankees oder den Schwarzen zusammenarbeitete. Der Scalawag war der Verräter in den eigenen Reihen der Südstaaten, die sich von einer Koalition von nordstaatlerischen → Republikanern und Schwarzen unterdrückt und ausgebeutet wähnten.

Sea Islands. Mit Sea Islands oder Low Country wird der Küstenstreifen bezeichnet, der sich mit seinen Marschen, Salzgrasprärien, Sümpfen und vorgelagerten Inseln von North Carolina bis Nordflorida zieht.

Segregation. Rassentrennung. Amerikanisches Gegenstück zur südafrikanischen Apartheid. Der abgeschafften juristischen Segregation der Zeit nach dem Krieg, als Staatsgesetze aufgrund eines Entscheids des Obersten Gerichtshofes den Grundsatz «separate but equal» (getrennt aber gleich) legitimierten, stand und steht die De-facto-Segregation der Gegenwart gegenüber: Manche Bereiche des Lebens und des Alltags sind im Süden aufgrund von gesellschaftlichen und wirtschaftlichen Gegebenheiten immer noch oder wieder rassengetrennt, so zum Beispiel viele öffentliche Schulen, Klubs, Wohnviertel.

Sharecroppers. Nach dem Bürgerkrieg bearbeiteten die freien Schwarzen, aber auch arme Weisse, das Land der Plantagen als Pächter im Familienverband. Der Pflanzer stellte Zugtiere, Werkzeug und Saatgut, der Sharecropper lieferte einen Viertel der Ernte als Pachtzins ab. Etwas besser als die Sharecroppers waren die Tenants gestellt. Auch sie waren Pächter, doch gehörten Zugtiere und Werkzeug ihnen selbst. Das durch Staatsgesetze geregelte → Pachtsystem brachte die Sharecroppers und die Tenants in vollständige Abhängigkeit vom → Country Store.

Sherman, William Tecumseh 1820–1891. Der → Unionsgeneral Sherman eroberte am 1. September 1864 → Atlanta und liess es niederbrennen. Sherman war von 1868 bis 1883 Oberbefehlshaber der US-Armee und führte den Vernichtungskrieg gegen die Prärieindianer, der 1890 mit der Ermordung von Sitting Bull und dem Massaker von Wounded Knee endete.

Sklaverei. Die transatlantische Sklaverei setzte mit der Entdeckung Amerikas ein. 1505 wurden die ersten schwarzen Sklaven in spanische Kolonien in Westindien eingeführt, wo sie zuerst vor allem in Zuckerrohrplantagen eingesetzt wurden. 1619 landeten die ersten Sklaven auf dem amerikanischen Festland. Erste Proteste gegen die Sklaverei in den Vereinigten Staaten erhoben 1688 die Quäker von Germantown, Pennsylvania. Zwischen 1777 und 1827 schafften die Nordstaaten die Sklaverei in ihren Grenzen ab. Nach dem British Empire (1807) verboten die Vereinigten Staaten 1808 die Sklaveneinfuhr, 1815 schlossen sich der Wiener Kongress und Frankreich dem Sklavenhandelsverbot an. 1838 schaffte das British Empire über den Sklavenhandel hinaus die Sklaverei selbst ab, Frankreich folgte 1848. In den Südstaaten dehnte sich die Sklaverei dagegen mit dem Aufkommen der → Baumwolle Ende des 18. Jahrhunderts nach Westen aus und wurde zum tragenden Element der südstaatlerischen Wirtschaftsform, der Plantage.

Soja. Die Sojabohne löste zusammen mit anderen Anbauprodukten die Monokultur der → Baumwolle ab.

South Carolina. 4 440 000 Einwohner, 78 500 Quadratkilometer Fläche, Hauptstadt: Columbia. → Textilindustrie. Marineanlagen bei → Charleston, dem zweitgrössten Containerhafen der Atlantikküste.

Spanish Moss. Spanisches Moos, eines der Wahrzeichen des Südens, hängt in langen graugrünen Schleiern und Bärten von Eichen und anderen Laubbäumen. Es ist im Tiefland von → Virginia bis Texas verbreitet und wurde von den → Indianern zu Stoffen verwebt. Die französischen Kolonisten verwendeten Spanish Moss als Weihnachtsdekoration. Später wurde es als Verpackungsmaterial gesammelt und verwertet.

Spirituals. Die religiösen Lieder der afroamerikanischen Bevölkerung.

States Rights Theory. Der Drang nach Selbstbestimmung der Südstaaten beschränkte sich nicht auf ihre Stellung in der → Union. Auch innerhalb der → Konföderation beanspruchten die Einzelstaaten Selbstbestimmungsrechte. Aufgrund der States Rights Theory konnten sie sich weigern, der Konföderationsarmee Mannschaften oder Material zur Verfügung zu stellen, und taten es gelegentlich auch. Mitten im Krieg kritisierten führende Politiker die Regierung in einer Weise, die an Landesverrat grenzte.

Story, Sidney, ein Stadtrat von → New Orleans, erwirkte 1897 eine Verfügung, nach der die Prostitution nur in einem bestimmten Sperrbezirk in der Innenstadt erlaubt war.

Südstaaten in Zahlen. Der Süden, wie er in diesem Band dargestellt wird, ist mit 1 056 000 Quadratkilometern rund 25mal so gross wie die Schweiz. Er zählt 41,3 Millionen Einwohner. Die Bevölkerungsdichte ist damit durchschnittlich rund viermal tiefer als die der Schweiz (39 anstatt 160 Einwohner pro Quadratkilometer). Am dichtesten besiedelt sind die Staaten im Nordosten der Region, → Virginia, → North- und → South Carolina. Gegen Westen nimmt die Siedlungsdichte rasch ab. → Arkansas, der einzige Staat der Region, der ganz westlich des → Mississippi liegt, hat mit 18 Einwohnern pro Quadratkilometer eine dreimal tiefere Siedlungsdichte als Virginia.

Sumpf, Swamp. Die Sümpfe oder Swamps im tiefen Süden sind keine Moraste, sondern überflutete Zypressen-, Eichen- und Tupelowälder im küstennahen Tiefland.

Sunbelt. Der Sonnengürtel der USA, zu dem ausser den → Südstaaten mit Texas und Florida auch Neumexiko und Arizona gehören, erfreute sich in den siebziger und achtziger Jahren eines rasanten Wirtschafts- und Bevölkerungswachstums auf Kosten des Frostbelts, des Frostgürtels im Norden. Trotz Industrieansiedlungen in ländlichen Gebieten des Südens beschränkte sich das Sunbelt-Wachstum hauptsächlich auf die städtischen Zentren. Mitte der achtziger Jahre flachte das Wachstum ab. Der Süden hatte seinen wirtschaftlichen Rückstand gegenüber dem Norden nicht aufgeholt und wird es nach einschlägigen Studien trotz weiterhin steigender Wachstumskurve auch in absehbarer Zukunft nicht tun.

T

Tabak. Zusammen mit → Reis gehörte der Tabak zu den frühesten Landwirtschaftsprodukten des Südens. Auf ihm gründete der Reichtum der Pflanzer → Virginias. Die Mechanisierung des arbeitsintensiven Tabakanbaus war erst 1970, später als alle anderen Landwirtschaftszweige des Südens, abgeschlossen. Von 26 000 Tabakfarmen waren 1974 noch rund 6000 übriggeblieben, die ihre Erträge allerdings um mehr als 60% steigern konnten. Zentrum der modernen Tabakindustrie ist Winston-Salem in → North Carolina.

Tennessee. 4 855 000 Einwohner, 107 000 Quadratkilometer Fläche, Hauptstadt: → Nashville; grösste Stadt: → Memphis. Viehzucht, Ackerbau, → Tabak. Papier- und Aluminiumproduktion. Energiewirtschaft Sitz der Tennessee Valley Authority (→ TVA). Tourismus. Musik- und Druckindustrie in Nashville.

Textilindustrie. Die Textilindustrie bildet das wirtschaftliche Rückgrat → Georgias, → North Carolinas, → South Carolinas und → Virginias. In der ersten Hälfte des 19. Jahrhunderts mit Kapital aus der Region aufgebaut, begann sie die Industrien Neuenglands zu überflügeln und erhielt nun auch Kapital aus dem Norden. Unter der Kontrolle des Nordstaatenkapitals produzierte die Textilindustrie bis nach dem Zweiten Weltkrieg hauptsächlich Halbfabrikate, die im Norden zu Fertigfabrikaten weiterverarbeitet wurden. Die moderne Textilindustrie des Südens setzt nun auf integrierte Produktion.

Turner, Nat 1800–1831. Der Sklave Nat Turner aus Virginia führte 1831 einen blutigen Aufstand gegen die Weissen an. In den 1960er Jahren wurde er zur Symbolfigur für die militanten Bürgerrechtskämpfer der Black-Power-Bewegung.

TVA – Tennessee River Valley Authority. Die Tennessee River Valley Authority, eine Bundesbehörde mit Sitz in Knoxville, → Tennessee, wurde 1933 im Rahmen des → New Deal gegründet. Sie sollte «den Tennessee River als ein einziges grosses Unternehmen systematisch entwickeln, mit dem Ziel, Wasserwege zu erschliessen, Überschwemmungen zu verhindern und Elektrizität zu gewinnen.»

Twain, Mark 1835–1910. Mark Twain – eigentlich hiess er Samuel Langhorne Clemens – ist der in Europa wohl bekannteste amerikanische Schriftsteller. Unsterblich sind die Figuren seiner Abenteuer- und Schelmenromane, Huckleberry Finn und Tom Sawyer. Die Beschreibung seines Lotsenlebens auf dem → Mississippi liefert eine Fülle authentischen Materials über die Lebensverhältnisse der Menschen und das Reisen auf dem grossen Fluss vor dem → Bürgerkrieg.

U

Union. Mit Union werden die nach der Sezession der Südstaaten verbleibenden Nordstaaten bezeichnet, die den Bürgerkrieg gegen die → Konföderation führten.

V

Vesey, Denmark. Denmark Vesey, ein freier Schwarzer, plante 1822 in Charleston einen Sklavenaufstand, der jedoch verraten wurde.

Vieux Carré. Bezeichnung für das French-Quarter, die Altstadt von → New Orleans.

Virginia. 5 850 000 Einwohner, 103 000 Quadratkilometer Fläche, Hauptstadt: → Richmond (Hauptstadt der → Konföderation 1861–1865), grösste Stadt: Norfolk (grösster Kriegshafen der Welt mit 150 000 Arbeitsplätzen). → Textilindustrie und Bergbau. → Tabak und Farmwirtschaft (Viehzucht, Ackerbau).

W

Washington, Booker T. 1856–1915. Booker T. Washington wurde als Sklave im Hinterland → Virginias geboren. Nach dem Bürgerkrieg war er einer der ersten Schwarzen, die es zu höherer Bildung brachten. 1881 gründete er das Tuskegee Normal and Industrial Institute, eine Berufsschule für Schwarze. Im berühmten «Kompromiss von Atlanta» von 1895 bot er an, die Schwarzen würden ihre politische Entrechtung akzeptieren, wenn ihnen die Weissen im Gegenzug die Mittel für den Aufbau einer schwarzen Wirtschaft und eines schwarzen Erziehungssystems zur Verfügung stellten.

Y

Yankee. Spitzname der Südstaatler für ihre Landsleute aus dem Norden. Der Begriff hat im Süden nicht nur eine negative Bedeutung, oft wird er auch wertfrei, sachlich als Bezeichnung für einen Nordstaatler verwendet.

Z

Zuckerrohr. Die erste Zuckerrohrplantage des Südens entstand 1742 in → New Orleans. 1844 war die Zahl der Plantagen auf 464 angewachsen, die alle in Süd-Louisiana lagen. Gleichzeitig wurden Zuckermühlen gebaut; bis 1849 waren es 1536. Zuckerrohr war das grosse Geschäft in → Louisiana vor dem → Bürgerkrieg. Die moderne Zuckerindustrie des Südens liegt zur Hauptsache in Florida. Louisiana besitzt heute nur noch 39 % der gesamten Zuckerrohranbaufläche und leistet in 21 Mühlen einen Anteil von 29 % an der gesamten Zuckerproduktion.

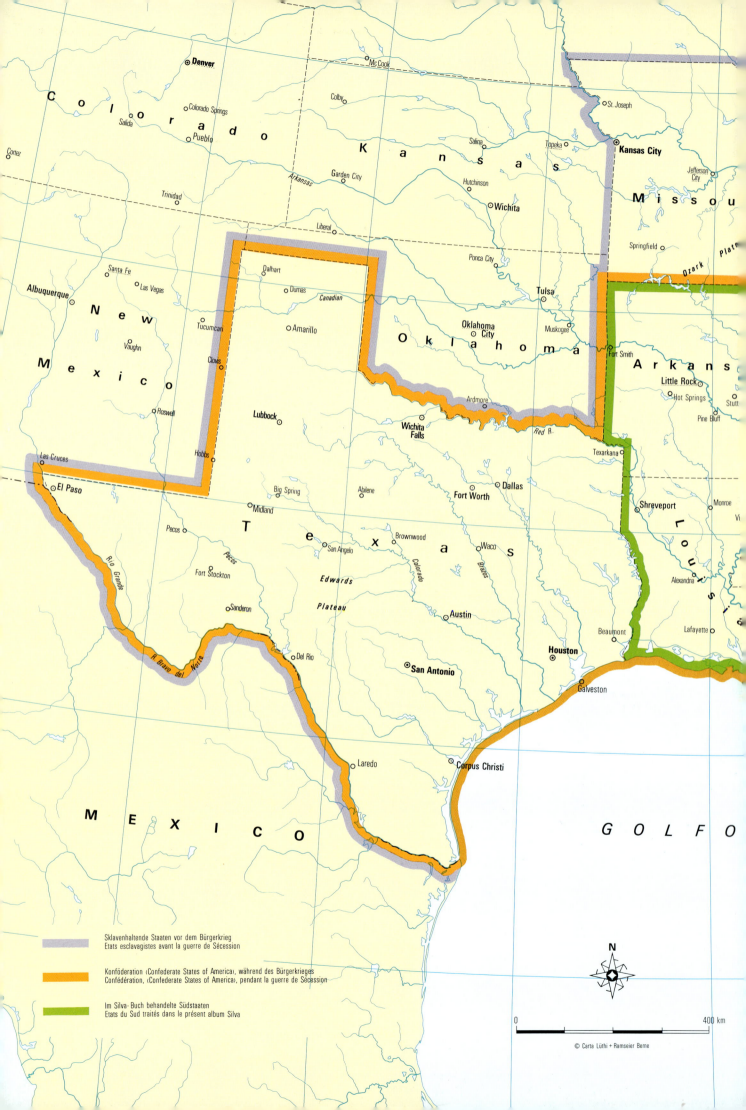